Das sechste Haus

Ursula Strauß

Das sechste Haus

Beruf und Arbeit aus astrologischer Sicht

Urania Verlags AG

Für Norbert
Danke fürs Wachküssen

1. Auflage 1998

ISBN 3-908645-76-X

Urania Verlags AG, CH-8212 Neuhausen am Rheinfall, 1997

Die Zitate auf den Seiten 13, 84, 147, 201, 249, 252 entstammen dem Buch „Mission Control und Zoev: E.T. 101, Die kosmische Bedienungsanleitung zur planetaren Evolution – Vereinfachte Notausgabe der Erde". Mit freundlicher Abdruck-Genehmigung des Autors.

Umschlaggestaltung: Gerd Aumann, Kreativ Design, D-65207 Wiesbaden
© Titelmotiv unter Verwendung eines Photos von Bavaria, Gauting
Satz: GBS, CH-3250 Lyss
Druck: FGB, D-79108 Freiburg i. Br.
Printed in Germany

Inhaltsverzeichnis

Einführung

Arbeit ist ein Wort, bei dem die meisten Menschen zusammenzucken und mehr oder weniger schmerzhaft oder unlustig das Gesicht verziehen – die negative Botschaft dieses Wortes ist unbestritten. In der Astrologie ist die Arbeit dem Zeichen Jungfrau zugeordnet, neben anderen Begriffen wie Alltag, Fleiß, Dienst und Genauigkeit – aber auch Klugheit, Vernunft und Gesundheit. Da der Lebensbereich der Arbeit aus astrologischer Perspektive offensichtlich auch mit positiven Eigenschaften zusammenhängt, geht dieses Buch vor allem der Frage nach, was Arbeit denn überhaupt wirklich bedeutet und welchen Sinn, welche Bedeutung unsere alltäglichen Begebenheiten, die Routine unseres Lebens für uns haben können.

Zu Beginn dieses Buches mögen es viele kaum glauben: Unsere echte Arbeit ist etwas, das wir gern, mit Liebe und dem Wissen um ihre Größe tun. Unsere echte Arbeit ist ein Synonym für Gesundheit und für unsere Fähigkeit, uns in einer komplexen Welt mit dem Blick auf unsere menschliche Entwicklung immer wieder neu anzupassen. Unsere Berufstätigkeit – und hierher gehört auch der Alltag von Hausfrauen und -männern – ist die Bühne, auf der sich das Thema Arbeit in unserem Leben abspielt. Unser Alltag ist die Domäne des Zeichens Jungfrau, das uns letztendlich die Ernte unserer Bemühungen sichern will und dabei auch vor kleinsten Korrekturen nicht halt macht. Diese kleinen Korrekturen haben oft die Wirkung eines homöopathischen Mittels: Wo wir mit großen, umfassenden Aktionen erfolglos bleiben, hat eine kleine, aber genaue Maßnahme oftmals die ersehnte heilende Wirkung.

Dieses Buch widmet den alltäglichen Gegebenheiten Aufmerksamkeit und schaut mittels der Astrologie hinter die nur scheinbar gewöhnlichen Ereignisse unseres Leben. Unser Alltag mag von Routine und Wiederholung geprägt sein, bietet uns jedoch im Grunde an jeder Ecke die Möglichkeit zur Einsichtnahme in uns selbst. Wo es uns im Alltag drückt, sagt unsere Seele zu uns: «Hier stimmt etwas nicht. Hier läufst du in einem Schuh, der dir nicht paßt.» Und viele Menschen haben das Gefühl, in Schuhen zu laufen, die zu eng sind, vollkommen ausgetreten oder schlichtweg ein altmodisches Modell sind. Auf der Suche nach dem passenden Modell stehen wir jedoch oft ratlos da – nichts, was im Angebot ist, scheint uns zu passen oder zu gefallen, so daß wir uns mit dem Paar abfinden, das wir gerade (er-)tragen. Dieses Buch möchte etwas dazu beitragen, daß wir es wagen, unpassende Modelle zu ändern oder neue und passende selbst zu erschaffen.

So wendet sich das erste Kapitel «Arbeit und Gesundheit» vor allem den Zusammenhängen zu, die zwischen der Gestaltung unseres (Berufs-)alltags und unserer Gesundheit bestehen. Was steckt dahinter, daß diese beiden Begriffe im Zeichen der Jungfrau vereint sind? Wo ist ihre Gemeinsamkeit, und wie können wir praktisch damit umgehen? In diesem Kapitel werfen wir zunächst einmal einen Blick auf das sechste Haus und versuchen, es innerhalb seines Kontextes im Häuserkreis zu verstehen. Was haben Alltag und Arbeit zu suchen zwischen dem kreativen fünften Haus und dem erotischen siebten Haus? Und wie kann ich die Qualität meiner inneren Jungfrau von mühsamer Arbeit zum Wirken an meiner Gesundheit wandeln? Um diese Fragen zu beantworten, werfen wir auch einen Blick auf das Fische-Thema Ganzheit als dem astrologischen Pendant zur Jungfrau. In der Betrachtung der Achse Jungfrau-Fische, Haus 6 – Haus 12 oder Alltag – Sehnsucht werden wir sehen, wie unsere Träume unseren Alltag befruchten können und unser Realitätssinn unserer Heilung dienen kann. Die Betrachtung der Achse 6-12 will auch offenlegen, wie unsere Krankheiten mit unserer Arbeit in Beziehung stehen und wie wir die ihnen gemeinsame Qualität in unser Bewußtsein heben und auf heilsame Weise integrieren können.

Im zweiten Kapitel «Arbeit und persönliches Wachstum» geht es um den Umgang mit den alltäglichen Aufforderungen zur Entwicklung. Hier ist der ständige Prozeß des Erwachsenwerdens angesprochen, mit dem wir in unserer Berufstätigkeit stets konfrontiert werden. Ich wende mich hier zunächst der Wirkung familiärer Muster zu und betrachte die Schwierigkeiten und Ängste, die uns bei der Lösung aus solchen Mustern begegnen können. Wenn wir beruflichen Anforderungen erfolgreich begegnen und unsere eigenen beruflichen Wünsche umsetzen wollen, verändert sich die Dynamik unseres Familiensystems, das in unserem Unterbewußtsein gespeichert ist. Hier reden also noch ganz andere Stimmen mit, und diese Stimmen können uns eine Erklärung dafür geben, warum wir uns oft nicht trauen, was wir wollen.

Wie wir mit diesen Stimmen umgehen hat einen wesentlichen Einfluß auf unseren Umgang mit den Themen Ehrgeiz und Karriere. Ist unsere berufliche Laufbahn eine Flucht nach oben bzw. unten, oder setzen wir unsere Leistungsfähigkeit ein, um mit unserem beruflichen Wirken unsere eigene, individuelle Bahn (frz. carrière = Laufbahn) zu ziehen? Aus familiären Mustern herauszuwachsen bedeutet, das eigene So-Sein zu respektieren, sich dem inneren Konflikt zwischen «wollen» und «sollen» zu stellen und eigenverantwortlich zu entscheiden. Daher begegnen wir in diesem Kapitel den Wirkungen Saturns in unserem Berufsleben und betrachten Möglichkeiten, seine Energie in unser Bewußtsein und unser Handeln zu integrieren, denn Saturns Kraft ist wegweisend für die Suche nach unserer Berufung und für unsere Fähigkeit, ihr entgegenwachsen zu können.

Im dritten Kapitel «Arbeit und Begegnung» richten wir unser Augenmerk darauf, daß wir mittels unserer Arbeit zu anderen Menschen in Beziehung treten. Jeder Beziehung wohnt die Möglichkeit inne, daß wir durch sie gewandelt werden – und jede Beziehung will uns im Grunde zu einem umfassenderen Verständnis unserer selbst führen. Somit können die Menschen, die unseren Alltag mit uns teilen, uns wertvolle Hinweise geben – allein dadurch, daß ausgerechnet sie ausgerechnet auf uns treffen. Betrachten wir unsere Kollegen und Vorgesetzten, unsere Kunden und Klienten unter dem Aspekt des Phänomens der Anziehung und Projektion, dann können wir oftmals auch den Sinn gerade schwieriger Beziehungen erkennen – einschließlich ihrer Möglichkeiten und Chancen für uns selbst.

Wann immer wir auf Menschen treffen, werden auch die Themen Grenzziehung, Selbstwertgefühl und Sicherheit aktiviert. Im Berufsleben stehen wir mit Menschen sehr oft gleichzeitig in Beziehung und in Konkurrenz, und unterschiedliche Bewertungen können sich ganz manifest in unterschiedlichem Wert, sprich Gehalt, niederschlagen. So betrachten wir in diesem Kapitel auch die Bereiche, die uns selbst etwas wert sind, und fragen, inwieweit denn die Liebe bei unserer Arbeit mitreden darf. Denn die Energie der Venus in ihrem Stier- und Waageaspekt bewirkt, daß wir uns beruflich zunächst unseren eigenen Wert zugestehen können – was sich dann auch in der Wertschätzung durch andere äußert.

Im vierten Kapitel «Arbeit und Herausforderungen» geht es schließlich um die Möglichkeit, mittels der Erfahrungen in Alltag und Beruf über sich selbst hinauszuwachsen. Wir werden im Berufsleben zum einen mit einer hierarchischen Welt konfrontiert, in der es Starke und Schwache gibt, und haben in diesem Klima die Möglichkeit, zu unserer eigenen, inneren Kompetenz zu finden. Wir betrachten hier noch einmal das Thema Saturn, diesmal in seiner bremsenden und/oder stützenden Wirkung auf unsere Sonnenkraft. Wir sind durch unsere Berufstätigkeit jedoch auch in das gesellschaftliche Ganze eingebunden und erleben somit direkt die Energien der geistigen Planeten.

Eine kreative und selbständige Berufsgestaltung hängt nicht nur von unserem persönlichen Willen ab, sondern wird uns oftmals durch schicksalhafte Ereignisse quasi von außen angetragen. Hier wirken die den Einzelnen übersteigenden Kräfte der Transsaturnier Uranus, Neptun und Pluto. Der vielzitierte gesellschaftliche Umbruch ist auch ein Umbruch in der Alltagsgestaltung eines jeden Menschen, und diesem aktuellen Prozeß widmet sich dieses Kapitel. Hier betrachten wir auch die Chance, ganz persönlich in uns selbst das Zeitalter des Wassermanns anbrechen zu lassen, neue berufliche Wege für uns zu erkennen, Krisen sinnvoll zu nutzen und mit unserer Arbeit auf eine spielerische und erfinderische Weise umzugehen.

Kapitel I
Arbeit und Gesundheit

«Wir haben festgestellt, daß Ihre Vorstellung von Intelligenz und unsere Vorstellung von Intelligenz kaum etwas miteinander zu tun haben. Zum Beispiel bezeichnen Sie sich gern als eine intelligente Spezies; dabei sind Sie gefährlich nahe daran, Ihren Planeten für alles andere außer Asphalt unbewohnbar zu machen. Sie haben es auch geschafft, sich in der Liste der bedrohten Arten selbst an die erste Stelle zu setzen. Wir möchten darauf hinweisen, daß jeder Virus seine Situation besser begreift. Ein Virus löscht seine Umgebung ausschließlich bei dem wohlkalkulierten Versuch aus, das eigene Leben zu erhalten.»

(Mission Control und Zoev Jho, E.T. 101)

Daß Arbeit und Gesundheit zusammengehören, braucht eigentlich nicht besonders erwähnt zu werden. Der Zustand unseres Körpers ist die Grundlage unserer Leistungsfähigkeit – sind wir krank, können wir nicht arbeiten. Jedoch ist die Arbeit selbst ein Faktor, der auf unseren Gesundheitszustand einen wesentlichen Einfluß hat – zum einen durch die konkreten Umstände unserer Arbeit, zum anderen durch die analogen Zusammenhänge dieser Lebensbereiche.

Im Kapitel über das 6. Haus werden wir diesen Zusammenhängen nachgehen. Aus dieser Sicht wird sich zeigen, daß auch Gesundheit mit Arbeit zusammenhängt – daß es also *Arbeit* ist, gesund zu sein und zu bleiben. Und daß dies aus einer kosmischen Sicht der eigentliche Inhalt und Sinn unserer Fähigkeit zu arbeiten ist, wird sich ebenfalls herausstellen.

Von diesem Standpunkt aus verliert das Wort «Arbeit» auch seinen unangenehmen Beigeschmack, denn wohl jeder denkt dabei zunächst daran, daß er in seiner und durch seine Arbeit Situationen ausgesetzt ist, die er nur selten frei wählen kann. In unserer Kultur ist Arbeit geprägt von Abhängigkeit, Unterordnung, Dienstbarkeit und Restriktionen. Zwar werden wir oberflächlich gesehen nicht mehr mißhandelt – die Aufteilung des Arbeitsmarktes in Arbeitgeber und Arbeitnehmer ist jedoch ein signifikantes Zeichen für die Polarisierung der Macht in unserer Gesellschaft.

Durch diese Polarisierung und die daraus folgende Ohnmacht der Massen von Arbeitnehmern entsteht eine Alltagssituation, die der Dynamik unserer Seele und ihrer Absicht, sich als ein individuelles Wesen zu entfalten und zu entwickeln, vollkommen entgegensteht. Ist unser Alltag von existentieller Abhängigkeit geprägt, entscheiden wir stets «der Not gehorchend». Diese Verzichtshaltung wird im Kapitel über «Verzicht und Ganzheit» etwas näher beleuchtet. Wir erkennen hier, wie gesellschaftliche Bedingungen uns zum Verzicht auf uns selbst zwingen können und wie wir durch den Gehorsam gegenüber menschengemachten Strukturen aus unserer eigenen, inneren Ganzheit fallen.

Der Weg zur Gesundheit ist ein Heilungsweg, ein Weg, der uns zu unserer Ganzheit führt. Somit hängt unsere Arbeit samt unserer ihr innewohnenden Fähigkeiten mit unserer Entwicklung zur Ganzheit zusammen – falls wir diese Fähigkeiten als Talente betrachten können, die uns *für uns selbst* gegeben sind – und nicht dafür, aus Not und Abhängigkeit Zielen zu dienen, welche uns nicht auch selbst zu eigen sind. Von diesem Standpunkt aus können wir unsere Begabung, uns anzupassen, in einem anderen Licht sehen – denn auch bezüglich dieses Begriffes haben wir mehr negative als positive Assoziationen.

Bei unserem Umgang mit unserer Anpassungsfähigkeit ist entscheidend, wo wir den Schwerpunkt setzen: bei der von anderen vorgeschriebenen Form, welcher wir uns schuldbewußt fügen – oder bei den Regungen unserer lebendigen Seele, für deren Verkörperung wir selbstverantwortlich unserem Leben die uns passende Form geben? Passen wir uns der Umwelt, oder paßt sich die Umwelt uns an? Und wie finden wir eine harmonische Lösung, die uns im Geiste des «sowohl-als-auch» in Frieden mit unseren Mitmenschen leben läßt?

Unser Gesundheitszustand hängt wesentlich von der Beantwortung dieser Fragen ab. Und ein jeder Mensch hat seine ganz eigene Art, mit der «steten Krise mit der Umwelt» umzugehen. Die Achse des sechsten und zwölften Hauses kann uns sehr viel über unsere Art sagen, diese Fragen zu beantworten. Sie gibt Auskunft darüber, auf welche Weise wir uns selbst zuliebe Veränderungen vollziehen, die uns guttun.

Eine Betrachtung dieser Achse im Horoskop kann uns einen Eindruck davon vermitteln, wie wir in einer fruchtbringenden Weise die Tür zu unserer Umwelt aufschließen können. Betrachten wir uns selbst als einen individuellen Schlüssel, finden wir hier Aussagen über das passende Schloß. Dieses Weitergehen durch stets neue aufzuschließende Türen ist ein Thema des alltäglichen Erlebens, und es ermöglicht uns Wachstum und die Begegnung mit dem Du.

Im Kapitel über die Achse der Veränderung werden die verschiedenen Zeichen entlang dieser Achse betrachtet. Eine Erkrankung ist ein Versuch, sich zu verändern – jedoch auf einer Ebene, die wir als äußerst unangenehm empfinden. Im letzten Kapitel dieses Teils werden wir den verschiedenen Stufen des sechsten Hauses nachspüren – und ihrer Verbindung mit unserem Alltag, unserer Arbeit, unserem Gesundheitszustand und unserem Schlüssel zur Welt.

1. Das sechste Haus

In der Astrologie werden sowohl der Lebensbereich der Arbeit als auch das Thema Gesundheit und Krankheit dem sechsten Haus zugeordnet. Somit hängen diese beiden Themen astrologisch zwar zusammen – aber wieso? Mit Arbeit ist hier gemeint, täglich seiner wie auch immer gearteten Tätigkeit nachzugehen, um seinen Lebensunterhalt zu verdienen.

Hier ist zwar von Berufstätigkeit die Rede, aber noch nicht von Berufung. Die Arbeit, die durch das sechste Haus beschrieben wird, ist das, was uns erwartet, wenn wir morgens aufwachen – oder mittags oder abends, wenn wir im Schichtdienst tätig sind. Sie hat noch nicht viel mit innerer Begeisterung zu tun, mit dem, was wir als unsere große Aufgabe innerhalb der menschlichen Gemeinschaft empfinden. Diese hier gemeinte Arbeit ist unser tägliches Werk, unser Alltag.

Somit ist sie ein ganz wesentlicher Faktor unseres Lebens, denn hier sind die Routine, die Gewohnheit und der oft ungeliebte Kleinkram zu finden, unter deren Last schon so manche große Schaffensvision zusammengefallen ist. Wenn wir eine Vorstellung von dem haben, was wir in unserem Beruf tun wollen, eine Aufgabe, an die wir glauben oder ein Talent, an dem wir andere teilhaben lassen wollen, dann sagt uns das sechste Haus, wie wir das zu bewerkstelligen haben. Und zwar nicht in großen Sprüngen, sondern in den kleinen, mühsamen Schritten, die den meisten von uns so schwerfallen.

Warum uns diese kleinen Schritte so schwerfallen, hängt damit zusammen, daß wir vielleicht von unserer eigenen Vision getragen sein mögen, daß wir aber registrieren müssen, daß es noch eine Außenwelt gibt. Diese Außenwelt interessiert sich für unsere Vorhaben aber erst dann, wenn sie auch etwas davon hat. Und genau dahin zu kommen, ohne uns selbst auf diesem Weg zu verlieren, ist ein hartes Stück Arbeit.

a. Zwischen fünf und sieben...

Um das sechste Haus zu verstehen, ist es sinnvoll, es in seinem Zusammenhang mit dem vorhergehenden und dem nachfolgenden Haus zu betrachten. Im fünften Haus erleben wir unsere eigene Produktivität, unsere menschliche Schöpfungskraft oder Kreativität.

Zu diesem Haus gehören Kinder als unsere Nachkommen und als natürlicher Ausdruck unserer Schaffenskraft. Aber auch alle künstlerischen und gestalterischen Prozesse gehören hierher, da sie Ausdruck der Seele eines einzelnen sind. Jedoch auch der schlichte Gang zum stillen Örtchen hat hier seinen Platz, denn hier findet auf der körperlich-instinktiven Ebene der Ausdruck unserer Schöpfungen statt.

Im Grunde gehört jede eigenständige Handlung zum fünften Haus, jede Aktion, mit der wir die uns umgebende Welt nach unserem Willen gestalten wollen. Das fünfte Haus ist quasi unsere persönliche Bühne, jedweder Ausdruck, der hier stattfindet, ist rein persönlicher und selbstbezogener Natur.

Entsprechend ist die beim Selbstausdruck empfundene Freude mit Stolz, dem Bedürfnis, sich zu zeigen, und dem Anspruch auf Aufmerksamkeit verbunden. Man empfindet sich hier als Zentrum der Welt und steht mit seiner Schaffenskraft und seinen Schöpfungen im Mittelpunkt des eigenen Lebens: Hier bin ich – und «ihr» seid mein Publikum! Der Umgang mit dem anderen Menschen, dem Gegenüber, macht einen wesentlichen Unterschied zwischen den Häusern 5 und 7 aus.

Im fünften Haus ist der andere Mensch unser Zuschauer: Er ist passiv, und wir sind aktiv. Wir sind die Sonne, und unser Gegenüber ist das Objekt, das wir bestrahlen. In diesem Sinne findet im fünften Haus keine ausgewogene Begegnung zweier Wesen statt – sondern «aktiv» und «passiv» sind hier deutlich aufgeteilt.

Im siebten Haus wird diese Aufteilung aufgehoben. Um im zuvor genannten Bild zu bleiben: Plötzlich erhebt sich aus dem Dunkel des Zuschauerraumes ein Mensch, der nicht nur von uns bestrahlt werden will, sondern selbst strahlt. Es trifft also eine Sonne auf die andere.

Würden wir im seelischen Klima des fünften Hauses bleiben, fühlten wir uns nun vermutlich angegriffen oder herausgefordert – da macht uns jemand Konkurrenz, nimmt uns einen Teil unserer Aufmerksamkeit und verweigert uns die seine! Dieser Jemand ist so ganz anders als wir, und es entspräche dem Verhalten des siebten Hauses, nun zu fragen: Wer bist du? Würden beide bei ihrem alleinigen Anspruch auf einen Solo-Auftritt bleiben, sich weiterhin als Zentrum der Welt empfinden und um die Aufmerksamkeit der verbliebenen Zuschauer buhlen, wäre bald der schönste Wettstreit im Gange.

Vielleicht hätte das Publikum seinen Spaß, die beiden Kontrahenten würden sich aber nicht wahrhaft begegnen. Um dem anderen jedoch begegnen zu können, eben um diese Frage: «Wer bist du?» stellen zu können, müssen wir von unserem Glanz etwas zurücknehmen können, müssen unserem Gegenüber Raum geben, sich zu zeigen, und müssen es auch ertragen können, selbst «bestrahlt» zu werden. Gelingt dies, findet im Sinne des siebten Hauses ein fließender Austausch der Wärme statt, und ein anderes Wort dafür ist Liebe. Ist dieser Austausch im Gleichgewicht, fühlen sich beide wohl – und die Begegnung wird von beiden als eine Bereicherung und Verschönerung ihres Lebens empfunden.

Was sich hier so einfach anhört, ist es in der Regel nicht, denn der Mensch, der uns begegnet, ist vor allem eines: anders als wir. Er ist uns fremd, was zum einen seine Anziehungskraft ausmacht, uns zum anderen aber auch verunsichert, weil wir feststellen, daß wir nicht das absolute Zentrum der Welt sind. Außer uns selbst gibt es noch viele völlig andere Menschen, die auf ihre Art und Weise ebenso schöpferisch und großartig sind wie wir selbst. Kurzum: Wir sind nicht allein, und wir sind auch nicht das Alleinmögliche.

Wir Menschen sind nun einmal derart beschaffen, daß wir den anderen brauchen. Nicht zuletzt, weil wir die Liebe lieben und sie nur am anderen Menschen erfahren können. Wir haben das Bedürfnis, anderen Menschen zu begegnen, in einem harmonischen Geben und Nehmen mit ihnen zu leben. Dies gilt sowohl für einen einzelnen Menschen, den wir uns als unseren Partner wünschen, als für die Menschen schlechthin.

Wir wünschen uns ein Leben im Einvernehmen mit unseren «Artgenossen», wir wünschen uns die Erfahrung, ihnen etwas zu bedeuten und für sie wichtig zu sein, da sie uns selbst etwas bedeuten und für uns wichtig sind. Daß uns letztendlich diese Erfahrung auch möglich wird, ist die Ernte des sechsten Hauses.

b. Anpassung und Kritik

Im sechsten Haus erleben wir den krisenhaften Prozeß der Anpassung. Wir haben die Erfahrungen des fünften Hauses assimiliert, wir wissen also um unsere Kreativität, um die großartige Lebenskraft, derer wir inne sind. Wir wollen diese Kraft ausdrücken und unser Leben nach eigenem Gusto in die Hand nehmen und gestalten – uns quasi selbst in die Welt hinausbringen. Wir erhalten jedoch auf unsere Aktivitäten ein Echo, und dieses Echo macht uns darauf aufmerksam, daß wir innerhalb eines größeren Ganzen leben. Um zu überleben, müssen wir uns an unsere Umwelt anpassen – und diese Umwelt weigert sich, einfach nur unser Zuschauer zu sein. Sie will etwas von uns, wir ahnen hier die Möglichkeiten des siebten Hauses und des III. Quadranten schlechthin.

Um den Sprung in diese neue Welt zu schaffen, müssen wir uns mit unserem Ausdruck zurücknehmen. Wir wollen die Beziehung zu anderen Menschen und prüfen nun, wie wir das zustandebringen sollen. Anpassung bedeutet immer Überprüfung und eventuelle Korrektur des Bisherigen, und das ist mühsam, weil das Bisherige quasi «Gewohnheitsrecht» hat. Die Anpassung hingegen verlangt von uns neue Verhaltensweisen.

Wenn wir beispielsweise gewohnt sind, unsere Einfälle unvermittelt, spontan und unsortiert erst einmal zu äußern, egal in welcher Situation wir uns gerade befinden, ernten wir vielleicht Unverständnis, möglicherweise sogar Abwehr und werden mit dem Vorwurf der Rücksichtslosigkeit konfrontiert. Die Ablehnung durch einen anderen Menschen ist stets eine zunächst unangenehme Erfahrung, zumal sie ein Hindernis auf unserem Weg ins 7. Haus darstellt.

Unser Selbstausdruck stößt also auf Kritik – und schon sind wir ins 6. Haus befördert worden! Hier nun stellt sich eine Reihe von Fragen, mit denen das unangenehme Erlebnis der Ablehnung verdaut werden soll. Ich möchte an dieser Stelle darauf hinweisen, daß viele dieser Prozesse automatisch und unbewußt ablaufen. Ihre detaillierte Schilderung geschieht aus meinem Bemühen, die Funktionsweise des 6. Hauses verständlich zu machen, um anschließend mit seinen Fähigkeiten besser umgehen zu können.

Die erste Frage kann sein, ob man sein Verhalten ändern soll, nur weil der/die andere uns nicht versteht oder unser Verhalten nicht gutheißt. Um diese Frage zu beantworten, müssen wir prüfen, wie wichtig es uns ist, von gerade diesem Menschen verstanden zu werden.

Bedeutet uns unser Verhalten mehr als der andere, werden wir es nicht ändern und mit seiner Kritik mehr oder weniger gut leben können. Vielleicht ist er auch eine zufällige Begegnung und spielt in unserem Leben ohnehin keine Rolle. Dann trifft uns das, was er sagt, vielleicht gar nicht, und wir sind nur mit einer Zehenspitze ins 6. Haus getreten. Ist seine Kritik aber etwas, was wir schon von vielen zu hören bekommen haben, oder bedeutet uns dieser Mensch so viel, daß wir uns von seiner Äußerung getroffen fühlen, beginnt der mühsame Prozeß der Analyse:

Warum mag er das nicht? Hat er selbst Mühe, sich zu äußern, und mag es deshalb bei anderen nicht – oder bin ich wirklich so rücksichtslos, wie er sagt? Können wir uns dann zu der Einsicht durchringen, daß unser Verhalten tatsächlich auf andere so wirken kann oder womöglich wirklich von einer gewissen Rücksichtslosigkeit geprägt ist, ist das eigentlich Mühsame vielleicht herauszufinden, bis zu welchem Grad die kritisierte Spontaneität ganz wesentlich zur eigenen Person gehört?

Wieviel kann ich von meiner Spontaneität zurücknehmen, ohne mich zu verstellen, ohne mich selbst zu verformen und ohne ein Verhalten an den Tag zu legen, das nur übergestülpt ist? Warum verhalte ich mich denn überhaupt so? Will ich vielleicht gar nicht verstanden werden und freue mich darüber, andere zu irritieren? Überwiegt die Freude an der Irritation anderer oder die Trauer über das Nicht-verstanden-werden? Sollte ich vielleicht demnächst vorher bis 10 zählen, bevor ich etwas sage? Bin ich vielleicht in einem unpassenden Umfeld?

In welchem Bereich könnte sich meine Spontaneität ungehindert ausleben? Erlebe ich sie als eher destruktiv? Wie kann ich sie konstruktiv nutzen? Und so weiter – und so weiter –

und so weiter... Die Fragen könnten hier endlos weitergehen, und es ist eine der Fallen des sechsten Hauses, daß man in der Analyse von krisenhaften Situationen steckenbleibt, ohne daß sich konkret etwas ändert.

Der Prozeß, der hier stattfindet, ist durch eine feine und detaillierte Austarierung des eigenen Verhaltens gekennzeichnet. Oft sind es Kleinigkeiten, deren Änderung schon eine Verbesserung unserer Beziehungen zur Außenwelt mit sich bringt. Das besagte Steckenbleiben erleiden wir in der Regel auch nur dann, wenn wir vergessen, daß die Funktion des sechsten Hauses darin besteht, zum siebten Haus hinzuführen: zu einer harmonischen Beziehung zu anderen oder zur Fähigkeit, zu lieben. Wenn wir das stets im Hinterkopf behalten, hat die Kritik, die wir im sechsten Haus entweder erfahren oder selbst ausüben, einen eigentlich konstruktiven Charakter.

Es geht hier letztendlich darum, als schöpferisches und eigenständiges Individuum einen Weg zu finden, mit anderen schöpferischen und eigenständigen Individuen in Beziehung zu treten, um sich Aufgaben zu widmen, die nur gemeinsam erlebt und bewältigt werden können. Auf diesem Weg zum Du sind Korrekturen verschiedener Art notwendig. Diese Korrekturen haben jedoch den Sinn, sicherzustellen, daß unsere Eigenart und unsere Begabungen in das größere Ganze mit einfließen können.

In diesem Sinne ist der Dienst zu verstehen, der ebenfalls zu den Analogien des 6. Hauses gehört. An unserem eigenen Sein erfreuen wir uns zum einen selbst, zum anderen wollen wir damit in die menschliche Gemeinschaft eintreten, um dem größeren Ganzen zu dienen. Und in diesem Sinne ist auch eine weitere Analogie des 6. Hauses zu verstehen: die Gesundheit.

c. Realisierungen der verschiedenen Art

Jeder Mensch ist ein energetisches System, und das Geburtshoroskop symbolisiert dieses auf eine sehr anschauliche Weise. Die Komponenten des Systems sind dabei bei jedem gleich. Um es astrologisch auszudrücken: Jedes Geburtshoroskop besteht aus den gleichen Faktoren wie Planeten, Tierkreiszeichen, Häusern und verschiedenen sensiblen Punkten. Einzigartig ist allein die «Chemie», die Zusammensetzung der allen Menschen gemeinsamen Eigenschaften oder Energien. Jeder von uns ist also ein individuelles System – dem anderen wohl ähnlich aufgrund gleicher «Zutaten», aber auch fremd aufgrund eines einzigartigen «Rezeptes». In jedem von uns manifestiert sich also eine einzigartige Mischung von Energien, die gelebt werden will – und das nicht nur für uns selbst im stillen Kämmerlein, sondern auch im Zusammenwirken mit all den anderen einzigartigen Mischungen.

Wir können nicht anders, als unsere Beschaffenheit zu leben. Wenn wir nun aufgrund des Anpassungsprozesses im sechsten Haus beschließen, eine bestimmte Eigenschaft stark zurückzuschrauben, um in keinen Konflikt mit unserer Umgebung zu geraten, verwehren wir dieser Eigenschaft eigentlich nur den bisherigen Platz. Bieten wir ihr keinen anderen Platz in unserem Leben an, wird sie sich einen suchen. Dabei haben wir mit unserem Urteil über die unerwünschte Eigenschaft zwar die Möglichkeit, sie aus unserem bewußten und von uns steuerbaren Leben auszuschließen – wenn diese Eigenschaft aber zu uns gehört, ist diese «Lösung» alles andere als gesund.

Nehmen wir noch einmal das oben bereits erwähnte Beispiel der Spontaneität hinzu. Person X, die den Vorwurf der Rücksichtslosigkeit erhalten hat, analysiert dieses Thema also nun. Sie stellt fest, daß es zwar ganz wesentlich zu ihrem Selbstverständnis gehört, sich spontan und unverblümt äußern zu können, daß es aber ganz unmöglich ist, sich gegenüber der sie kritisierenden Person, beispielsweise dem eigenen Vater, weiterhin so zu verhalten. Person X wird sich also in Selbstbeherrschung üben. Sie wird lernen, dem Vater und eventuell sogar sich selbst gegenüber so zu tun, als sei sie nicht spontan. Ihre innere Chemie wird dadurch aber nicht verändert – wo also soll die Spontaneität hin? Vielleicht wird sie noch manchmal herausplatzen oder sich in einem albernen Kichern einen Weg suchen, wenn jedoch auch das bezwungen ist und auch im «vaterfreien» Lebensbereich keine Ausdrucksmöglichkeit für sie besteht, wird die Energie sich das als Wohnstatt aussuchen, wo sich Person X am wenigsten wehren kann: ihren Körper.

Auf diesem Weg wird die Energie, die der Spontaneität innewohnt (Uranus), schließlich doch gelebt – wenn nun auch vielleicht als Hautausschlag, als nervöses Augenzucken, als Stottern oder als eine Neigung zu Unfällen. Im Sinne des sechsten Hauses ist auch das eine Anpassung, nur fühlt sich die betroffene Person damit nicht gut, sondern krank. Diese Anpassung hat im Grunde nicht den Weg zum siebten Haus freigemacht, denn die Beziehung zum Vater ist nicht von Liebe, sondern von einem destruktiven Machtgefälle gekennzeichnet. Außerdem bringt Person X ihre uranische Energie nun in einer sehr verzerrten und wenig konstruktiven Weise ein – sowohl in ihr eigenes Leben als auch in die menschliche Gemeinschaft.

Dieses Beispiel soll zeigen, daß unser Körper ein exzellenter Gradmesser dafür ist, inwieweit uns konstruktive, also gesunde Realisierungen unserer selbst gelungen sind und inwieweit nicht. Dabei sollte man jedoch nicht seine Krankheit als ein Versagen, sich in die Welt einzubringen, ansehen. Im Grunde zeigt uns ein Symptom nichts anderes, als daß hier eine Energie ist, mit der wir Schwierigkeiten haben – und das ist angesichts der Komplexität der Welt mehr als verständlich. Falls im obigen Beispiel der Vater stets mit körperlicher Gewalt auf spontane Äußerungen reagiert hat, ist es verständlich, daß auf der uranischen Energie eine Blockade liegt.

Aber es sind auch harmlosere Dinge wie die kulturelle Prägung und insgesamt die Vorgaben durch unsere Erziehung, die so manchen unserer inneren Energien zunächst den Weg nach außen – in den Ausdruck – erschweren. Viele Menschen ziehen jedoch mitunter unbewußt das körperliche Leiden einer persönlichen Entwicklung vor. Der Vollzug einer Anpassung erfordert stets die Einsicht, daß wir etwas an uns korrigieren müssen. Diese Einsicht kann ein schwerer Brocken sein, der mühsam zu schlucken ist. Wenn unser fehlangepaßtes Verhalten ein wesentlicher Bestandteil unseres Selbstbildes und Selbstwertgefühles ist, verzichten wir darauf nicht so leicht und nehmen lieber ein Symptom in Kauf, als uns auf uns selbst zu besinnen und zu beschränken.

d. Arbeit und innere Realität

Vielleicht fragen Sie sich nun bei all den bisherigen Ausführungen, wo hier der Bezugspunkt zur Arbeit liegt. Wir alle besitzen in uns eine höhere Instanz, die unser Leben und das Leben der anderen als ein Geschenk achtet, welches sorgfältig behandelt werden muß. Aus der Perspektive dieser inneren, geistigen Instanz ist die Einfügung unserer einzigartigen Mischung in das größere Ganze die Arbeit, zu der wir in unserem Leben aufgerufen sind – und die Arbeit, die wir im Dienste unserer inneren Realität auch leisten wollen.

Aus geistig-seelischer Sicht wird unter Arbeit unser Weg vom schöpferischen Individuum zum schöpferischen und sozialen Individuum verstanden – und es ist ja auch harte Arbeit, mit anderen in ein harmonisches Verhältnis zu kommen und sich selbst gleichzeitig dabei zu entfalten. Es ist die Arbeit am Ego, das erkennen muß, daß es zwar der Nabel der Welt ist, daß es aber ebenso viele Welten wie Nabel gibt.

Um diese Arbeit vollbringen zu können, sind uns Selbstkritik, die kritische Beobachtung der Außenwelt, eine detaillierte Wahrnehmung, Fleiß, Umsicht, Korrekturvermögen, Geduld, Genauigkeit, Vorsicht, Wachsamkeit, Realismus, das Begreifen von funktionellen Abläufen, die Fähigkeit zu Reflexion und Prüfung und vieles andere mehr gegeben – Eigenschaften, die unserer Sorge um das Gelingen unserer irdischen Existenz Rechnung tragen. Arbeit ist in diesem Sinne der Weg, der uns zur Liebe führt. Die Dienstleistung, die wir unserer eigenen Seele erweisen, ist Ausdruck unserer Liebe zu uns selbst – und diese ist die Vorbedingung, um andere lieben zu können.

Der Bezugspunkt zur Arbeit, wie sie im Sinne der Ausübung eines Berufes gemeint ist, besteht zum großen Teil lediglich darin, daß all die dem sechsten Haus innewohnenden Eigenschaften bei der Berufstätigkeit zum Einsatz kommen. Der Alltag der Berufsausübung bietet uns sozusagen die Rahmenbedingungen oder die Bühne, auf der wir unsere Arbeit an uns selbst leisten können. Je mehr wir in unserem Beruf nun auch wirklich mit Tätigkeiten befaßt sind, die uns selbst am Herzen liegen und die somit ein Ausdruck unserer selbst sind, um so befriedigender empfinden wir unsere Berufstätigkeit. Je weniger diese Tätigkeiten aber mit uns selbst zu tun haben, um so weniger können wir mittels dieses Berufes unsere eigentliche Arbeit leisten.

Wir haben dann das Gefühl, fremdbestimmt zu sein, zu etwas verpflichtet oder gezwungen zu sein, das wenig mit uns zu tun hat. Und nicht selten gesellt sich das diffuse Gefühl dazu, durch seine Berufstätigkeit wertvolle Zeit zu verlieren. Im Grunde ist das in diesem Fall auch so, denn unserem eigentlichen «Werk» – also uns selbst zu definieren und zu korrigieren, um *uns* in die menschliche Gemeinschaft integrieren zu können – können wir nur schwer nachkommen. Wir sind mit Aufgaben befaßt, deren Erfüllung uns eigentlich nichts bedeutet und deren Erledigung auch nicht unseren tatsächlichen Fähigkeiten und Bedürfnissen entspricht. Zudem kommen wir auf diese Art und Weise auch nicht im siebten Haus an: Unsere Beziehungen sind dann von einer eigenartigen Oberflächlichkeit und Schnellebigkeit gekennzeichnet, und wir fühlen uns allein, ob wir von Menschen umgeben sind oder nicht.

Uns fehlt schlichtweg die zeitliche, geistige oder seelische Energie, um uns mit uns selbst zu befassen – und somit wird es paradox: Um fremde Aufgaben zu erfüllen, müssen wir sehr viel Energie aufwenden. Zum einen, um diese Aufgabe überhaupt anzugehen, zum anderen, um das, was sich in uns selbst regt, niederzuhalten. Das, was wir da niederhalten, ist aber unsere eigentliche Energie – ist das, was uns eigentlich fehlt. Da sie aber nicht auf einem «erlaubten» Weg in unseren Alltag fließen kann, tut sie es irgendwann als ein Symptom. Da das Symptom nicht die beabsichtigte Ausdrucksform der entsprechenden Energie ist, schwächt es uns zusätzlich – und wir brauchen noch mehr Kraft, um einer Arbeit nachzugehen, die wir überhaupt nicht mögen.

Aber gerade bei diesem Punkt müssen wir genau unterscheiden, *was* wir nicht mögen, um bei eventuell anstehenden beruflichen Veränderungen nicht gleich das Kind mit dem Bade auszuschütten. Ich habe noch niemanden getroffen, der nicht über seine Arbeit stöhnt. Menschen, die gern ihrer Arbeit nachgehen, scheinen seltene Exoten zu sein, aber vermutlich haben sie vor allem zur Arbeit an sich eine andere Einstellung.

Das Prinzip des sechsten Hauses und gleichbedeutend auch das Jungfrau-Prinzip sind ähnlich wie Haus 10 / Steinbock bei vielen Astrologie-Interessierten nicht sonderlich beliebt. Das hat weniger mit Vorurteilen gegenüber bestimmten astrologischen Prinzipien zu tun als damit, daß diese Prinzipien und die durch sie symbolisierten Lebensbereiche *Mühe* bedeuten. Sich mit ihnen auseinanderzusetzen ist anstrengend, und an erster Stelle ist es zunächst die uns allen innewohnende bequeme Seite, welche *das Prinzip Arbeit* nicht besonders mag! Dabei ist es erst einmal zweitrangig, um welche Arbeit es sich handelt.

Der Faktor der Gewöhnung wiegt schwer, und jegliche innere Bewegung und Veränderung muß über eine Hürde springen. Es ist die oben bereits angesprochene Schwierigkeit, die alles Neue hat: Es muß sich gegenüber dem Gewohnten und Alten behaupten, und im Laufe unserer seelischen Entwicklung haben wir innerlich stets diese «Generationskonflikte» zu bestehen. Wohl jeder hat in sich schon die zwei Seiten erlebt, von denen die eine nichts verändern und die andere alles verändern will. Diese menschliche Widersprüchlichkeit will in ein Fließgleichgewicht (Haus 7) kommen, und das bedeutet eben Arbeit.

Akzeptieren wir das als eine generelle und fundamentale Lebensbedingung, sehen wir häufig unsere Berufstätigkeit in einem anderen Licht. Bei manchen erübrigt sich der Wunsch, hier etwas zu verändern, bei einigen entsteht er plötzlich erst, bei anderen sind es nur geringfügige Dinge, die sie ändern wollen, obwohl sie vorher dachten, daß der gesamte Job nichts ist. In jedem Fall hört die Suche nach einer Arbeit auf, die keine Arbeit macht – denn das ist oft die romantische Vorstellung vieler von ihrer richtigen, «eigentlichen» Arbeit, die sie machen würden, wenn...

Vielleicht hört sich das oben Gesagte für einige jetzt etwas zu moralisch oder nach elterlichen Mahnungen an, nach dem uns stets angedrohtem «Ernst des Lebens», dem niemand entkommen könne. Es ist jedoch durchaus lohnend, wenn wir zunächst unsere grundsätzliche Haltung der Arbeit gegenüber einmal unter die Lupe nehmen: Freunden wir uns mit der Tatsache an, daß ein produktives Leben von uns auch Mühe verlangt, wird verhindert, daß wir unnötige oder «halbgare» Veränderungen vornehmen – und wird bewirkt, daß wir zusätzlich einen klareren Blick auf unsere beruflichen Fähigkeiten erhalten.

Wenn wir erkennen, daß es im ganzheitlichen Sinne unserer Gesundheit dient, uns der Herausforderung der Anpassung zu stellen, ist ein erster Schritt zur Bejahung des anstrengenden 6. Prinzips getan. Es ist nach all den Ausführungen hoffentlich selbstverständlich, daß Anpassung jedoch nicht meint, sich selbst zu verleugnen oder sich der Not gehorchend seelisch zu amputieren. Das zu verhindern ist aber alles andere als einfach, denn hier kommen die Bedingungen der Gesellschaft, in der wir leben und arbeiten, hinzu. Und diese Bedingungen fordern nicht selten einen hohen Preis von uns, um dazuzugehören: den Verzicht auf uns selbst.

2. Verzicht und Ganzheit

Im vorigen Abschnitt wurde herausgestellt, daß die Berufsausübung quasi die Bühne ist, auf der wir unsere «jungfräulichen» Eigenschaften des sechsten Hauses wie Fleiß, Wachsamkeit, Genauigkeit usw., welche uns zur Arbeit an uns selbst befähigen, einsetzen können. Nun leben wir aber in einer Gesellschaft, die sehr stark strukturiert ist und in der die Bedingungen für die Berufsausübung in der Regel durch andere Menschen oder bestehende Ordnungen vorgegeben sind. Wir wählen mehr oder weniger unbewußt ein Arbeitsklima, welches unserer speziellen Art, unsere Anpassungsarbeit zu leisten, entgegenkommt.

Dieses Klima ist uns ähnlich, die Qualität der Ähnlichkeit hängt jedoch vom Grad der bewußten Übereinstimmung unseres Berufes mit uns selbst ab. Zunächst möchte ich jedoch einige Begriffe zuordnen, um Verwirrung zu vermeiden. Wenn ich im weiteren von Arbeit, Beruf oder Tätigkeit spreche, meine ich das, womit ein/e jede/r sein/ihr Geld verdient, also den üblichen Arbeitsalltag. Hier eingeschlossen ist natürlich auch die Arbeit der Hausfrauen und -männer.

Die Arbeit an uns selbst, die im vorhergehenden Kapitel als unsere eigentliche Arbeit beschrieben wurde, will ich im folgenden als unser Werk bezeichnen. Dieser Begriff scheint manchen vielleicht zu gewaltig oder poetisch, das liegt aber eher daran, daß wir gelernt haben, unsere wirtschaftliche Produktivität höher zu schätzen als unsere geistig-seelische Entwicklung zur Liebe. Wir arbeiten, um unsere materielle Existenz zu sichern und uns zu erhalten – weil wir uns innerhalb dieser Existenz auf einer nichtstofflichen Ebene entwickeln wollen. Der Begriff «Werk» erinnert an den alchimistischen Prozeß, in dem durch stete und geduldige Transformationsschritte aus Blei Gold werden oder der Stein der Weisen gefunden werden sollte. Es war für die Alchimisten eine Lebensweise und ein Lebenswerk – ebenso ist unser Werk etwas, das uns unser Leben lang begleitet und uns durch Transformations- oder Wandlungsprozesse hindurchführt.

Auf welche Art und Weise wir mit derartigen Prozessen umgehen und uns Situationen nähern, die etwas wirklich Neues von uns fordern, sagt uns das Zeichen an der Spitze des sechsten Hauses und die Position seines Herrschers[1]. Ist ein Zeichen im sechsten Haus eingeschlossen, steht im individuellen Horoskop also beispielsweise an der Spitze des sechsten Hauses das Zeichen Zwillinge, an der des siebten aber bereits Löwe, so hat das 6. Haus zwei Herrscher. Das eingeschlossene Zeichen – im Beispiel also Krebs mit dem Mond als Herrscher – ist in seiner Wirkung zwar ebenso prägend wie das Zeichen an der Spitze, aber weniger vordergründig – oder anders ausgedrückt: unbewußter.

Die Energie, die das sechste Haus beherrscht, symbolisiert also die grundsätzliche Art und Weise, wie wir arbeiten – und zwar in jeder Bedeutung. Im Berufsleben begegnen wir jedoch bestimmten Vorgaben, die eigentlich nichts anderes tun, als die üblichen Verfahrensweisen der Gesellschaft zu repräsentieren. Zu diesen «üblichen Verfahrensweisen» gehört eine ganze Menge, es ist im weitesten Sinne all das, was «man» macht – also die Qualität Saturns in seiner Funktion als Repräsentant der gesellschaftlichen Normen.

a. Von der Begegnung mit Regeln...

Wir treffen in unserem Berufsleben also zunächst auf die Normen der Branche, in der wir arbeiten, aber auch auf die Gesetze des Marktes, die Bedingungen des beruflichen Aufstiegs, geschlechtsbedingte Rollenmuster, ortsübliche oder gebietsübliche Verhaltensnormen und vieles mehr. Unsere existentielle Abhängigkeit von unserer Arbeit bewirkt, daß wir

1 Wer mit dem Herrschersystem nicht vertraut ist, findet im Anhang eine kurze Erläuterung dieser Methode.

uns mehr oder weniger bereitwillig diesen Normen fügen – denn ein Ausschluß aus der jeweiligen Berufstätigkeit hat in der Regel existenzbedrohende Folgen.

Wir passen uns auf diese Weise an einen Normenkatalog an, der nur zu einem Teil unser eigener ist – wenn er meistens auch weitestgehend das beinhaltet, was uns in unserer Erziehung mitgegeben wurde. Diesem Normenkatalog wohnt jedoch eine Bewertung von menschlichen Eigenschaften inne, nach der manche Eigenschaften als gut, andere wiederum als schlecht beurteilt werden. Um uns innerhalb unseres Arbeitsklimas anpassen zu können, müssen wir das Bewertungsraster übernehmen oder zumindest akzeptieren. Das fällt uns meistens nicht schwer und geschieht unbewußt, da wir auch im Berufsleben nach familiären Mustern agieren, wie ich später noch ausführen werde.

Aus der Sicht unserer Seele werden wir durch diese Beurteilung aber in einen guten und einen schlechten Teil gespalten, was zur Folge hat, daß unsere spezielle Art, unser Werk zu tun, sich nur noch durch ein fremdes Raster äußern kann – und so einen recht verzerrten Weg nach außen findet oder gar ganz blockiert wird. Wir verzichten auf einen Teil unserer selbst, weil er gemeinhin als schlecht angesehen wird. Dadurch sind wir zwar in der Lage, im Berufsleben mitzumischen – wir sind jedoch nicht mehr ganz. Das sogenannte Schlechte hat seinen Platz in unserem Unterbewußtsein eingenommen, es ist verdrängt worden, weil es uns an der Anpassung an ein vorgegebenes Muster hindert.

Im Geburtshoroskop ist das zwölfte Haus ein Faktor, der unbewußte seelische Energie symbolisiert. Es liegt dem sechsten Haus gegenüber und zeigt damit bildlich die polare Spannung auf, der wir im Berufsleben ausgesetzt sind. Somit können wir das sechste Haus, welches unseren beruflichen Alltag repräsentiert, nicht ohne das zwölfte Haus betrachten, denn es ist diese polare Achse 6/12, mit der wir uns auseinandersetzen müssen. Diese Achse zeigt uns die Kehrseite jeglicher Anpassungsleistung, ob es nun eine erzwungene oder selbst gewollte, eine gesunde oder kranke, eine entwicklungsfördernde oder -hemmende ist.

So, wie wir sind, sind wir eine energetische Ganzheit, die wir in ihrem Sein nicht ändern können. Um es bildlich auszudrücken: Wenn wir eine Tulpe sind, können wir nicht zu einem Igel mutieren – wenn dieser Vergleich auch hinkt. Wenn wir Glück haben, sind Tulpen in unserem Beruf gefragt, wenn wir Pech haben, aber nur rote, während wir selbst vielleicht gelb sind. Wenn wir großes Pech haben, sind nur Igel gefragt, und dann fühlen wir uns nicht besonders gut... Passen wir uns dennoch an, finden wir im zwölften Haus im ersten Fall unsere Farbe Gelb, und zumindest können wir unser Tulpendasein leben. Im zweiten Fall finden wir uns komplett im zwölften Haus wieder – sowohl mit unserer Farbe als auch unserer Existenzweise – und leben im Beruf etwas, das uns mehr als fremd ist und das uns letztendlich auch nicht gelingt.

Dieses «blumige» Beispiel soll aufzeigen, daß jegliche Anpassungsleistung, ob wir sie unserem Beruf oder unserem Werk zuliebe leisten, zunächst etwas von uns selbst aus unserem Bewußtsein ausschließt. Dieser Ausschluß ist eigentlich nur auf die jeweilige Situation bezogen, kann aber durch Gewöhnung schnell zu einer generellen Verdrängung der entsprechenden Eigenart führen. Am Eingang des IV. Quadranten steht jener Teil unseres Geburtshoroskops, zu dem wir aufgrund der Normen und Bewertungen, die wir uns zu eigen gemacht haben und mit denen wir stets konfrontiert werden, zunächst einmal keinen bewußten Zugang finden. Hiervor steht das 10. Haus, das Saturn – Prinzip, welches die Schwelle unseres Überganges vom materialistischen Menschen zum kosmischen oder auch bewußten Menschen hütet. Es hängt also wesentlich von unserem Verhältnis zu jeglichen Urteilen ab, inwieweit wir den IV. Quadranten auf eine befreiende Weise beschreiten können, um trotz der Anpassungsleistungen im 6. Haus unsere Beziehung zu dem «anderen» Teil unserer selbst (12. Haus) nicht zu verlieren.

Achsen sind keine statischen Stäbe mit zwei einander entgegengesetzten Extremen. Um das Wirken einer Achse zu verstehen, bevorzuge ich das Unendlichkeitssymbol in Form einer liegenden Acht, welches mehr das dynamische und fließende Verhältnis der polaren Energien zueinander aufzeigt und somit ihre eigentliche Einheit besser darstellt.

Wenn wir in dem Bewußtsein leben würden, daß die Ablehnung einer bestimmten Eigenart von uns stets nur momentan und situationsbezogen – also vergänglich – ist, hätten wir weniger Probleme, uns in bestimmte Gegebenheiten einzufügen. Die Erfahrungen unserer Erziehung und Sozialisation durch die Gesellschaft haben uns jedoch gelehrt, daß manches an uns unwillkommen oder gar schlecht ist, weil es nicht so ist, wie «man» sein sollte. Dieses «man» ist kein Gesetzbuch, sondern besteht vor allem aus den unbewußt vermittelten Verhaltensweisen, die aus einem neugeborenen Baby nach und nach ein Mitglied der Familie, des Kindergartens, der Schule, der Gemeinde, des Landes und seiner sexuell bestimmten Seite der Welt machen.

Ein weibliches Baby der Familie des Metzgermeisters in einer kleinen Stadt in Bayern unterliegt damit wesentlich anderen Normen als ein männliches Baby einer Arztfamilie im Ruhrgebiet und noch anderen Normen als ein Zwillingspärchen einer Familie in Hongkong. Allein schon diese recht allgemeinen Raster wirken sich aber darauf aus, wie wir lernen, uns selbst zu beurteilen. Hinzu kommen noch all die Regeln, die durch die Familie und die Persönlichkeiten ihrer Mitglieder aufgestellt werden.

Auf diese Art und Weise stabilisieren sich Eigenarten, aber auch Verdrängungen. Der dynamische Charakter der Achse 6/12 verwandelt sich nach und nach in einen statischen Zustand, obwohl die gegenseitige Einflußnahme der Energien auf unbewußter Ebene noch bestehen bleibt. Der Zugehörigkeit wegen lernen wir jedoch, in unserem Bewußtsein auf bestimmte Teile unserer inneren Ganzheit zu verzichten, und das ist ein verengender Prozeß, zunächst einmal aber auch ein notwendiger.

b. ... und dem Zwang, sie zu brechen

Es ist ein Kennzeichen des eigenen Reifungsprozesses, die über uns gefällten Urteile und die uns vermittelten Regeln in Frage zu stellen und das, was uns in unserer Entfaltung behindert durch Bewertungen, die unserem eigenen Wachstum entgegenkommen, zu ersetzen. Das ist leichter gesagt als getan, und meist machen wir uns erst dann an diese mühsame Arbeit, wenn wir auf irgendeine Art und Weise vom Schicksal dazu gezwungen werden.

Einen natürlichen Zwang bilden alle biologisch bestimmten Wandlungsprozesse, beispielsweise die Geburt von Geschwistern, die Pubertät, die Schwangerschaft nebst folgender Elternrolle, das Klimakterium, der Tod der Eltern und das eigene Altern. Dadurch, daß wir diese Prozesse am eigenen Leib erfahren und bewältigen müssen, ändern sich zwangsläufig unsere Einstellungen und Urteile, und wir begegnen der Welt auf eine andere Art und Weise. Wenn wir uns einmal an unser Verhalten in solchen Situationen erinnern, erfahren wir bereits sehr viel über unsere Art, Entwicklungsaufforderungen zu begegnen.

Schwieriger wird es bei Entwicklungsaufforderungen, vor denen wir glauben, wegrennen zu können, da sie sich «nur» als ein Bedürfnis oder Gefühl melden, ohne von den manifesten Erscheinungen der biologischen Prozesse begleitet zu werden. Wir glauben, hier die Wahl zu haben, und vermeiden daher oft bestimmte Situationen, um bestimmte Einstellungen nicht in Frage stellen zu müssen. Gerade dadurch ziehen wir aber unbewußt die entsprechenden Situationen an, denn unsere Entwicklung ist stets auf Ganzheit ausgerichtet. Durch innere Einstellungen, die unsere eigene Ganzheit verhindern wollen, geraten wir in Situationen, in denen wir irgendwann merken müssen, daß es so nicht mehr weitergeht und daß wir *an uns selbst* etwas ändern müssen.

Im Grunde bestehen diese Änderungen daraus, daß wir versuchen, zu all dem wieder Zugang zu erhalten, was aufgrund unseres Anpassungs- (Erziehungs- bzw. Sozialisations-) prozesses in unserem Unterbewußtsein gelandet ist. Ansatzpunkt ist hierbei vor allem der seelische Komplex, der in der Astrologie mit Saturn bezeichnet wird: unser Bedürfnis nach einem Raster von richtig und falsch. Je mehr wir die uns beigebrachten Regeln unhinterfragt übernommen haben und unser Leben nach ihnen ausrichten, um so mehr erleben wir auch unsere Berufstätigkeit als einen teilweisen Verzicht auf uns selbst, da sich die dauerhafte Verbannung bestimmter Eigenschaften auch und oftmals *gerade* hier auswirkt. Unsere Arbeit ist dann mehr oder weniger stark mit einem belastenden Gefühl von Pflicht und einer unbestimmten Sehnsucht und Suche verbunden, obwohl rein äußerlich gesehen (und nach dem üblichen Bewertungsraster) doch alles in schönster Ordnung ist.

Indem wir uns den uns zufallenden Situationen stellen, wachsen wir auch hier – wie bei den biologischen Veränderungen – uns selbst entgegen, nun jedoch auf geistig-seelischer Ebene. Wir können nach und nach erkennen, daß bestimmte erlernte Regeln und Normen uns nicht nur in unserer Individualität beschränken, sondern auch in unserem Menschsein an sich. Dieser Prozeß ist keine Phase im Leben, sondern begleitet uns kontinuierlich, denn es gibt immer wieder neue innere Grenzen, die uns davon abhalten zu erkennen, wer oder was wir wirklich sind.

Der erste Schritt in diesen Prozeß, die erste Frage nach dem Sinn einer bestimmten Norm und das erste Nein zu dem, was wir bis dahin als richtig angenommen haben, bringen uns jedoch auf den Weg zu der verbannten Seite unseres Seins. Nun beginnen die Energien der Achse 6/12 wieder zu fließen. Unsere Anpassung oder nun besser Einpassung in unsere Umwelt wird dadurch zunehmend weniger vom Verzicht auf uns selbst geprägt, sondern von einer flexiblen und gegenwärtigen Reaktion, welche keinen Anspruch auf Dauer erhebt. Nun beginnt sich effektiv etwas zu verändern, mit allen Vor- und Nachteilen, mit allen Ängsten und Freuden, die der fließende Lebensprozeß so mit sich bringt. Vor allem das Berufsleben verliert mehr und mehr von dem, worunter wir hier meistens leiden: von seiner Statik, von seiner immer gleichen Routine und von seiner Unter-, Über- oder Fehlforderung unserer Fähigkeiten.

Im Grunde tauschen wir in diesem Reifungsprozeß das Objekt unseres Verzichtes aus: Haben wir vorher ganz oder teilweise auf uns selbst verzichtet, verzichten wir nun auf unseren Gehorsam gegenüber Vorschriften. Wir werden dadurch heiler – für unser Umfeld aber auch unbequemer. Möglicherweise passen wir nun nicht mehr so gut in das Muster, das uns innerhalb unserer Berufstätigkeit vorgegeben wird. Vor diesem Punkt haben viele Angst, denn es können uns dadurch einige Dinge verlorengehen, die wir bisher für unverzichtbar hielten. Durch die nun beginnenden Veränderungen gewinnen wir aber die Freude, die entsteht, wenn unsere Arbeit und unser Werk mehr und mehr deckungsgleich werden.

Wir haben uns im Grunde auf den Weg zur Liebe begeben und gewinnen die innere Erfüllung, die mit dem Prozeß der Heilung einhergeht. In einem solchen – zugegeben idealen – Fall bedeutet Arbeit gleichzeitig Gesundheit, sind die Ergebnisse unseres Tuns die Früchte unserer Fähigkeiten und erleben wir uns als einen produktiven, wachsenden und echten Menschen, der sich auf seine ihm eigene Weise seinen Weg zum anderen Menschen und zur menschlichen Gemeinschaft bahnt. Das sechste Haus gewinnt dadurch seinen eigentlichen Charakter zurück, denn es ist nicht nur das Haus von Arbeit, Fleiß und kleinen Schritten, sondern auch das Haus der Ernte, welche die Mühe lohnt.

3. Die Achse der Veränderung

Im individuellen Geburtshoroskop zeigt die Achse des sechsten und zwölften Hauses unsere Eigenart auf, mit der wir uns der Welt und uns selbst nähern wollen – und die Eigenart, welche wir am ehesten bereit sind, dafür zu «opfern». Spätestens hier müssen wir von einer Haltung Abstand nehmen, die anderen, ob der Erziehung, der Gesellschaft oder dem Chef, die Schuld daran gibt, daß wir in unserer Arbeit nicht das tun können, wonach wir uns sehnen oder das wir uns stets erträumen.

Wir sind so, daß wir die durch das Zeichen an der Spitze des zwölften Hauses symbolisierte Eigenschaft als erstes «untergehen» lassen. Diese Konstellation ist Teil der Lernaufgabe, die unser irdisches Leben neben allem anderen ja auch darstellt. *Wir* sind so, daß wir uns beispielsweise auf eine zwillingshafte Weise in unsere Umwelt einpassen – und zwangsläufig sind *wir* so, daß wir dafür zunächst auf unsere schützehaften Eigenschaften verzichten. Der schmerzliche Mangel, den dieser Verzicht in unserem Gefühlsleben hinterläßt, ist ein schicksalhafter Antrieb zu unserer Entwicklung zur Ganzheit.

Je weniger statisch wir in unserer Berufstätigkeit sind, um so besser fließen auch die ersehnten Energien des 12. Hauses in unsere Arbeit mit ein. So, wie wir stets ein Stück Ganzheit opfern, um uns dem anderen zu nähern, so opfern wir auch ein Stück Anpassung, um uns wieder selbst nahezukommen, denn das 12. Haus führt uns zu unserem Aszendenten.

Um uns einer vorgegebenen Statik im Arbeitsleben also entziehen zu können, sind daher vor allem die Eigenschaften des 12. Hauses gefragt. Um diese Wechselwirkung wieder in Fluß zu bringen, bleibt uns daher nichts anderes übrig als der Ungehorsam. Die Entwicklung zu einem erwachsenen Menschen bedeutet aber im Grunde nichts anderes als die Entwicklung zum Ungehorsam.

Schuldzuweisungen jeglicher Art sind ein beliebtes und zunächst auch praktisches Mittel, um sich dem gefürchteten Ungehorsam nicht stellen zu müssen. Sie helfen jedoch nicht weiter, wenn es darum geht, berufliche Veränderungen vorzunehmen oder unser Werk zu tun. Schuldzuweisungen lähmen das Handeln und bilden ein großes Hindernis auf unserem Weg zur Liebe – und damit auch auf unserem Weg zu uns selbst. Sie verlegen die Ursache unserer mißlichen Situation ins Außen – und somit auch deren Lösung.

Die Lösung bildet jedoch der Zugang zu unseren Qualitäten des 12. Hauses. Wenn es hier wieder beginnt zu fließen, erlangen wir auch wieder die Kraft, in unserem Alltag die kleinen Dinge zu verändern.

Wir kennen in der Astrologie die Einteilung in kardinale, fixe und veränderliche (bewegliche) Zeichen, und die den Zeichen entsprechenden Häuser[2] haben eine ähnliche Qualität. Den veränderlichen Zeichen Zwillinge, Jungfrau, Schütze und Fische entsprechen die auch als fallend bezeichneten Häuser 3, 6, 9 und 12. In diesen Prinzipien findet Bewegung statt, denn sie sind darauf ausgerichtet, den nächsten Quadranten und somit eine «andere Welt» zu erreichen. Natürlich ist die Achse 3/9 oder Zwillinge/Schütze auch eine veränderliche Achse. Ich bezeichne diese Achse jedoch im Vergleich zur Achse 6/12 als die Achse der Bewegung. So wie Häuser und Zeichen den drei genannten Qualitäten zugeordnet werden, werden sie auch den vier Elementen zugeordnet.

Die dynamische Qualität der Achse 3/9 spielt sich in den Elementen Luft und Feuer ab, wir haben hier also Bewegungen, die in einem nichtstofflichen Klima stattfinden. Da diese Bewegungen nicht die mühsame Überwindung irdischer Hürden beinhalten, sind die hier vorkommenden Veränderungen nicht konkreter und sichtbarer Natur. Wenn sie sichtbar werden, ist das ein Ergebnis der Erdzeichen und -häuser.

Das sechste Haus ist ein Erdhaus, d.h., seine dynamische Qualität zeigt hier ganz konkrete Ergebnisse. Sobald eine Überlegung (3. Haus) eine Veränderung im Verhalten nach sich zieht (6. Haus), haben wir unseren Gedanken (Zwillinge) ein irdisches Kleid (Jungfrau) gegeben. Erst dann zeigen sich Reaktionen aus der Umwelt. Was wir getan haben oder tun, ist unserem Gegenüber nun greifbar.

Die Sichtbarkeit und damit die Möglichkeit eines entsprechenden Echos aus der Außenwelt sind ein wesentlicher Faktor

2 Im Anhang findet sich die Zuordnung von Tierkreiszeichen zu den entsprechenden Planeten und Häusern.

bei Veränderungen jeglicher Art – oder bei deren Unterlassung. Auf der Achse 6/12 vollziehen wir also unser Denken in konkreter und sichtbarer Weise und bewirken dadurch eine konkrete Veränderung unseres Lebens. Die entsprechenden Zeichen sagen uns, wie wir das tun und welche Auswirkungen das haben kann. So sehen wir bei den folgenden Ausführungen zum einen das grundsätzliche Licht, in dem unsere Berufstätigkeit steht. Zum anderen beschreibe ich das Klima der Krise, die in der Ausbildung körperlicher Symptome münden kann. Zum Schluß einer jeden Achse steht der Charakter unseres Werkes, unter Hinzunahme der polaren Energie des 12. Hauses.

Haus 6: Widder – Haus 12: Waage
Mars als Herrscher über das 6., Venus als Herrscherin über das 12. Haus

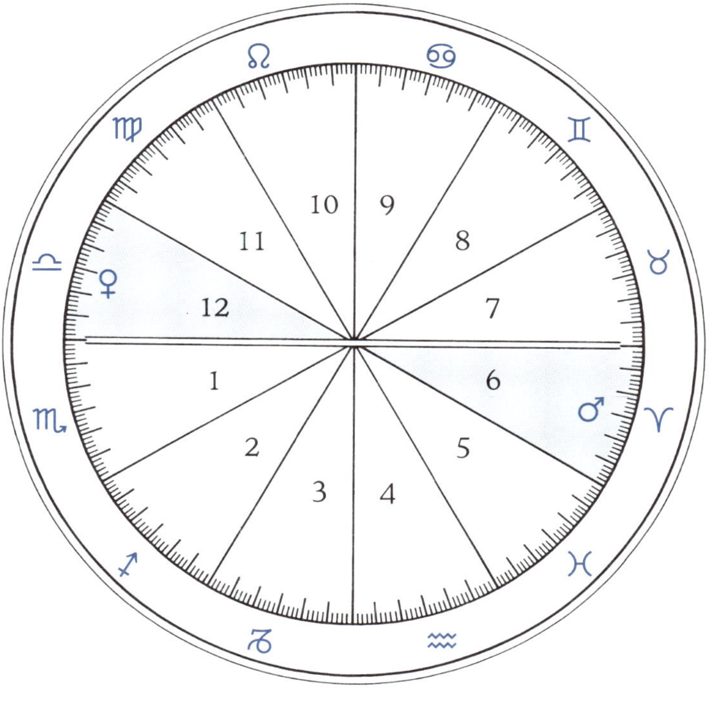

Kampf, direkter Krafteinsatz und Egoismus sind hier einige Schlagworte, die das Arbeitsklima bei dieser Konstellation bestimmen. Unsere Kraft kann und will auch physisch eingesetzt werden und in körperlich anstrengenden Berufen ein entsprechendes Spielfeld finden. Konkurrenz oder Rivalität wird von uns als belebend und anfeuernd empfunden, und vielleicht gilt bei dieser Zeichenstellung in unserem Beruf so etwas wie das Dschungelrecht: Nur der Stärkste kommt durch. Es mag paradox klingen, doch es ist genau diese unsere Art, für uns selbst zu streiten, mit der wir uns letztendlich der menschlichen Gemeinschaft hinzufügen wollen und können. Wir wissen, daß wir für den anderen wichtig sind, und sehen unseren sogenannten Egoismus aus diesem Blickwinkel. Und wir ahnen, daß niemand für uns streitet, wenn wir es nicht selbst tun. Daher ist es für uns mit dieser Konstellation unabdinglich, daß wir aus persönlichen Motiven für die Durchsetzung unseres Willens kämpfen und siegen können. Im Bewußtsein unserer Kraft haben wir grundsätzlich keine Scheu, stets etwas Neues zu beginnen – wenn es dazu beitragen kann, daß wir uns der Welt besser vermitteln können und daß durch uns neue Dinge in Gang kommen. Um dies zu erreichen, wollen wir aus eigener Kraft und aus eigenem Antrieb aktiv eingreifen – und dulden eigentlich niemanden neben oder vor uns, der schneller als wir am Ziel sein und uns eine begehrte Trophäe vor der Nase wegschnappen könnte. Das Arbeitsklima ist somit von einer sehr maskulinen, direkten und streitbaren Kraft bestimmt, denn es geht bei der Anpassungsleistung um «mich» und nicht um «dich».

Liegt in unserer Psyche auf dem Gebiet des selbstbezogenen Egoismus oder der Eigen-Willigkeit ein bremsendes Urteil, investieren wir unsere kämpferische Kraft in unserem Beruf vielleicht in Ziele, die nicht unsere eigenen sind. Zur Erinnerung: Wir besitzen diese kämpferische Kraft, um *für uns selbst* zu kämpfen, da wir, wenn wir nicht kämpfen, auch unser Werk nicht befolgen können. Fällt dieses «für uns selbst» unter den Tisch, erleben wir vielleicht viel Aggression von außen (die dann eine Spiegelfunktion hat, s. Kapitel III), oder wir werfen uns mit einem unstillbaren Kampfeshunger in die Arbeit, um uns eigentlich fremde Ziele zu verfolgen. In diesem Fall empfinden wir uns zwar als einen streitbaren Menschen, wir übersehen nur, daß wir schon längst nicht mehr *selbst* unser eigentliches Motiv sind. Unsere Kraft, zu kämpfen, wird dann vor einen fremden Karren gespannt und ausgenutzt. Wenn die Widder-Energie ihrer ursprünglichen Bestimmung nicht mehr folgen kann und sich notgedrungen den Weg in den Körper sucht, sind unsere Krankheiten von ihr geprägt. Wir verletzen uns vielleicht häufig und erleben die Schärfe des Widder-Prinzips auf diese Weise. Eine andere Folge kann ein hochaggressives Immunsystem sein, das uns mit Allergien oder schnell entflammenden Entzündungen quält. So können Erkrankungen hier stets einen aggressiven, stürmischen oder entzündlichen Charakter haben – als Spiegel dafür, daß wir im Außen zwar kämpfen mögen, aber nicht für, sondern eigentlich gegen uns selbst. Wir haben es dann an unseren Körper delegiert, für uns zu kämpfen, denn auch auf diese Weise ist die Energie des Widders in unserem Alltag präsent.

Unser Werk spielt sich im wesentlichen in dem Spannungsfeld «Ich-Du» ab, und um uns als ein schöpferisches und eigenständiges Individuum in die Welt bringen zu können, lassen wir unsere auf den anderen bezogene Seite zunächst außer acht. Wenn wir jedoch erkennen, daß wir für uns streiten, um uns dem anderen hingeben zu können, kann die Achse 6/12 ihre Dynamik entfalten. Unsere Beziehung zum Du hat eine kollektive oder kosmische Dimension, denn wir fühlen uns auf einer unbewußten Ebene mit allen Menschen in Liebe verbunden. Diese durch das 12. Haus repräsentierte Eigenschaft ist uns durch unsere saturnischen Erfahrungen nicht mehr bewußt. Die Liebe, die wir empfinden können, ist uferlos, frei von Urteilen oder Trennungen und von einem hochsensiblen und feinschwingenden Harmonieempfinden bestimmt. Finden wir hierzu wieder einen gefühlsmäßigen

Zugang, «rechtfertigt» sich auch unsere egoistische Seite, auf der möglicherweise einige Verbote oder Urteile lasten. Wir spüren dann, daß unser aktives und starkes Auftreten im Zusammenhang mit unserer Liebe zum Ganzen steht. Es ist selbstredend, daß eine solche Durchsetzung unserer selbst eher konstruktive als destruktive Seiten hat. Die Bewußtwerdung der Energie des 12. Hauses kann einer Erlaubnis zum eigenen Willen gleichkommen. Im Berufsleben hat das zur Folge, daß wir nun den Mut besitzen, eigenständig das anzugehen, was uns wirklich reizt.

Haus 6: Stier – Haus 12: Skorpion

Venus als Herrscherin über das 6., Pluto als Herrscher über das 12. Haus

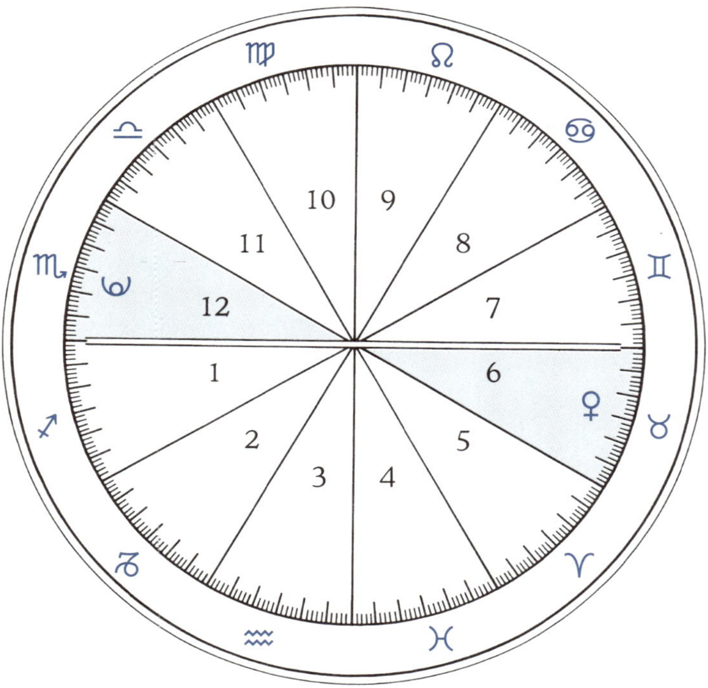

Hier sind Realismus, Beständigkeit und Sicherheit einige Schlagworte, die das Arbeitsklima beschreiben können. Wir wollen vor allem einen sicheren Platz in der menschlichen Gemeinschaft gewinnen, und durch die Arbeit an der Basis oder unsere Hinwendung zu grundsätzlichen Werten finden wir unseren Weg zum anderen. Es geht uns hierbei aber um unsere eigenen Werte, und das sind vor allem Talente oder Potentiale, die wir in unsere irdische Existenz mitgebracht haben und hier entwickeln wollen. Unser Körper spielt für unsere Arbeit eine wichtige Rolle, denn er ist Träger und Ausführer unserer Begabungen. Unsere Arbeit muß ein materielles und sinnliches Moment haben, muß uns die Möglichkeit bieten, einen konkreten und am eigenen Leib erfahrbaren Genuß zu erleben. Die Sicherheit, die wir aufgrund unserer Arbeit suchen, bezieht sich vor allem auf unsere eigenen Grenzen und den Schutz, den sie uns bieten können. Wir investieren im Grunde unsere Energien, um uns selbst aufzubauen, unsere eigenen Grenzen zu definieren und uns selbst zu stabilisieren. Diese Eigenart hat etwas Defensives, denn wir wehren uns bei unserer Anpassung gegen alles, das nicht unserem Wertempfinden entspricht. Unsere Arbeit kann stark von der Suche nach dem richtigen Platz geprägt sein, denn es geht uns bei unserem Werk um das Territorium, welches wir für uns beanspruchen oder uns aufbauen wollen. Dadurch können wir stets mit Grenzziehungen jeglicher Art befaßt sein – ob sie nun körperlich, seelisch oder geistig gezogen werden.

Haben wir in unserer Arbeit nicht die Möglichkeit, uns selbst aufzubauen und unsere körperlichen Begabungen zu investieren und zu spezialisieren, geht uns vermutlich früher oder später unser Selbstwertgefühl verloren. Vielleicht versuchen wir dann, durch Statusgerangel, äußerliche Wohlstandsattribute, einen sturen Materialismus oder eine extreme Unbeweglichkeit unseren Platz zu behaupten – obwohl er eigentlich gar nicht *unser* Platz ist. Zur Erinnerung: Es ist unsere Art, uns dadurch der menschlichen Gemeinschaft hinzuzufügen, daß wir uns von anderen abgrenzen – mag das auch noch so paradox klingen. Wir ahnen im Grunde jedoch, daß wir später den Dialog suchen, und dann wollen wir etwas haben, das wir von uns anbieten können. Bei dieser Konstellation ist es möglich, daß sich Blockaden der ursprünglichen Eigenart dergestalt auswirken, daß wir aufs Horten verfallen – nur um irgend etwas zu haben. Daß wir im Grunde uns selbst sammeln wollen, vergessen wir dabei. Entsprechend sieht die Delegation der Stier-Energie an den Körper aus: Wir haben dann vielleicht Gewichtsprobleme (meist Übergewicht, jedoch auch – seltener – Untergewicht), fühlen uns oft müde und schwer und leiden eventuell unter Depressionen, die nicht selten stoffwechselbedingt sind. Vielleicht macht uns auch unser Hals oder Nacken zu schaffen, der geschwollen oder unbeweglich ist und somit die zurück-haltende und ausharrende Stärke des Stier-Prinzips auf diese Weise in unseren Alltag bringt. Erkrankungen haben stets einen verlangsamenden und «herunterziehenden» Charakter, und möglicherweise reagiert der Körper generell sehr direkt auf Unstimmigkeiten im Berufsleben.

Unser Werk spielt sich im wesentlichen im Spannungsfeld «Abgrenzung – Vereinigung» ab. Aus der seelischen Symbiose mit anderen gewinnen wir die Kraft, unseren eigenen Weg zu gehen – und möglicherweise lassen wir diese Kraft zunächst außer acht, um im Berufsleben ein sicheres Terrain zu finden. Daß es für uns notwendig ist, uns von anderen abzugrenzen, wird durch die Qualität unseres 12. Hauses verständlich. Wir sind hier in einer extremen Weise in der Lage, uns dem Ganzen hinzugeben. Unsere seelische Symbiose mit dem menschlichen Kollektiv beinhaltet auch die kollektive seelische Unterwelt – also sehr tiefe und oft tabuisierte Gefühle, die allen Menschen gemein sind und die wir unterschwellig stets spüren. Um hier nicht unterzugehen, ist es für uns existentiell wichtig, eine konkrete und faßbare Grenze zu besitzen, welche uns selbst als Einzelperson definiert. Diese Grenze ist unser eigener Körper, der uns zur Erdung und zur

Unterscheidung von anderen verhilft. Würden wir das nicht tun, könnte der Sog des 12. Hauses, die Sehnsucht nach der Verschmelzung mit dem Ganzen, derart stark werden, daß von uns nichts mehr übrig bleibt. Entsprechend können sich feste oder sexuell attraktive Beziehungen auswirken: Wir gehen in ihnen auf – aber möglicherweise auch unter. Wenn wir erkennen, daß unser Bedürfnis nach einem eigenen Territorium unserer tiefen seelischen Verbundenheit mit dem Ganzen entspringt, können wir uns selbst aufbauen, auch wenn wir dazu defensiv sein müssen. Dies ist jedoch notwendig, um uns als ein schöpferisches und eigenständiges Individuum zu behaupten und in die menschliche Gemeinschaft investieren zu können. Die gewaltige Kraft, die uns aus unserer seelischen Verbundenheit mit dem Ganzen zufließt, wirkt dann stets befruchtend und sorgt dafür, daß wir nicht erstarren – und unser Berufsleben kann sich dadurch zu einem bereichernden Wachstumsprozeß gestalten.

Haus 6: Zwillinge – Haus 12: Schütze
Merkur als Herrscher des 6., Jupiter als Herrscher des 12. Hauses

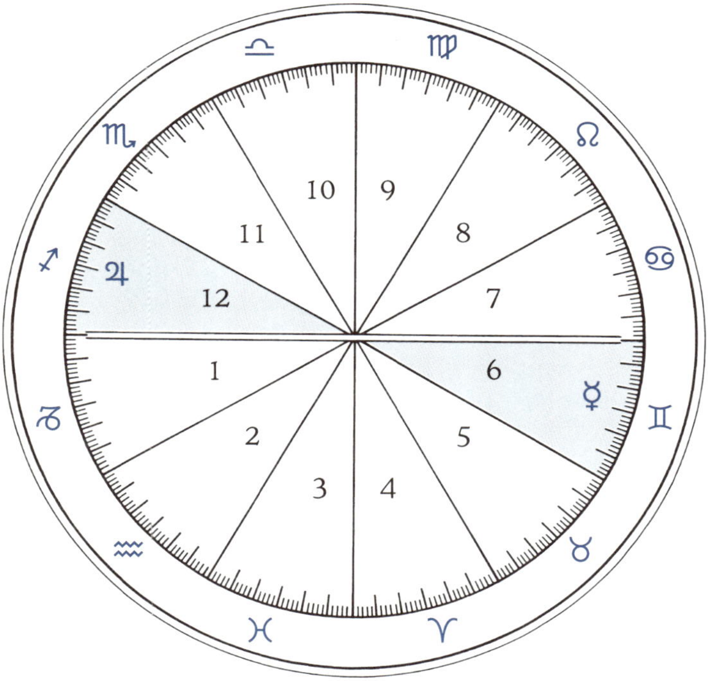

Unser Berufsleben ist hier von einer starken Beweglichkeit, einem unbezähmbaren Wissensdrang und einer ausgeprägten Vielfältigkeit begleitet. Wir verstehen Arbeit als etwas, das mit dem Verstand zu bewältigen ist und zweckmäßig sein soll. Unsere Beziehung zur Umwelt ist intellektueller Natur und stets unverbindlich. Wir wollen uns nicht zu sehr in Situationen hineinziehen lassen, wir wollen im Grunde nur informiert darüber sein, was es alles so gibt. Wir lernen unentwegt, denn Anpassung bedeutet für uns vor allem, Vielfältigkeit zu erwerben. Der Dialog mit anderen ist für unsere Arbeit unerläßlich. Es geht uns um den Austausch von Informationen:

Wir wollen mitteilen, was wir wissen, und erfahren, was wir noch nicht wissen. In dieser unverbindlichen Mittlerfunktion besteht unsere Art und Weise, uns der menschlichen Gemeinschaft hinzuzufügen, und wir können uns an nahezu jede Situation wie ein Chamäleon anpassen. Das Klima ist dabei kühl, nicht tiefgehend, sondern oberflächlich, stets etwas wissenschaftlich und instabil – aber auch höchst dynamisch und flexibel. Unsere Unverbindlichkeit ermöglicht es uns, beruflich mehrere Dinge gleichzeitig zu tun, denn wir sind keiner Arbeit tief verbunden. Wir betrachten unser berufliches Umfeld im Grunde als Schule, als Möglichkeit, sich ständig zu informieren, stets zu lernen und in Bewegung zu bleiben. Wir ahnen, daß wir in der Begegnung mit anderen unsere Seele offenlegen werden – und daß sich unsere Kreativität im Zusammenspiel mit dem anderen entfalten wird. Hierzu ist die Fähigkeit zu kommunizieren, unerläßlich – auch die Fähigkeit, objektiv zu bleiben.

Ist es uns nicht möglich, durch unsere Arbeit Beweglichkeit zu erlangen, zu lernen und im Beruf der Vielfalt unserer selbst Ausdruck geben zu können, verlieren wir irgendwann das Interesse. Wenn wir beruflich keine Möglichkeit zur steten Veränderung und zur zweckmäßigen Gestaltung unseres Alltags sehen, wird unser Intellekt unzufrieden und kann sich als ein nörglerischer Teil in uns melden. Wir werden vielleicht extrem neugierig, klatschsüchtig, geschwätzig und oberflächlich und können das wahrscheinlich nur noch an Kollegen erkennen, die letztendlich uns selbst spiegeln. Bei dieser Konstellation wirkt sich ein statisches Berufsleben sehr drastisch aus, denn durch die Statik sind wir zunächst auch unfähig zu Einsicht und Verständnis (12. Haus Schütze). Ein unbefriedigter Intellekt ist wie ein wild gewordener Affe: Er schlägt Purzelbäume und zwingt uns durch seine aus dem Ruder gelaufene Schnelligkeit, uns mitunter daneben zu benehmen. Zur Erinnerung: Wir haben etwas zu sagen und wollen etwas lernen. Es ist unsere Art, uns der Umwelt einzufügen, indem wir unserem Wissensdrang folgen – und das hat stete berufliche

Veränderungen und eine rationale Distanz zu unserer Arbeit zur Folge. Wenn unser Beruf verbindlich anstatt vermittelnd ist, wird das Zwillinge-Prinzip an den Körper delegiert. Hier können Erkrankungen des Bewegungsapparates, vornehmlich der Gelenke, uns dazu zwingen, uns im Alltag mit dem Prinzip der Beweglichkeit zu befassen. Die Atmungsorgane als Symbol für den unverbindlichen Austausch sind ein anderes körperliches Terrain für diese Energie. Generelle Störungen des Austausches können sich jedoch auch als systemische oder generalisierte Erkrankungen zeigen. Sie betreffen dann ein gesamtes körperliches System, z.B. das Kreislaufsystem, das Bindegewebe oder das Nervensystem.

Unser Werk spielt sich im wesentlichen im Spannungsfeld «Wissen – Glauben» ab. Um in unserer Umwelt Fakten zu begegnen, die wir als gesichertes Wissen assimilieren können, lassen wir zunächst reine Möglichkeiten außer acht, denn sie sind weder konkret noch beweisbar. Um jedoch weiter zu lernen, müssen wir an Möglichkeiten *glauben*, die wir – noch – nicht verstehen können. Wenn wir die Grenze unseres Wissens erreicht haben, müssen wir beginnen zu glauben, sonst bleiben wir in einer Art gut informiertem Unverständnis stecken und die Achse 6/12 beginnt nicht zu fließen. Wir sind im 12. Haus zu einer tiefen spirituellen Sehnsucht fähig und können auf intuitive Weise die sinnvolle Fülle des gesamten Daseins wahrnehmen. Wir spüren unbewußt, daß in allem Sinn ist, daher ist die Vielfalt im Alltag eigentlich durch unsere unbewußte Vision begründet, in jeder Manifestation Gott begegnen zu können. Wenn wir erkennen, daß unser Wissensdrang von einer religiösen Quelle und der Sehnsucht nach Einsicht gespeist wird, gestatten wir uns auch, unseren intellektuellen Bedürfnissen zu folgen. Dabei bietet uns das wissenschaftliche und rationale Vorgehen die Methode, «am Boden» zu bleiben, und unser Glaube an ein «Mehr» veranlaßt uns, uns für Wahrnehmungen zu öffnen, welche die Möglichkeiten des Verstandes überschreiten. Intellektuelle und geistige Arbeit, also ein Zusammenspiel von Denken und Intuition, sind für uns der Weg zum anderen. Indem wir uns selbst immer wieder Themen nähern, die uns unbegreiflich sind, erhält unser Verstand auch das Futter, das er braucht. Wir wagen uns dann auch an konkrete und nicht nur gedankliche berufliche Veränderungen, weil wir an unsere Möglichkeiten und an einen über den Zweck hinausgehenden Sinn jeglicher Erfahrung *glauben* können.

Haus 6: Krebs – Haus 12: Steinbock

Mond als Herrscher über das 6., Saturn als Herrscher über das 12. Haus

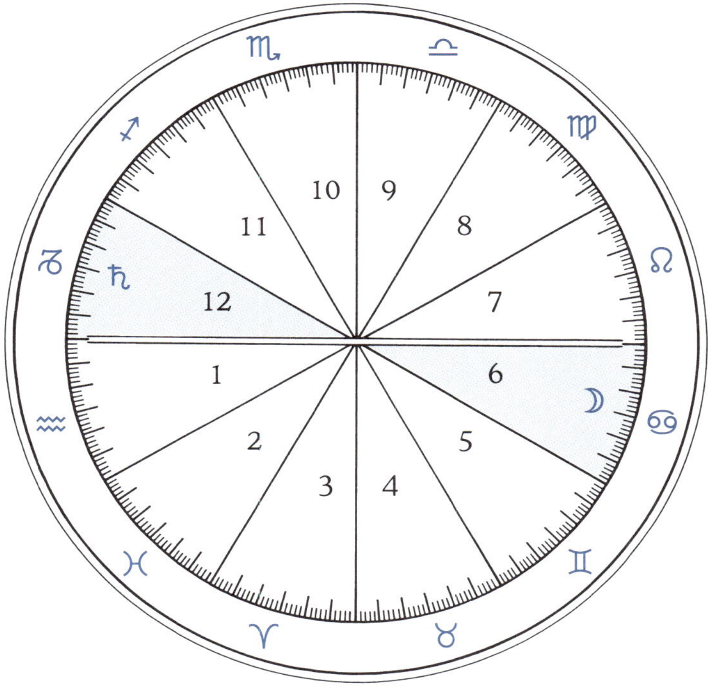

Hier wird unser Berufsleben weitgehend von den Energien bestimmt, die man allgemein als mütterlich-weiblich bezeichnen könnte. Wir erwarten ein Klima, in dem Empfindsamkeiten sein dürfen, in dem Launen ihren Platz haben und in dem das Wachstum von Lebendigem stattfinden darf. Möglicherweise staunen wir bei Veränderungen stets wie ein Kind, obwohl wir sie eigentlich vorher schon geahnt haben. Wir haben eine kindlich-unschuldige Art, mit dem umzugehen, was uns in Beruf und Alltag so begegnet, und sind instinktiv in der Lage, uns an die jeweiligen Gegebenheiten anzupassen. Dabei ist unser Gefühl der alles entscheidende Faktor. Fühlen wir uns wohl, folgen wir Forderungen oder Sachzwängen, fühlen wir uns nicht wohl, lassen wir es, ziehen uns in uns selbst zurück und verschließen uns. Dadurch, daß wir im Beruf von unseren Gefühlen bestimmt sind, erscheinen wir launisch und irrational. Es ist jedoch unsere Seele, die bestimmt, wie wir gerade jetzt sein wollen und können – und das können wir weder erklären noch begründen noch abstellen. So suchen wir uns ein Arbeitsklima, in dem es mehr um Sein als um Tun geht, in dem wir eher reagieren anstatt agieren können. Wir sind bereit, alles aufzunehmen, was uns in unserem Beruf begegnet. Es führt direkt in unsere Seele und ist dort die Nahrung für unser inneres Wachstum. Wie gut diese Nahrung ist, entscheidet stets unser seelisches Befinden: Schmerz bewirkt Verweigerung, Wohlgefühl bewirkt eine Identifikation mit unserer Arbeit. Wesentlich ist dabei, daß wir uns aufgehoben fühlen, damit wir unser Innerstes auch in unsere Arbeit einbringen können.

Unsere Empfindsamkeit kann recht schmerzhafte Folgen haben. Unser Wunsch nach Intimität kann dazu führen, daß wir im Berufsleben eine Offenheit an den Tag legen, die uns Angriffen gegenüber schutzlos macht. Wir reagieren immer gefühlvoll, und jede Kritik, jede Anpassung, die ja im sechsten Haus vollzogen wird, tut weh. Möglicherweise weichen wir immer mehr vor Stärkeren zurück, um dem Schmerz zu entgehen, und finden uns irgendwann in einer Position wieder, die uns eigentlich unterfordert. Bei dieser Konstellation ist es wichtig, daß wir unsere Empfindsamkeit schätzenlernen – und den Schmerz, der uns daraus erwächst. Zur Erinnerung: Es ist unsere Art, uns der Umwelt einzufügen, indem wir uns von unserer Umwelt berühren lassen und aus den Tiefen unseres seelischen Befindens darauf reagieren. Unser Instinkt leitet uns durch die Klippen der Anpassung, und der Schmerz, dem wir dabei begegnen können, ist ebenso vergänglich wie alle Gefühle. Jede Fixierung, jede Starrheit oder unveränderliche Routine hemmt im Grunde unser eigentlich fließendes Verhalten – und somit unser eigenes Wachstum. In einem solchen Fall werden wir unter Umständen kindisch, sind schnell beleidigt, wünschen uns im Beruf sehr viel und tun dafür wenig. Hier besteht die Gefahr, daß wir in einer Anspruchshaltung steckenbleiben, daß wir erwarten, von den Stärkeren, denen wir ja schon Platz machen, gefüttert und versorgt zu werden. Wir sind vielleicht artig und klein und erwarten dafür Lob und Belohnung. Die Inhalte unserer eigenen Seele können so nicht in unsere Arbeit eingebracht werden, denn wir machen uns dann abhängig von den Vorgaben anderer. Unsere Krebs-Energie sucht sich dann vielleicht unseren Verdauungstrakt als Spielfeld, um der aufnehmenden Qualität im Alltag Aufmerksamkeit zu verschaffen. Ebenso sind die weibliche Brust, die Eierstöcke oder die Gebärmutter als Symbole für Aufnahme, Nahrung und Wachstum ein weiteres Gebiet für diese Energie. Jedoch auch unsere Seele selbst kann erkranken: Wir sind depressiv und sitzen zwangsweise passiv in einem tiefen Loch – in einer Tiefe, aus der wir eigentlich schöpfen könnten.

Unser Werk spielt sich im wesentlichen im Spannungsfeld «Weichheit – Härte» ab. Um als authentisches Individuum den anderen zu erreichen, sind wir im sechsten Haus stets empfänglich und lassen uns berühren. Unsere Gefühle sind das, was wir dem anderen im siebten Haus darbringen wollen – als die Emotion des Löwen. Dieser Empfänglichkeit zuliebe opfern wir zunächst das Gegenprinzip: die Härte, Stabilität und Dauer des Steinbocks. Auf diese Weise hat unser Wachstum jedoch keine Struktur, es geschieht willkürlich und baut nicht auf bereits Bestehendem auf. Im 12. Haus sind wir im Grunde in der Lage, uns der Angst zu stellen, den Geheimnissen des Lebens und der Wahrheit. Durch Saturns Herrschaft über unser 12. Haus sind wir befähigt, die Verantwortung für unser Schicksal zu übernehmen und uns gleichzeitig einer höheren Ordnung zu beugen. Beginnt die Achse 6/12 zu fließen, fließt auch dieses Bewußtsein in unseren Alltag ein und schützt uns vor unreifem Verhalten, vor unangemessener Offenheit und vor der Flucht vor dem Schmerz. Unsere Erlebnisse des Alltags konsolidieren sich somit zu Erfahrungen, die wir jedoch in einen weit größeren Rahmen integrieren als in den üblichen Rahmen von Gut und Böse. Dadurch können wir in einem schicksalhaften Sinne ernst mit uns machen und jenen gegenüber mit Härte reagieren, die unsere Seele nicht achten. Die eigene Verantwortung zu erkennen kann eine schwere Hürde auf dem Weg zum 12. Haus sein, denn die Ausgrenzung des Steinbock-Prinzips läßt uns oberflächlich gesehen «unschuldiger» leben. Jedoch kann der oder die Unschuldige nicht erwachsen werden, denn es sind unsere Fehler, an denen wir reifen. Wenn wir uns gestatten, zu reifen, zu altern und zu sterben, wird die Empfindsamkeit, mit der wir uns Veränderungen aussetzen, von Würde und Respekt vor uns selbst getragen.

Haus 6: Löwe – Haus 12: Wassermann

Sonne als Herrscherin über das 6., Uranus als Herrscher über das 12. Haus

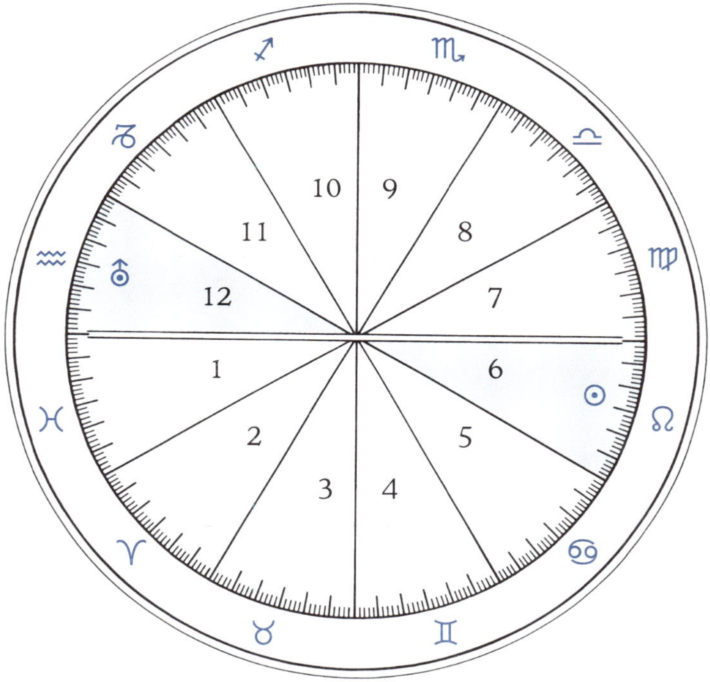

Hier ist unser Berufsleben das Gebiet, auf dem wir leuchten können. Aktivität und Eigenständigkeit sind zwei Zauberworte, die wir in unserer Arbeit zu verwirklichen suchen. Bei unserer Berufstätigkeit geht es uns um uns selbst in unserer Fähigkeit als schöpferischer und kreativer Mensch. Arbeit bedeutet für uns vor allem *herstellen*. Es ist wichtig, daß wir die Ergebnisse unserer Arbeit sichtbar und greifbar haben, daß es konkrete Schöpfungen sind, welche unsere eigene Potenz zeigen. Wir empfinden uns als Mittelpunkt eines jeden Arbeitsprozesses, in dem wir stecken. Wir wollen uns weniger mit dem Kleinkram befassen, sondern es zieht uns eher dazu, die Führung zu übernehmen, etwas zu organisieren und zu leiten. In der Art und Weise, in der Arbeitsprozesse dann vonstatten gehen, sehen wir uns selbst repräsentiert. Für uns ist es wichtig, Aufmerksamkeit zu erhalten und in einer würdevollen und selbständigen Weise vorgehen zu können. Wir empfinden unsere Produktivität als einen Dienst an der Gesellschaft, und wenn wir nicht produktiv sein können, haben wir das Gefühl, nicht zu arbeiten. Dabei müssen wir nicht unbedingt jede Arbeit selbst machen. Wir delegieren gern Tätigkeiten und sind vollauf damit beschäftigt, die Fäden in der Hand und den Kern der Sache im Auge zu behalten. Die Lust am Tun ist dabei ein wesentlicher Faktor. Und wir erlangen sie, wenn wir zu allem, was wir in unserer Arbeit tun, sagen können: Das bin ich!

Sind uns Eigenständigkeit und Produktivität in unserem Beruf nicht möglich, verlieren wir als erstes die Lust – und mit ihr jeglichen Antrieb, überhaupt etwas zu tun. Unser Fleiß bezieht sich vor allem darauf, uns auszudrücken, und wenn uns das aus irgendeinem Grund nicht gestattet wird, erreichen uns Trägheit, Unwilligkeit und so unangenehme Gefühle wie Neid, Rivalität, Herrsch- oder Geltungssucht. Zur Erinnerung: Es ist unsere Art, uns der menschlichen Gemeinschaft beizufügen, indem wir uns selbst in den Mittelpunkt stellen! Gestatten wir uns das nicht, versuchen wir unbewußt auf eine andere Weise, die Aufmerksamkeit auf uns zu ziehen: Möglicherweise pflegen wir dann unsere Eitelkeit, reißen gern das Wort an uns oder halten uns stets in der Nähe der Führungspersönlichkeiten auf – um etwas von ihrem Glanz abzubekommen. Wir besitzen jedoch genug, um selbst zu glänzen, und haben vielleicht nur nicht Mut, Selbstvertrauen oder Lebensfreude genug, um uns kraftvoll auszudrücken. Entsprechend findet bei einer Störung und Delegation des Löwe-Prinzips an den Körper das Thema Ausdruck eine andere Aufmerksamkeit. Wir sind vielleicht verstopft und fühlen uns auf unangenehme Weise rund. Oder unser Herz hat Mühe, den kraftvollen und vitalen Ausstoß der Lebensenergie Blut zu schaffen. Vielleicht entwickeln wir auch eine Sonnenallergie – als Symbol dafür, daß wir es leid sind, stets von anderen bestrahlt zu werden, wo wir doch eigentlich selbst strahlen wollen. Erkrankungen beziehen sich hier gern auf das Runde und den Kern der Sache, seien es die Augen oder der Kern körpereigener und lebenswichtiger Zellen. Die entwickelten Symptome betreffen dabei stets unsere Stärke, das Leben eigenständig und aktiv bewältigen zu können.

Unser Werk spielt sich im wesentlichen im Spannungsfeld «Wille-Zufall» ab. Wir sind bestrebt, unserem Willen auf eine exakte und penible Weise Ausdruck zu geben, denn was wir wollen, soll in möglichst genauer Weise auch seine äußere Entsprechung finden. Zufälligkeiten und plötzliche Einfälle verbuchen wir dabei zunächst als Störungen oder Ablenkungen und lassen sie außer acht. Hierbei besteht die Gefahr, daß unsere Arbeit zum Selbstzweck wird und unser Werk daher nicht gelingen kann. Um unser Werk befolgen zu können, müssen wir beachten, daß wir sowohl Schöpfer als auch Geschöpf sind. Der wundersame Funke, der unser Leben einst hat beginnen lassen, wirkt auch heute noch in uns. Bei aller Tatkraft sind wir auch Instrument eines höheren Geistes, der sich durch Einfälle und plötzliche Ereignisse in unserem Leben meldet. Die Einfälle aus der geistigen Welt des Wassermann-Prinzips sind jedoch nicht zur Steigerung unserer eigenen Großartigkeit gedacht. Sie wollen unsere Handlungs- und Tatkraft verwenden, um Ideen, die für die Gruppe der Menschen wirksam sein können, ein irdisches Kleid zu geben. Wenn wir erkennen, daß wir bei aller Tatkraft und Eigenmacht durch geistige Kräfte inspiriert werden, die nicht unserem Willen unterliegen, können wir der Gefahr der Egozentrik und Selbstgefälligkeit entgehen, die dem Löwe-Prinzip so nahe ist. Fließt die Achse 6/12 zwischen Löwe und Wassermann, empfinden wir uns und die anderen als gleichgestellte und selbständige Wesen. Was wir dann tun, wird von dem Gefühl des «Wir» getragen und befruchtet. Wir öffnen unseren Willen dem Zufall der Inspiration, die immer mehr will als uns selbst. In dieser Haltung sind unsere Aktivitäten oder Schöpfungen auch für andere belebend – und unser Werk, das uns selbst in den Mittelpunkt stellt, auch gerechtfertigt.

Haus 6: Jungfrau – Haus 12: Fische

Merkur als Herrscher über das 6., Neptun als Herrscher über das 12. Haus

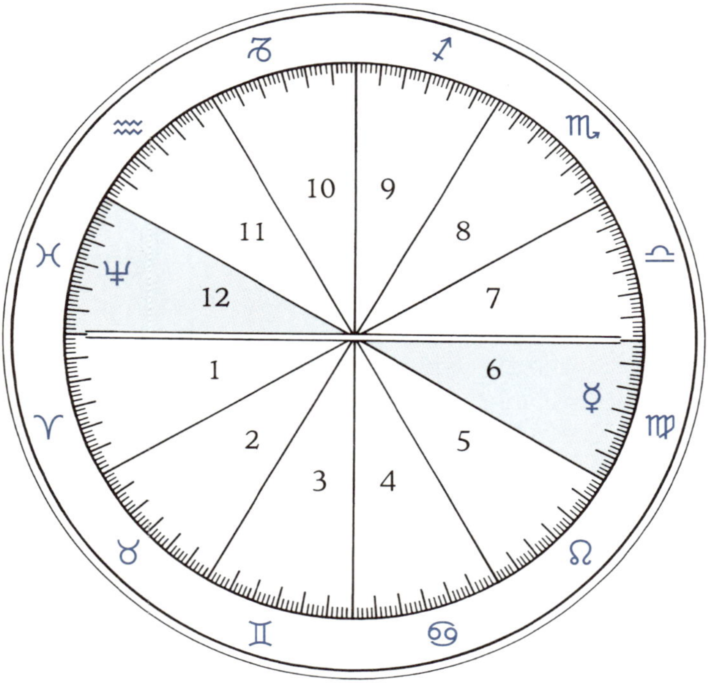

Unser Berufsleben wird mit dieser Konstellation von einem starken Bedürfnis zu dienen geprägt. Wir sind sehr wachsam und realistisch und sehen jede Kleinigkeit, die das Gelingen von Aufgaben oder Projekten gefährden kann. Vieles, was schiefgeht, haben wir im Grunde vorausgeahnt – bloß hat uns möglicherweise niemand gefragt! Wir verstehen uns in unserer Arbeit eher als einen korrigierenden Faktor und sind somit abhängig von Menschen, die etwas tun – denn wenn niemand etwas tut, haben wir nichts zu berichtigen. Wir lieben es, dem Detail Aufmerksamkeit zu schenken und unsere Kraft genau auf das zu richten, was von anderen so gern übersehen wird. Mühe schreckt uns nicht ab – im Gegenteil: Wenn etwas Mühe und Fleiß erfordert, blühen wir richtig auf. Wir verabscheuen Unordnung und lieben es, wenn alles seinen Platz hat – wohlbenannt, wohlsortiert und gut wiederzufinden. Unsere Haltung im Beruf ist von einer praktischen Intelligenz bestimmt. Wenn hier und jetzt bei einer Aktion nichts Konkretes herauskommt oder deren Ergebnis nicht genau zu bestimmen ist und nur im Bereich der Möglichkeiten weilt, verlieren wir das Interesse. Um es mit einer Metapher auszudrücken: Wir achten auf die Minuten und lassen die Stunden für sich selbst sorgen. Wir wissen, daß die Sorgfalt im Kleinen sich früher oder später durch eine reiche Ernte lohnt, und dieses Wissen ist eine Mischung aus Überlegungen und praktischer Erfahrung.

Sind wir in unserer Arbeit nicht in der Lage, unserem Bedürfnis nach Berichtigung und Genauigkeit zu folgen oder unsere speziellen und detaillierten Kenntnisse von funktionalen Abläufen anzubringen, verzerrt sich das sonst so umsichtige Jungfrau-Prinzip ins Destruktive. Wir nörgeln, sind überkritisch und neigen zu einem Perfektionismus, der an Sterilität grenzen kann. Wir sehen dann vor lauter Bäumen den Wald nicht mehr – ein Kennzeichen dafür, daß wir auf einem in unserem Leben unterrepräsentierten Prinzip beharren, und sei es auch zu unserem Schaden. Unsere Vorliebe für analytisches Denken kann uns in eine üble Falle führen: Wir kreisen dann gedanklich unentwegt um Probleme, ohne darüber hinaus auf deren Lösung schauen zu können. Möglicherweise ernten wir in unserer Arbeit eine Menge Kritik oder gar Ablehnung, und das schmerzt uns doppelt, weil wir es eigentlich – ganz tief unten – besser wissen. Ist es uns nicht möglich, uns in unserem beruflichen oder sonstigen Alltag irgendwie zu spezialisieren, spezialisiert sich unser Körper, der möglicherweise ohnehin sehr direkt auf Unstimmigkeiten in der Lebensgestaltung reagiert. Seine Symptome können in exakter Weise unseren Zustand widerspiegeln, und jedes «abgeschobene» Gefühl meldet sich als ein kleiner Ausschlag, eine kleine Magenverstimmung, ein leichter Schwindel oder ähnliches. Da wir uns ohnehin sehr genau beobachten, können die vielfältigen und unterschiedlichen Symptome uns nervös machen und zu noch genauerer Beobachtung veranlassen. Möglicherweise bemühen wir uns dann, unseren Körper mit seinen unordentlichen und unkontrollierbaren Eigenarten in den Griff zu bekommen. Hier ist eine Neigung zu hypochondrischem Verhalten nicht ausgeschlossen. Das Problem einer Somatisierung unter dem Jungfrau-Prinzip kann sein, daß es nicht *die* Krankheit gibt, sondern eine Ansammlung von einzelnen Symptomen, von denen jedes für sich genommen unter Umständen gar nicht so schlimm ist. Da wir aber keinen Namen dafür finden können, prüfen, beobachten und analysieren wir die Erscheinungen unseres Körpers immer genauer. Am schlimmsten ist dabei oft unsere Angst, daß dieses Namenlose irgendwann einen Namen bekommt, der uns dann nur noch Entsetzliches erwarten läßt.

Unser Werk spielt sich im wesentlichen im Spannungsfeld «Kontrolle-Vertrauen» ab. Wir sind durch unsere Wachsamkeit und unseren Realismus zu einer sehr genauen Anpassungsleistung in der Lage – das ändert jedoch nichts daran, daß wir im *Leben* stehen. Unsere hochentwickelte Fähigkeit, unseren Alltag bis ins Detail zu ordnen, befähigt uns weitgehend auch zu dessen Kontrolle. Leben ist und bleibt jedoch ein uns letztendlich unbegreifliches Wunder und birgt Geheimnisse, die sich dem Zugriff unseres Verstandes und unserer Erfahrung entziehen. Hier muß unser Vertrauen in das Leben ansetzen. Die Herrschaft Neptuns über das 12. Haus spricht von einer Hingabe an das Ganze. Hinter unserer Angst vor dem Chaos, vor Untergang oder unübersichtlichen Verhältnissen steht unsere Fähigkeit, unser Bestes zu tun –

und den Rest dem Wirken höherer Mächte anzuvertrauen! In einer solchen Gesinnung beginnt die Achse 6/12 zu fließen, und wir können möglicherweise einmal das Geschenk entgegennehmen, menschliches Instrument liebender Kräfte zu sein. Spiritualität kann auf unser Werk eine entlastende Wirkung haben: Wir erkennen unsere Kleinheit im Ganzen und die Bedeutung unseres Platzes darin. Wir widmen uns unserer speziellen Aufgabe im Vertrauen darauf, daß die Intuition zu uns sprechen wird, wenn es Zeit ist, weiterzuschreiten. Im Verbund mit unseren intuitiven Kräften gelingen uns dann auch Lösungen, die weder der Baum noch die Minute weiß – aber der Wald und die Unendlichkeit. Im Wechselspiel zwischen Loslassen und Zupacken kann sich unser Werk im Einklang mit dem Ganzen vollziehen.

Haus 6: Waage – Haus 12: Widder

Venus als Herrscherin über das 6., Mars als Herrscher über das 12. Haus

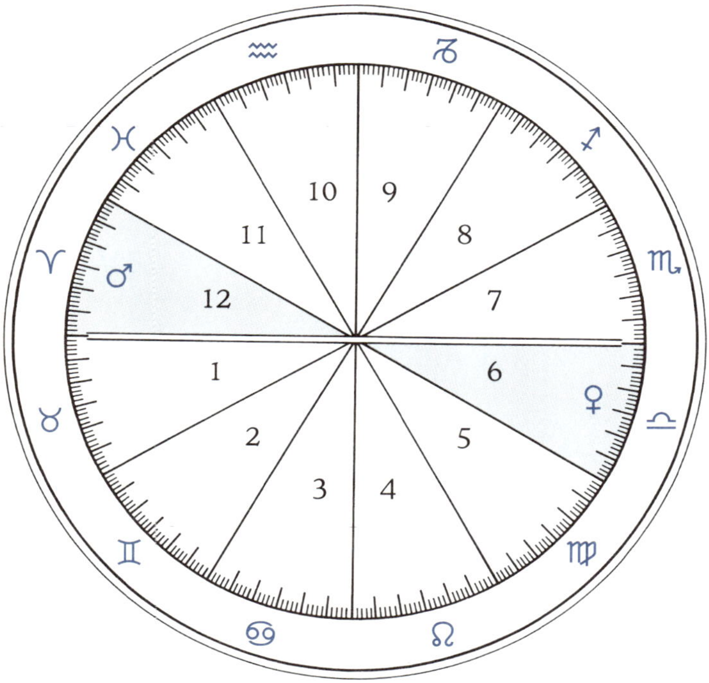

Unser Berufsleben ist stark von dem Wunsch nach Schönheit, Harmonie und Ausgewogenheit bestimmt. Wir tragen in uns ein Bild von dem, was uns fehlt, und hoffen, diesem Fehlenden in unserer Berufs- und Arbeitswelt zu begegnen. Dadurch ist unser Umgang mit unserer Berufstätigkeit stets von einer persönlichen Bezogenheit gekennzeichnet. Es ist wichtig, daß wir die zum Zeichen Waage gehörende Sachlichkeit und Neutralität einsetzen, um in der Berufswelt, in der es schließlich auch um wirtschaftliche Faktoren geht, nicht um der Liebe willen unterzugehen oder standpunktlos zu bleiben. Wir wollen durch unsere Arbeit im Sinne einer objektiven Gerechtigkeit ein ausgewogenes Verhältnis schaffen. Entsprechend sind wir sehr sensibel für Über – oder Untergewichtungen und für Erstarrungen, die ein lebendiges Fließen zwischen zwei Polen verhindern. Arbeit hat für uns stets etwas mit Eleganz, Ästhetik und Kontakt zu tun, und sie kann für uns das Mittel sein, mit der Außenwelt in Beziehung zu treten. Das Prinzip der Ausgewogenheit findet sich in jedem Bereich wieder, in dem wir tätig sind, sei es die Kunst, eine chemische Substanz, die Buchhaltung, eine vermittelnde oder Richterfunktion oder anderes. Wir selbst treten dabei eher in den Hintergrund. Im weitesten Sinne stellen wir im Dienste des Friedens unsere Fähigkeiten einer Sache oder Angelegenheit zur Verfügung. Somit ist es für uns wichtig, daß wir stets von Menschen oder Dingen umgeben sind, die uns zunächst fremd sind. In einem solchen Klima können wir unsere Fähigkeit zur Aufnahme von Beziehungen wirksam einsetzen.

Im Grunde haben wir die Absicht, durch unsere Arbeit *zu verbinden*. Was wir auch tun, dahinter wirkt stets unser Motiv, Beziehung zu schaffen, um eine Begegnung zu ermöglichen, die auf beide Seiten eine verändernde Wirkung hat. Um dieser Funktion nachzukommen, müssen wir nüchtern, neutral, objektiv und sachlich sein können. Je mehr unsere Vorstellung von Liebe von einer romantischen oder obsessiven Einstellung durchzogen ist, um so weniger können wir in einer Haltung arbeiten, die beiden Seiten gegenüber offen ist. Wenn wir Liebe mit Gefühl verwechseln, ist unser Berufsleben vielleicht stets von einem erotischen Flair umgeben, unsere emotionale Beteiligung verhindert dann jedoch eine Arbeit im Sinne der objektiven Harmonie. Unsere seelische Eigenart der Gerechtigkeit verzerrt sich dann dazu, daß wir allen gerecht werden wollen, ständig unsere Meinung wechseln und in unserer Abhängigkeit von der Zustimmung anderer opportunistisch werden. Die angestrebte Harmonie ist dann eigentlich nur noch oberflächliche Makulatur – ein mehr kosmetischer Prozeß, dem das Prinzip Waage leicht verfallen kann. Zur Erinnerung: Es ist unsere Art, uns der menschlichen Gemeinschaft beizufügen, indem wir ausgleichen, d.h., wir selbst verkörpern in einer sachlichen Neutralität um der Ausgewogenheit willen den Standpunkt, der fehlt. Das Ergebnis eines solchen Einwirkens ist Schönheit, egal, auf welcher Ebene und in welchem Bereich wir wirken. Wird das Waage-Prinzip an den Körper delegiert, verlangt das Gleichgewicht auf eine andere Weise seine Aufmerksamkeit und Integration in den Alltag. Die Symptome, die wir entwickeln, können dabei stets einen ausgleichenden Charakter zu unserer bewußten Haltung haben und uns so zwingen, der unterrepräsentierten Seite mehr Aufmerksamkeit zu schenken. Sind wir beispielsweise ständig überfreundlich, entwikkeln wir einen bellenden Husten, sind wir stets bissig, veranlaßt uns eine plötzliche Heiserkeit zu einem sanften Flüstern. Somatisierungen unter dem Waage-Prinzip haben in der Regel eine glättende Funktion: Um unserer Ausgewogenheit willen fügt uns unser Körper das Fehlende bei.

Unser Werk spielt sich im wesentlichen im Spannungsfeld «Verbindung-Trennung» ab. Durch unsere Beziehung zu unserer Umwelt wollen wir ihr Schönheit, Liebe, Eleganz, Leichtigkeit und Kultur hinzufügen. Wir opfern dafür zunächst unsere Fähigkeit, als ein von den anderen getrenntes Einzelwesen für uns selbst zu kämpfen. Egoismus mag uns verpönt vorkommen und macht uns eigentlich Angst. Ohne die Fähigkeit, den eigenen Willen durchzusetzen, und zwar auch gegen den Willen der anderen, können wir jedoch nicht wirklich in Beziehung treten. Wir sind durch unsere Waage-Qualität im Kontakt mit unserer Umwelt zu einem harmonischen Wechselspiel fähig. Verdrängen wir jedoch unsere persönlichen Ziele und Motivationen, die hinter unserem friedlichen Verhalten stehen, neigen wir eher zum diplomatischen Ränkespiel als zum Werk der echten Ausgewogenheit zwischen uns und der Welt. Zudem tragen wir auf diese Weise zur Polarisierung der Welt bei. Indem wir passiven Widerstand leisten und tatenlos sind, glauben wir, bei den «Guten und Schönen» bleiben zu können und die anderen, die aktiven Täter, als böse und häßlich identifizieren zu können. Die Achse 6/12 beginnt zu fließen, wenn wir lernen, uns dem scharfen Schmerz der Entscheidung zu stellen. Jede Entscheidung sagt zu einer Seite «nein» und treibt durch diese Gewichtung den Fluß des Lebens weiter – weil jeder Entscheidung zwangsläufig Taten folgen! Die Entscheidung ist somit *die Vorbedingung* für unsere harmonisierenden Kräfte. Unser Werk beinhaltet, daß unsere Seele schöner werden will, und dies impliziert die Korrektur des vermeintlich Häßlichen. Wenn wir all das, was wir für häßlich halten, als Bestandteil des Ganzen erkennen und aus der Verbannung holen, ihm vertrauen und es kultivieren, stiften wir in uns selbst den Kontakt zwischen den Polen (Mars-Venus). Dann sind wir auch in der Lage, für das, was wir lieben, zu streiten – und nicht nur mit viel Wut im Bauch eine Pseudozufriedenheit zur Schau zu stellen. Die Integration und Erlösung unserer ins 12. Haus verbannten Wut befähigt uns letztendlich zu einem wirksamen strategischen Vorgehen. Erst wenn wir begreifen, daß Liebe eine Entscheidung ist, der Taten folgen müssen, können wir unser Werk befolgen.

Haus 6: Skorpion – Haus 12: Stier

Pluto als Herrscher über das 6., Venus als Herrscherin über das 12. Haus

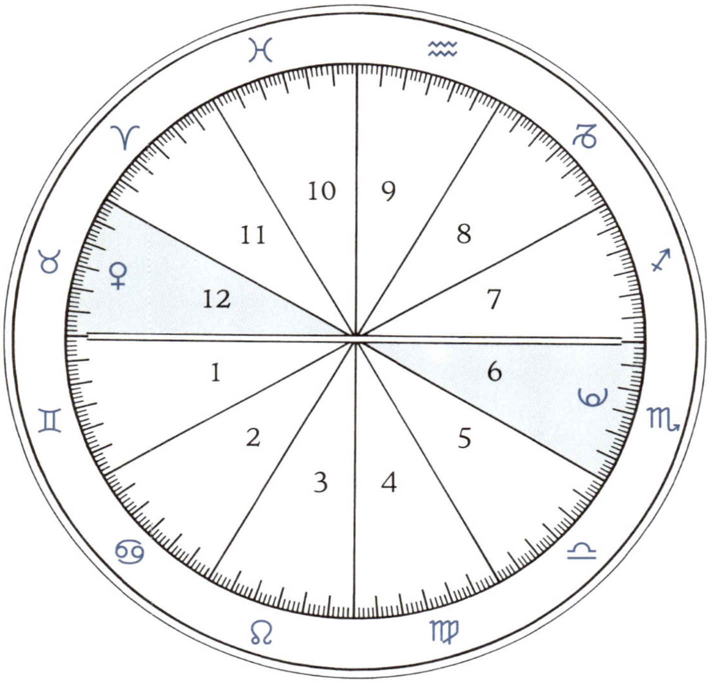

Einem Beruf nachzugehen, zu arbeiten, mit der Umwelt in Kontakt zu treten und hierdurch Veränderungen zu bewirken, all das übt eine starke Faszination auf uns aus. Wir sind durch unsere Arbeit dem auf der Spur, was die Menschen aneinander bindet, was uns an die Welt bindet oder – frei nach Goethe – was die Welt im Innersten zusammenhält. Wir selbst sind durch unsere Vorstellungen und eine starke Leidenschaft an unsere Arbeit gebunden – ob wir sie nun mögen oder nicht. Wir erleben Veränderungen im Beruf stets als kleine Tode und zielen im Grunde unbewußt darauf ab, uns mittels unserer Arbeit wie eine Schlange aus einer alten Haut herauszuschälen. Dadurch sind wir bereit, uns mit Haut und Haaren auf unsere Arbeit einzulassen – oder auf die Menschen, denen wir dort begegnen. Die emotionale Intensität bewirkt auch, daß wir uns nur schwer von Tätigkeiten oder Umgebungen trennen können. Wir halten so lange daran fest, bis es eine Frage unserer Existenz wird, bis wir den nötigen Druck oder Zwang spüren und nicht mehr aushalten können, um uns der dann mittlerweile über-lebensnotwendigen Anpassung wegen doch zu verändern. Bevor dies aber geschieht, versuchen wir mit allen, bis zur letzten Reserve gehenden Kräften, unsere Vorstellungen zu realisieren – und wir scheuen dabei manchmal auch nicht vor manipulativen Methoden, verdeckten Aktionen oder der Ausnutzung von Abhängigkeiten zurück. Unter der nüchternen Decke der Berufsausübung ist das Geheimnis der Bindung das eigentliche Thema unserer Arbeit. Aus dieser Bindung heraus stehen wir dann auch stets in beruflichen Beziehungen, deren Kern die Ausübung von Macht übereinander ist. Wir passen uns an, indem wir uns seelisch eng mit anderen verbinden, um somit durch unsere Arbeit zu mehr Einfluß zu gelangen.

Bei allen Fallgruben und dramatischen Erlebnissen, welche die Neigung zur emotionalen Fixierung im Berufsleben mit sich bringen kann, stehen vor allem große Kraft und Todesmut hinter unserem Verhalten. Diese gewaltige Potenz beziehen wir aus unserer uns zunächst unbewußten seelischen Symbiose mit anderen, die auf unserer *Gleichartigkeit als Spezies Mensch* beruht. Je unbewußter diese Kraft wirkt, um so mehr sind wir ihr innerlich ausgeliefert. Wir erfahren sie dann als einen unerklärlichen Zwang, Dinge zu tun, die wir bewußt gar nicht tun wollen – verbunden mit einem dogmatischen Verbot, im Berufsleben und im Alltag auf eine befreiende und individuelle Weise vorzugehen. Unsere Kraft kommt so oftmals zunächst als eine gegen uns selbst gerichtete Kraft zum Ausdruck: Wir unterdrücken mit aller Macht eigenwillige Absichten und opfern unsere Individualität der Verbindung mit anderen. Dieses Verhalten ist mitunter notwendig, solange wir jung und abhängig sind und für die Erhaltung unseres Lebens noch keine Verantwortung übernehmen können. Unserer inneren Kraft und dem daraus resultierenden Druck wohnt aber auch die Aufforderung inne, uns zu verwandeln – und damit ist mehr gemeint, als sich in alltäglichen Kleinigkeiten dem anderen zu beugen oder zu verweigern. Die geforderte Verwandlung spricht von dem Schritt zur Macht über uns selbst, von dem Ergreifen der Kraft der menschlichen Seele, um uns als schöpferisches und eigenständiges Individuum mit anderen in Beziehung zu bringen. Zur Erinnerung: Wir suchen die Bindung, um uns durch die ihr innewohnenden Gewalten ändern zu können. Der Aspekt der grundsätzlichen und umwälzenden Verwandlung ist ein wesentlicher Faktor unserer Art und Weise, uns der Welt hinzuzufügen. Verwandlung, Häutung, Transformation oder aus der Larve schlüpfen – all das sind Bedingungen unseres Seins, die wir nicht beherrschen können, sondern denen wir folgen müssen. Verweigern wir uns in der Gestaltung unseres konkreten Alltags diesen Prozessen, verwandelt sich unser Körper. Wir erleben uns dann als ebenso machtlos, wie wir tatsächlich auch sind, solange wir die Kraft zur Verwandlung nicht nutzen. Unser Körper macht dann unter Umständen, was er will, und seine Symptome üben einen massiven Einfluß auf unseren Alltag aus. Zwang und Abhängigkeit stehen dabei im Vordergrund, ob es eine sexuelle Fixierung, eine Sucht, eine aufgrund der Symptome entstehende Ritualisierung des Alltags ist oder der Druck, durch das Verhalten unseres Körpers Tabus brechen zu müssen.

Unser Werk spielt sich im wesentlichen im Spannungsfeld «Bild-Realität» ab. Die Gestaltung unseres Alltags ist von unseren inneren Bildern geprägt, von dem, was wir uns vorstellen – ob wir dessen Eintreten nun befürchten oder ersehnen. Das Bild, welches eine Menge Gefühle an sich bindet, wirkt in unserem Alltag durch die Kraft und Intensität, die es uns gibt. Dieses Wirken wohnt jedem inneren Bild inne, und unser Unterbewußtsein macht da keinen Unterschied, ob wir dieses Bild und dessen Verwirklichung mögen oder nicht. Es wirkt – ob wir wollen oder nicht. Und genau diesen Faktor lassen wir um der Faszination willen zunächst außer acht. Die magische Kraft des Ineinandergreifens menschlicher Seelen hypnotisiert uns förmlich, und wir bedenken oder wissen nicht, nach welchen universellen und geistigen Gesetzen die irdische Realität entsteht. Das Wissen, daß Materie mit all ihren konkreten Erscheinungen Ausdruck eines geistigen Musters, eines spirituellen Wirkens ist, liegt im 12. Haus verborgen. Wenn wir den Hintergrund materieller Erscheinungen, dessen, was wir als greifbare Realität bezeichnen, erkennen können, beginnt die Achse 6/12 zu fließen. Unser Werk wird somit zu einem geistig-seelischen Prozeß. Analyse und Korrektur unserer Vorstellungen und seelischen Fixierungen bewirken dann auf eine uns oft wundersam erscheinende Weise Veränderungen in unserer Realität. Im Vertrauen auf diese Spiritualität der Erde können wir dann im 6. Haus auch die einzige Macht ergreifen, die wir im Grunde haben: überlebte Vorstellungen von uns selbst sterben und neue auferstehen zu lassen. Wir erkennen dabei, daß wir durch die Gemeinsamkeit archetypischer Bilder in der Tiefe unserer Seele mit allen Menschen verbunden *sind* – und können uns somit von konkreten Verbindungen lösen, die mehr unserer Unterdrückung als unserem Wachstum dienen. In dieser Durchdringung von materiellen Grenzen durch die Geistigkeit der Erde kann unser Werk schließlich dem Bild folgen, was als Muster unserer individuellen Seele tief in uns selbst verborgen ist. So können wir unsere große Kraft und unseren Todesmut nutzen, den Schatz in uns selbst zu heben.

Haus 6: Schütze – Haus 12. Zwillinge

Jupiter als Herrscher über das 6. – Merkur als Herrscher über das 12. Haus

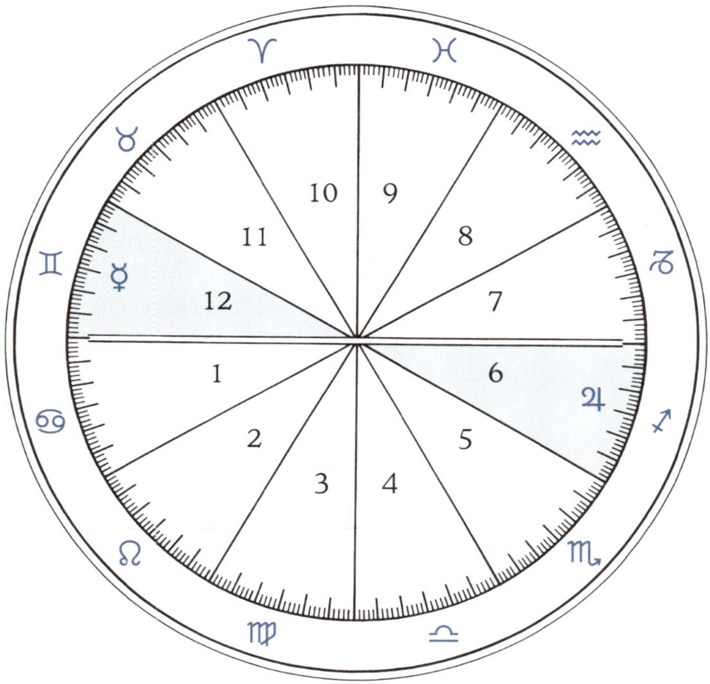

Mit dieser Kräfteverteilung wird unser Berufsleben von der Suche nach dem großen Glück bestimmt. Wir mögen keine kleinen Fische, und alles, was wir in unserer Arbeit tun, soll in irgendeiner Weise eine größere Dimension haben. Mit dieser Haltung ist unsere Arbeit zum einen eine Quelle des Sinns für unser Dasein, zum anderen aber auch eine Quelle von mitunter recht tückischen Details, die wir gern übersehen und die uns dann die eine oder andere Unannehmlichkeit bereiten können. Jupiters Bedürfnis nach Größe verträgt sich nur mühsam mit unserer im sechsten Haus angesiedelten Genauigkeit – es befähigt uns aber auch zu einer fleißigen

Suche nach unserem beruflichen Optimum. Unsere Arbeit ist für uns das Terrain, auf dem wir über uns selbst hinauswachsen wollen. Wir sind in all unserem Tun bestimmt von einem Zauberwort: mehr! Dieses Mehr erlangen wir, indem wir stets auf Fremdes stoßen. Der berufliche und alltägliche Kontakt mit etwas, was wir nicht kennen, fördert unsere Fähigkeit zu lernen und erweitert unsere eigene Seele. Durch diese geistige Arbeit gelangen wir zu Überzeugungen, die sich in unserem Arbeitsleben widerspiegeln sollen. Wir können nichts tun, an das wir nicht glauben – wenn wir jedoch vom Feuer der Überzeugung beseelt sind, entwickeln wir eine Kraft, die andere mitreißen kann. Wir verstehen Arbeit nicht als etwas, das wir für uns allein tun. In unserem Beruf soll sich das realisieren, was die Summe der Teile übersteigt. Daher suchen wir Kontakt mit vielen Menschen. Der gemeinsame Geist, der daraus entstehen kann, läßt uns auch innerlich unsere Grenzen erweitern.

Mit dieser Konstellation sind Wachstum und Arbeit für uns eins. Es hängt daher wesentlich von unserer grundsätzlichen Einstellung zur Arbeit (s. Kapitel I, die Sache mit der Bequemlichkeit) ab, ob und wie wir wachsen. *Daß* wir jedoch durch unsere Arbeit Erweiterung und Fülle anstreben, steht außer Frage. Die Frage mag eher sein, was wir als Glück, Fülle und sinnvolles Tun empfinden. Wir empfinden unser Tun als sinnvoll, wenn wir bemerken, daß es auch für andere eine Bedeutung hat. Diese Bezogenheit auf die Gesellschaft kann uns in die Falle führen, uns *um der Bedeutung für andere* willen Gebieten zuzuwenden, die uns selbst eigentlich nur wenig bedeuten. Die anderen halten uns dann aufgrund unserer Arbeit für groß, bedeutsam, gebildet, erfolgreich oder glücklich – da wir uns bei diesem Vorgehen jedoch an äußeren Vorgaben orientiert haben, findet unsere individuelle Seele in unserem Beruf und Alltag nur wenig Ausdruck – und wir fühlen uns überhaupt nicht so, wie andere uns sehen. Zur Erinnerung: Es ist unsere Art, uns der menschlichen Gemeinschaft hinzuzufügen, indem wir wachsen – und jedes

Wachstum, auf welcher Ebene auch immer, fängt klein an. Vielleicht ist das eine schwierige Einsicht für uns – und eine Hürde auf dem Weg zur seelischen Größe. Ist uns in Beruf oder Alltag eine seelische Entwicklung zur Weite nicht möglich, wird das Schütze-Prinzip schließlich über den Körper gelebt. Was sich seelisch erweitern sollte, tut es nun körperlich. Wir gehen körperlich über Grenzen hinaus, sei es durch Gewichtsprobleme (und auch Untergewicht überschreitet eine Grenze!), durch Gefäßerweiterungen oder ungewolltes Wachstum an ungewollten Stellen. Ob das eine Schwangerschaft, Warzen, Polypen oder Tumore betrifft, ist hierbei unwesentlich. Das Feuer des Schützen brennt nun in unserem Körper, und eine erhöhte Verbrennungsrate kann ebenso eine Folge davon sein. Erkrankungen stehen stets unter der Überschrift: zu groß, zu hoch, zu weit, zu schnell, zu viel.

Unser Werk spielt sich im wesentlichen im Spannungsfeld «groß-klein» ab. Wir fügen uns als ein schöpferisches und eigenständiges Individuum der menschlichen Gemeinschaft hinzu, indem wir mehr werden. Unser Blick ist also stets auf das Größere gerichtet, das wir werden können und wollen. Wachstum vollzieht sich jedoch in kleinen und detaillierten Schritten, und es orientiert sich in seiner Differenzierung am momentanen Zweck der aktuellen Veränderung. Wachstum vollzieht sich auch logisch und dialogisch – also in stetem Wechsel zwischen zwei Polen. Um unserer Vision willen lassen wir die nüchterne und rationale Welt Merkurs zunächst außer acht. Unser Werk kann jedoch nicht gelingen, wenn wir nicht lernen, vertrauensvoll Wege zu gehen, Schritt für Schritt. Das Lernen setzt immer Kleinheit und die Bereitschaft zur vorübergehenden Imitation voraus. Mit dieser Bereitschaft beginnt die Achse 6/12 zu fließen. Die Grenzen, die wir dann durch unsere Auseinandersetzung mit unserer Umwelt erweitern, sind die Grenzen unseres Wissens. Wir lernen durch das Realisieren unserer Vision, zu verstehen. In diesem Prozeß beginnen wir auch zu erkennen, was wir niemals verstehen werden – und ernten so die Weisheit des Bescheidenen. Die konkrete Rationalität Merkurs mag unser Werk zunächst kleiner erscheinen lassen, seine Intelligenz bewahrt uns aber vor zu großen Schritten und einem unvernünftigen Wachstum. In diesem Sinne ist unsere Einpassung in das Ganze vielleicht nicht mehr so großartig, jedoch von einer umsichtigen Weisheit bestimmt. Wenn das Kleine für uns Sinn erhält, überschreiten wir Grenzen der ganz anderen Art. In diesem Moment erhalten auch wir, als kleiner und unwissender Mensch, einen Sinn in diesem unbegreiflichen und nur geahnten Universum. So kann das Begreifen unserer Menschlichkeit unser Werk begleiten und es auch für andere sinn- und hoffnungsstiftend machen.

Haus 6: Steinbock – Haus 12: Krebs
Saturn als Herrscher über das 6., Mond als Herrscher über das 12. Haus

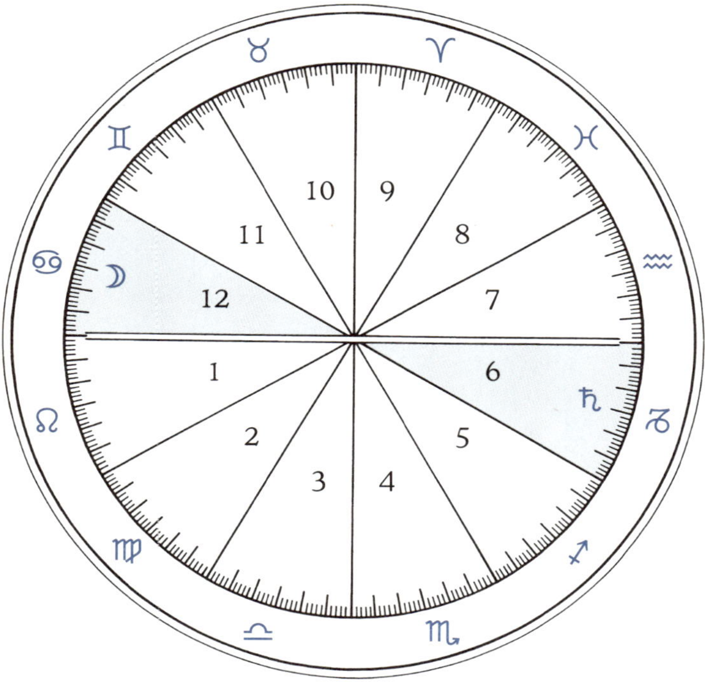

Unsere Einstellung zu unserer Arbeit ist hier von Pflichtbewußtsein und der Übernahme von Verantwortung geprägt. Wir praktizieren im Berufsleben eine gewisse Härte uns selbst gegenüber und haben stets eine leicht grimmige Freude daran, wenn wir uns mal wieder selbst überwunden haben. Wir lassen uns gern Lasten auferlegen und fühlen uns insgeheim durch unsere Belastbarkeit und Ausdauer anderen gegenüber erhaben. Was wir auch tun – wir *leisten*. Wir machen nichts halb, sondern alles gründlich und tragen ein Ideal in uns, wie man arbeiten sollte. Dieses Ideal beinhaltet, daß auf Launen und persönliche Bedürfnisse wenig Rücksicht zu nehmen ist, denn wir tun unsere Arbeit, um der Gesellschaft einen Dienst zu erweisen. Der berufliche Aufstieg hat für uns besondere Bedeutung – sei es unser eigener oder der von anderen. Unser Berufsleben ist von einer hierarchisch organisierten Umgebung bestimmt, und da wir in beruflicher Hinsicht auch stur und eigensinnig sind und uns nur ungern etwas vorschreiben lassen, wollen wir in dieser vorgegebenen Ordnung an den höchsten uns möglichen Platz. Anpassung bedeutet für uns im Grunde, Weichheit, Schwäche und Wechselhaftigkeit zu verneinen und ihnen Struktur, Disziplin und Dauer entgegenzusetzen. Wir mögen es, wenn unsere Arbeit das Klima des Notwendigen hat, wenn es um die wesentlichen Dinge geht und Klarheit, Konzentration und Ordnung herrschen. Dabei geben uns überlieferte Urteile und Haltungen eine Orientierung, an der wir uns mit unserem Verhalten ausrichten können – ob das nun Gesetze, Richtlinien oder Standesnormen sind.

Unsere Tendenz zur Härte uns selbst gegenüber birgt zum einen die Gefahr in sich, daß wir uns überarbeiten. Wenn wir jedoch einmal unseren Hang zur Leistung hinterfragen, erkennen wir, daß es unsere Würde ist, die dahintersteht. Wir versuchen, Anerkennung zu erlangen, ob es nun durch die Leistung eines beruflichen Aufstieges oder die Leistung eines beruflichen Gehorsams geschehen soll. «Es richtig zu machen» soll uns den Respekt der anderen einbringen, und wir sind in bezug auf Bewertungen und Urteile stark von der öffentlichen Meinung abhängig. Diese Bezogenheit auf Autoritäten, nach denen wir uns dann richten, um richtig, schuldlos und anerkannt zu sein, ist jedoch bereits eine Verkehrung des Steinbock-Prinzips. In seiner eigentlichen Qualität befähigt es uns, in Beruf und Alltag unsere eigene Autorität zu sein – und alle daraus entstehenden Konsequenzen verantwortlich zu tragen. Dies ist unser Art und Weise, uns als ein eigenständiges und schöpferisches Individuum der menschlichen Gemeinschaft hinzuzufügen. Eine solche Haltung ist natürlicherweise eine Frage der Reife und der Zeit. Wenn wir uns jedoch der Entwicklung dazu nicht stellen und uns im Grunde weigern, die Erfahrung von Fehlern zu machen, dadurch erwachsen zu werden, äußert sich das Steinbock-Prinzip früher oder später über unseren Körper. Seine Symptome sind dabei von der Neigung zu Enge, Härte oder Trockenheit bestimmt. Möglicherweise neigen wir zur Chronifizierung von Symptomen oder auch dazu, unsere Erkrankung wie eine Pflicht zu tragen. Unser Körper kann uns auferlegen, langsam und konzentriert durch unseren Alltag zu gehen, er kann uns durch Rückensymptome mit dem Thema der Aufrichtigkeit konfrontieren oder durch Erstarrungen mit dem Thema der Dauer.

Unser Werk spielt sich im wesentlichen im Spannungsfeld «Form-Inhalt» ab. Unser an Richtlinien orientiertes Verhalten hat den Hintergrund, daß wir im Kontakt mit unserer beruflichen und alltäglichen Umwelt ein Verhalten entwickeln wollen, welches von Dauer und geordneter Struktur geprägt ist. Je jünger wir sind, um so förmlicher verhalten wir uns, denn die unserem Innersten wahrhaft entsprechende Gestaltung unseres Alltages wächst erst mit der Zeit. Den Faktor des inneren Wachstums, der durch das 12. Haus repräsentiert ist, lassen wir jedoch zugunsten einer allgemein üblichen Anpassung – zugunsten der uns empfohlenen Rolle – zunächst außer acht. Unsere individuelle Seele mit ihren Gefühlen, Wünschen und Bedürfnissen liegt unter dem Nebel des 12. Hauses verborgen – und leidet. Sie leidet unter der Nichtbeachtung und unter der unpassenden Form, die wir ihr zwangsläufig aufstülpen, wenn wir uns an äußeren Vorgaben von richtig und falsch orientieren. Sie ist jedoch der Inhalt unseres Lebens, die Quelle, aus der unser Dasein gespeist wird. Unser Werk spricht davon, daß wir die Verantwortung für unsere Gefühle und Bedürfnisse übernehmen müssen, um durch die entsprechende Gestaltung unseres Alltags unserem Leben eine Form zu geben, die unserem Inhalt – unserer Seele – entspricht. Wie das Wasser den Stein höhlt, so formt unser Inneres unser konkretes Leben. In diesem Sinne fließen die Energien auf der Achse 6/12. Wir gehorchen dann der Stimme unseres inneren Kindes, erlösen es aus seiner Verlassenheit und erarbeiten ihm und uns ein Leben in Bewußtheit und Klarheit. In diesem Prozeß werden wir durch unser Werk zur Autorität über unser Leben. Wir verneinen dann Anforderungen, Normen und Rollen, mit denen wir uns nicht identisch fühlen, und übernehmen durch unsere Handlungen die Zuständigkeit für die Erfüllung unserer wahren Wünsche. Die Form unseres Lebens wird somit Ausdruck unserer Seele, und die Aufrichtigkeit, Demut und Klarheit, die wir dadurch ausstrahlen, verschaffen uns von selbst Respekt und Würdigung.

Haus 6: Wassermann – Haus 12: Löwe
Uranus als Herrscher über das 6. – Sonne als Herrscherin über das 12. Haus

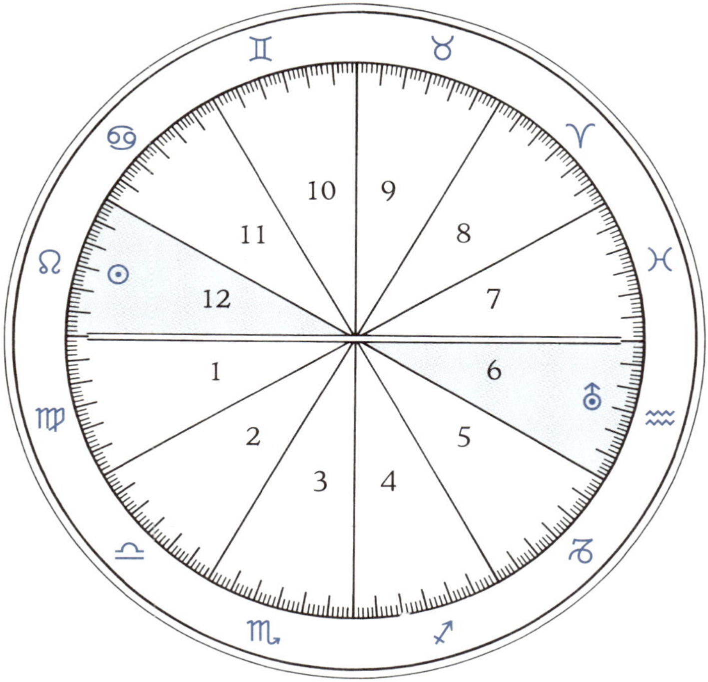

Hier wird unser Berufsleben vor allem durch die Gruppe bestimmt, der wir aufgrund unserer Berufstätigkeit zugehören. Der Geist, der im Kreise unserer Kollegen und in unserer Branche herrscht, übt einen wesentlichen Einfluß darauf aus, wie wir unseren Alltag und unsere Arbeit gestalten. In unserem Umfeld mögen zwar Hierarchien und Regeln existieren, unser Verhalten ist jedoch von Partnerschaftlichkeit und Ideenreichtum geprägt. Es kommt dabei auf das jeweilige berufliche Umfeld an, ob wir mit diesen Eigenschaften anecken oder nicht – auffallen tun wir auf alle Fälle. Unsere Bereitschaft, auf unkonventionelle Weise vorzugehen, gibt unserer Art, uns anzupassen, eine persönliche und individuelle Note – und im Grunde ist unsere Anpassung eher eine Anti-Anpassung. Wir finden nichts schrecklicher, als im Strom der Herde mitzulaufen, gleichzeitig bewirkt jedoch unser Gefühl der Zugehörigkeit zur jeweiligen «Herde», daß wir stets in einem gemeinsamen Geist handeln. Diese Eigenschaft kann uns in der Arbeit aus der Menge herausragen lassen, weil wir irgendwie besonders sind: besonders fleißig, besonders schnell, besonders genau, besonders praktisch oder einfach irgendwie anders. Wir erhalten dadurch eine Außenseiterposition, die wir zugleich lieben und hassen, denn wir müssen das Paradox ertragen, daß wir uns anpassen, indem wir uns nicht anpassen. Je unklarer uns das ist, um so mehr versuchen wir, in der Arbeit unsere Individualität zu verbergen. Wir wollen dann vielleicht ganz besonders so sein wie die anderen und verschaffen uns damit einen ziemlichen Streß. Zudem wird unser Berufsleben noch von Zufällen und Überraschungen bestimmt, auf die wir keinen Einfluß haben – denn mit Uranus herrscht eine überpersönliche Kraft über unser 6. Haus.

Durch diesen Faktor wird unser Berufsleben für uns mehr oder weniger zu einem Krisenherd. Wir machen hier früher oder später die Erfahrung, daß die Vorgaben, Regeln und Beurteilungen, die uns durch Erziehung und Gesellschaft mit auf den Weg gegeben wurden, uns nichts nützen. Wenn wir sie in Beruf und Alltag befolgen, wird eigentlich alles nur noch schlimmer. Es wird hektischer, verrückter, bizarrer, komischer, unberechenbarer – und das alles, obwohl wir vordergründig betrachtet nichts dazu können. Herrscht ein transsaturnischer Planet über das Haus des Alltags, erleben wir Schicksal hautnah, jeden Tag. Unsere Arbeit ist somit der Krisenpunkt auf unserem Weg durch das Leben, sie ist der Bereich, in dem wir zur Entwicklung unserer Individualität aufgefordert werden. Solange wir Anpassung mit Gehorsam, Gleichschaltung und Verzicht gleichsetzen (s. Kap. 2), wirkt die uranische Energie willkürlich und stört die Ordnung und den geregelten Ablauf. Zur Erinnerung: Es ist unsere Art, uns der menschlichen Gemeinschaft als ein schöpferisches Individuum beizufügen, indem wir anders sind. Das meint nichts anderes als individuell, denn ein Original ist immer anders als jede/r andere. Die damit einhergehende Einsamkeit kann uns vor dem Schritt zu Originalität zurückschrecken lassen. Er ist jedoch Teil unseres Entwicklungsauftrages. Irgendwann ist es für uns Zeit, den gemeinsamen Geist der Gruppe zu verlassen und Arbeit und Alltag unserer Individualität entsprechend zu gestalten. Wenn wir uns diesem Prozeß verweigern, wirkt die elektrisierende uranische Energie irgendwann auf unseren Körper. Hier sind möglicherweise Unfälle ein Weg, über den Uranus seinen Zugang in unseren Alltag finden kann. Jedoch bietet sich auch unser Nervensystem als Träger der körpereigenen Elektrizität förmlich an: Wir werden extrem nervös, schreckhaft und angespannt, unser Denken wird unter Umständen konfus, sprunghaft und jederzeit ablenkbar, und das autonome Nervensystem bereitet uns durch seine gestörte Funktion einige Schwierigkeiten. Die Symptome können ebenso willkürlich und sprunghaft sein und sich nirgendwo richtig «festsetzen» wollen, so daß eine neurovegetative Dystonie oft die einzige Diagnose ist, die man stellen kann.

Unser Werk spielt sich im wesentlichen im Spannungsfeld «Idee-Tat» ab. Wir sind bestrebt, unsere Ideen in konkrete Realität umzusetzen, wir wollen das jedoch gleichzeitig innerhalb und mit der Gruppe verwirklichen, zu der wir uns zuordnen. Um der Gemeinsamkeit willen lassen wir dabei jedoch zunächst die Qualität des 12. Hauses außer acht. Wir opfern dem Gruppengeist unsere *auf uns selbst zentrierte* Handlungskraft. «Ich tue, was ich will, und ich tue es für mich» sagt das Löwe-Prinzip, doch diese Haltung ist zunächst mit Angst besetzt und hinter einem Nebel von Täuschung und dem Wunsch nach Selbstauflösung im 12. Haus verborgen. Im Grunde haben wir Angst vor dem Leben, Angst vor unserer Kraft, gestalten zu können. Das Bedürfnis, unsere Ideen gemeinsam mit anderen umzusetzen, wird letztendlich von dieser Angst gespeist – wenn wir mit anderen zusammen etwas tun, dann fürchten wir uns nicht so sehr vor dem Ergebnis. Auf diese Weise werden wir jedoch abhängig vom Geist der Gruppe und sind in der Gestaltung unseres Werkes nicht mehr frei. Um im Alltag frei agieren zu können, bedürfen wir des Vertrauens in unsere eigene Handlungskraft. Erst dann beginnt die Achse 6/12 zu fließen, erst dann haben wir die Kraft, unsere Ideen zu realisieren, *so, wie wir es wollen*. Nun fließen Freude, Lebendigkeit und Kreativität in die oft distanzierte und kühle Welt unserer Ideen. Die Elektrizität wird verwendet, um Licht zu erzeugen – und aus unserer Idee «Leben» wird durch unser vertrauensvolles Tun konkrete Realität. Nun bestimmt unsere Individualität, welcher Gruppe wir uns zugehörig fühlen, und dem übergeordnet mag irgendwann die Idee «Geschöpf» stehen. Auf diese Weise führt uns unser Werk im siebten Haus zur Einheit mit dem anderen, mit all dem, was letztendlich nur anders scheint als wir selbst.

Haus 6: Fische – Haus 12. Jungfrau

Neptun als Herrscher über das 6., Merkur als Herrscher über das 12. Haus

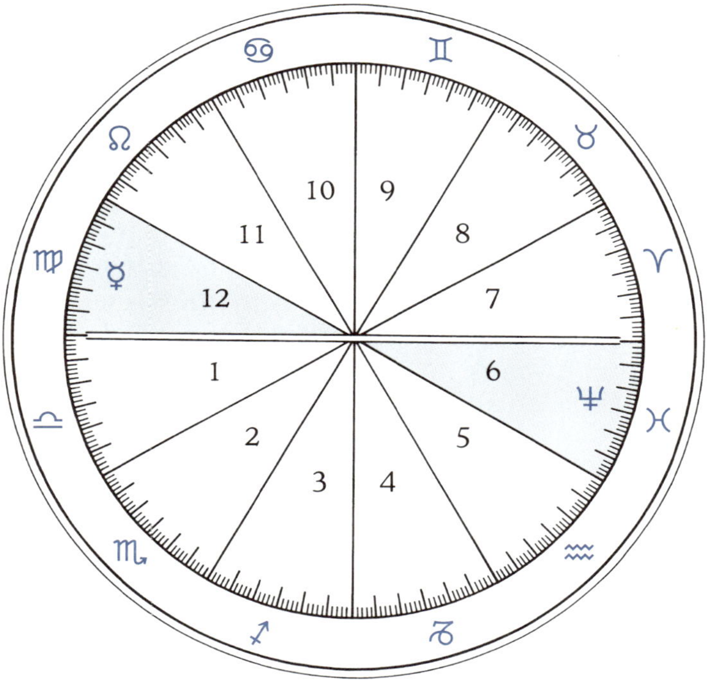

Hier wird unser Berufsleben zunächst von einem alles beherrschenden Gefühl bestimmt: Angst. Die Vorstellung, uns in Alltag und Arbeit mit Menschen zu umgeben, die wir nicht frei wählen können, bereitet uns äußerstes Unbehagen. Wir verfügen im Grunde nicht über die Mittel des im Arbeitsleben üblichen förmlichen Verhaltens, denn wir begegnen unserer Umwelt stets mit unserer inneren Wahrheit – zumindest ist dies die Absicht unserer Seele. Die Erfahrungen unserer Sozialisation haben uns jedoch gelehrt, daß wir auf diese Weise ausgesprochen empfänglich und verletzlich sind – und meistens mißverstanden werden. Als Reaktion darauf legen wir uns eine Rolle zu, mit der wir uns schützen und andere täuschen, und auf diese Weise begeben wir uns auch auf die Flucht vor der alltäglichen Realität. Mit dieser Haltung könnten wir theoretisch jede Arbeit tun, denn keine entspricht wirklich unserem inneren Kern. Wir fühlen uns dann stets auf diffuse Weise schwach und umgeben uns möglicherweise im Beruf vorzugsweise mit Menschen, die uns keine Angst einjagen können, da sie noch schwächer sind als wir selbst. Das können Alte und Kranke sein, Kinder, soziale Randgruppen oder andere, denen wir uns irgendwie überlegen fühlen können. Wir haben jedoch stets das Gefühl, daß wir eigentlich nicht arbeiten wollen, daß es das Beste wäre, wenn irgendein Wunder uns von der Last des täglichen Geldverdienens oder der täglichen Pflicht befreien würde. Es ist wichtig, hier zu begreifen, daß solche Gefühle durch unsere Angst bestimmt werden, uns im Kontakt mit unserer alltäglichen Umgebung zu offenbaren. Durch diese Angst werden unsere beruflichen Aktionen von dem verborgenen Gefühl, der Gesellschaft eigentlich nichts zu nützen, auf eine schleichende Weise unterminiert.

Wie bei Skorpion/Pluto und Wassermann/Uranus herrscht auch hier eine transpersonale Energie über das 6. Haus. Da solche Energien uns über unsere begrenzte Vorstellung von uns selbst hinausführen wollen, ist es nur folgerichtig, daß für uns das Berufsleben zunächst ein Bereich der Krisen ist. Wir begegnen im Beruf dem, was die Gesellschaft für richtig und falsch hält – und wir stellen fest, daß wir mit unserer Art, uns hier einfügen zu wollen, entweder nicht wahrgenommen oder durch die allgemeine Meinung verurteilt werden. So ist es für uns wichtig, die Relativität aller Urteile zu erkennen, daß also unser Unbehagen relativ zur öffentlichen Meinung ist. Würden wir in einer Gesellschaft leben, in der Spiritualität und das Bewußtsein der Einheit und des Wertes aller Dinge herrschen, würden wir uns anders fühlen und anders agieren. Je mehr Wert wir jedoch selbst darauf legen, der öffentlichen Meinung zu genügen, um so weniger können wir unsere seelische Wahrheit wahrnehmen und ihr entsprechend arbeiten. Hier wird unsere Angst der Gradmesser für unsere Bewußtheit. Wenn wir als ein schöpferisches und eigenständiges Individuum uns der menschlichen Gemeinschaft hinzufügen wollen, führt uns der Weg im Grunde mitten durch unsere Angst. Es ist unsere Art, uns dem Ganzen anzupassen, indem wir unsere Existenz als Geistwesen begreifen, das konkret werden will. Das heißt nichts anderes, als daß wir in unserer Arbeit unsere Träume wahr machen wollen. Bei diesem Prozeß, der einen sehr individuellen beruflichen Weg weist, müssen wir dem Schicksal, dem Universum oder dem Sein mit seinen wunderlichen Gesetzmäßigkeiten und Fügungen vertrauen. Natürlich lösen sich bei einer solchen Haltung konventionelle Ansichten auf, welche der materiellen Realität keinen wirkenden Geist zuschreiben. Arbeit bedeutet für uns also zunächst, diese Auflösungen zuzulassen, um dem wirkenden Geist nach und nach in unserem Alltag Raum zu geben. Wird das Fische-Prinzip aus Angst vor dem Nichts und der Leere an den Körper delegiert, zeigen sich hier Auflösungserscheinungen, Schwäche oder diffuse Symptome. Wir verlieren etwas, das normalerweise hart, dauerhaft oder strukturiert ist – seien das die Haare, Knochensubstanz, eine bestimmte Resorptionsschwäche, erschlaffendes Bindegewebe oder ein Kontrollverlust durch die Entwicklung einer Sucht.

Unser Werk spielt sich im wesentlichen im Spannungsfeld «Verlust-Ernte» ab. Wir sind gewohnt, Verlust als etwas zu Vermeidendes zu betrachten. Unsere Kultur hat sich die Mehrung zum Ziel gesetzt, ohne auf den Zyklus von Werden und Vergehen zu achten, der jedem Wachstum – und somit jeder Mehrung – innewohnt. Wir fürchten uns also davor, etwas zu verlieren, selbst wenn dieses Etwas unserem persönlichen Wachstum und der Entfaltung unserer Seele im Weg steht. Mit der Herrschaft Neptuns über unser 6. Haus wirkt jedoch die Ordnung des Universums in unserem Alltag. Wir werden hier direkt damit konfrontiert, daß die Wirkung unserer menschlichen Macht Grenzen hat und daß wir als Geschöpfe Gesetzmäßigkeiten unterliegen, die wir nicht verstehen und denen wir uns letztendlich nur hingeben können. Was wir bei der Erkenntnis dieser Hintergründe unserer menschlichen Existenz verlieren, ist das Bild, das wir uns von uns selbst gemacht haben. Je mehr wir an unserer kleinlichen Kontrolle des Alltags festhalten, um so mehr bekommen wir das Gefühl, wirkungslos zu sein. Wenn wir bei unseren Taten innerlich von Egoismen loslassen können in dem Bewußtsein, daß wir als ein Teil des Ganzen im Fluß des Lebens mitfließen, kann die universelle ordnende Kraft *durch* uns wirken. Diese Einstellung dem Leben und Alltag gegenüber verursacht nur so lange Angst, wie wir nicht erkennen, daß die spirituellen Kräfte auf *Leben und Fruchttragen* ausgerichtet sind. Die Umsicht und Sorgfalt der Jungfrau ist ein kosmisches Prinzip, welches bis ins Detail unseres Lebens wirkt. Sind wir zur Wahrnehmung dieser lebenserhaltenden und fürsorgenden weiblichen Erdkraft in der Lage, beginnt die Achse 6/12 zu fließen. Wir können dann darauf vertrauen, daß das Kleine im Großen seinen Platz hat und daß auch unser kleines Leben in die sorgenden Kräfte eingewoben ist. In diesem Sinne lernen wir, darauf zu vertrauen, daß auch wir selbst mit unserer inneren Wahrheit darauf ausgerichtet sind, die Früchte unserer seelischen Entfaltung zu ernten – und wir vertrauen darauf, daß unsere kleinen Taten, daß jeder Schritt, den wir tun, im Einklang mit einer höheren Ordnung sind. Wir können nicht anders sein, als wir geschaffen sind. Der einzige Verlust, der dazu nötig ist, ist der Glaube an Lohn und Strafe, an Schuld und Unschuld, an Richtig und Falsch oder an endgültige Wahrheiten.

Kapitel II
Arbeit und persönliches Wachstum

«Manche von Ihnen fragen sich wahrscheinlich, warum ein so qualvoller Weg zu dem gewünschten Ziel gewählt wurde. Diese Frage macht deutlich, daß Sie schon zu lange auf diesem Planeten sind und sein dysfunktionales Denken teilweise oder sogar vollständig übernommen haben. Denken Sie daran, daß dieser Planet nicht gerade ein Vorbild für rationales Denken ist; was hier als gesunder Menschenverstand durchgeht, jagt dem Rest des Universums kalte Schauer über den Rücken.»

(Mission Control und Zoev Jho, E.T. 101)

Die Berufstätigkeit ist der Schnittpunkt zwischen uns und der Gesellschaft, und wen sollte es da wundern, wenn wir gerade hier den Prozeß des Wachsens besonders erleben – einschließlich der Krisen, die Wachstum so mit sich bringt. Zudem befriedigt uns die Berufstätigkeit nur, wenn wir in ihr Möglichkeiten sehen, wenn wir in ihr etwas finden, das über unsere Gegenwart hinausweist und uns somit das Gefühl von Weite und Entwicklung vermittelt.

Als Schnittstelle zur Gesellschaft will uns unsere Arbeit jedoch über die Grenzen hinausführen, die uns durch die Erfahrung von Familie, Herkunft und Geborgenheit zunächst gesteckt sind. Der erste Abschnitt setzt sich mit diesem Prozeß auseinander, mit unserer Zwiespältigkeit zwischen Bleiben und Werden. Hier geht es um die Gefühle, die uns bei unserer beruflichen Entwicklung hemmen können – ganz einfach deshalb, weil sie uns an unsere Familie binden und wir ein Heraustreten aus diesen Bindungen fürchten.

Im zweiten Abschnitt will ich beleuchten, was uns antreibt, wenn wir Karriere machen wollen, was hinter unserem Ehrgeiz steckt und welche Wandlungen möglicherweise anstehen, wenn wir nach oben streben, ohne wachsen zu wollen. Inwieweit lohnt es sich, Karriere zu machen – und inwieweit ist unser beruflicher Aufstieg ein Bild für die Möglichkeiten unseres Bewußtseins? Und wie lassen sich Karriere und Bewußtsein, gesellschaftliche Anerkennung und das Streben nach Autorität über uns selbst miteinander vereinbaren? Somit ist auch der Wunsch nach Aufstieg und der berufliche Aufstieg selbst ein Thema, durch das wir wachsen, wenn wir uns damit auseinandersetzen. Auch die Ablehnung von Aufstieg oder das Verleugnen von Absichten, die auf Höheres gerichtet sind, fallen hierunter – denn wir alle haben ein Ziel in unserem Leben.

Diesem Ziel will ich mich im dritten Abschnitt über Beruf und Berufung widmen. Obwohl Berufung ein großes Wort ist, ist sie nicht nur jenen vorbehalten, deren Schicksal der Öffentlichkeit bekannt wird. In jedem von uns ruft eine innere Stimme, die uns unserem persönlichen Schicksal zuführen will. Um hier zu differenzieren, ist es notwendig, den Stellenwert und die Position unserer Berufstätigkeit in unserem Leben zu erkennen, denn sonst kommt es zu Vermischungen von Arbeit und Schicksal – mit oftmals unangenehmen Folgen. Das Differenzieren selbst ist bereits ein Vorgang des Wachsens, denn es stellt uns als Menschen mit einem breiten Erfahrungsspektrum in den größeren Zusammenhang des Seins. Mag dieser Zusammenhang uns auch über das Thema Arbeit hinausführen – seine Kenntnis entlastet unser Berufsleben und gibt uns eine Fülle, die von der Arbeit, die wir in unserem Beruf leisten, relativ unabhängig ist.

1. Familienbande

Der Eintritt in die Berufstätigkeit bedeutet für uns, daß wir beginnen, uns von unserer Familie unabhängig zu machen. Natürlich geht das einher mit der Tatsache, daß wir unser eigenes Geld verdienen, daß also die vordergründigste Abhängigkeit von unserer Familie – nämlich die materielle – zu einem Ende kommt. Wir werden erwachsen, das heißt, durch die finanzielle Unabhängigkeit erhalten wir die Mittel an die Hand, uns selbst zu organisieren, unser Leben so zu gestalten, wie wir uns in ihm wohl fühlen. Diese Phase unseres persönlichen Wachstums führt uns aus unserer Herkunftsfamilie hinaus mit dem Ziel, daß wir etwas eigenes begründen. Wir erhalten dadurch einen eigenen Platz in der Gesellschaft, der nicht mehr davon bestimmt ist, daß wir Tochter oder Sohn von... sind. Demzufolge ändert sich durch den Eintritt in das Berufsleben die eigene Identität. Sie wird von nun an stets um das erweitert, was wir selbst als erwachsene und eigenständige Menschen tun.

Am Beginn unseres Berufslebens haben wir neben unserer vorangegangenen Ausbildung im Grunde nichts anderes zu bieten als *uns selbst mit unserer familiären Prägung*. Auch durch ein Studium, das der Aufnahme der Berufstätigkeit vielleicht vorausgeht, ändert sich dieser wesentliche Faktor kaum, denn im hierarchischen Gefälle einer Universität oder Hochschule ist unsere Position auch stets unten anzusiedeln und untersteht der Leitung von Autoritäten. Natürlich wird unsere Identität durch jede Ausbildung oder jedes Studium erweitert, sie fußt jedoch stets auf der Position, die wir innerhalb unserer Herkunftsfamilie innehaben. Diesen Faktor kann man im Grunde nicht hoch genug einschätzen, denn unser Umgang mit unserer familiären Position entscheidet in einem nicht zu unterschätzenden Maße über Erfolg oder Mißerfolg und über die Art und Weise unserer beruflichen Bemühungen.

a. Verwoben und vernetzt...

Weshalb unsere Position innerhalb unserer Familie einen so großen Einfluß auf unser Verhalten hat, wird verständlicher, wenn wir uns unsere eigene Familie als ein System denken, das aus verschiedenen, aufeinander abgestimmten Teilen besteht. Dieses System hat zum Ziel, zu funktionieren und sich zu erhalten. Wir selbst spielen hierbei eine wesentliche Rolle. Das Verhalten, das wir erlernt haben, hatte zum Ziel, das System unserer Familie zu erhalten, seine Funktion nicht zu gefährden und uns innerhalb dieses Systems Sicherheit und Zugehörigkeit zu verschaffen. Das hat weniger mit Erziehung zu tun als damit, daß Menschen der Zugehörigkeit bedürfen und daher Verhaltensweisen vermeiden, welche ihre Zugehörigkeit zu einer bestimmten Gruppe gefährden könnten. Unsere Position hat nicht nur für uns Bedeutung, sondern für alle Mitglieder des Systems. Veränderungen bewirken bei jedem Mitglied Unsicherheiten, denn Veränderungen eines einzelnen bringen stets ein Ungleichgewicht in das Ganze. Das erklärt vielleicht die häufige Erfahrung, daß alle Familienmitglieder es darauf abgesehen zu haben scheinen, daß man sich *nicht* verändert!

Als Kind sind wir vollkommen abhängig und gleichzeitig instinktiv in der Lage, das System, das uns umgibt, zu erfassen – und unsere Position darin. Trotz und mit aller Eigenart und Individualität besetzen wir diese Position. Sie bietet uns quasi den Rahmen, in dem wir uns zunächst entfalten können. Wir sind dadurch in das familiäre Beziehungsgeflecht eingewoben, und das verschafft uns das Gefühl von Sicherheit, Aufgehobensein, Zugehörigkeit und Existenz. Der Rahmen, in dem wir diese Gefühle erhalten können, ist natürlicherweise sehr klein: Er geht nicht weit über die eigene Familie hinaus. Er begrenzt – und er schützt.

Treten wir nun in das Berufsleben ein, ist der schwierigste Schritt, daß es uns aus *unserem gewohnten System herausführt*. Wir kommen mit einem Bündel von Verhaltensweisen, die im Rahmen des beruflichen Umfeldes nicht unbedingt die gleiche gute oder schlechte Wirkung haben müssen. Wir müssen uns ändern, und diese Änderungen empfinden wir als existentiell. Möglicherweise müssen wir Verhaltensweisen entwickeln, die unsere Existenz als erwachsener und unabhängiger Mensch sichern – und möglicherweise sind das Verhaltensweisen, die einst unsere Zugehörigkeit zur Familie gefährdeten oder es noch tun. War es uns beispielsweise in unserer Familie verboten, unsere Meinung zu äußern und wird genau das jetzt in unserem Beruf von uns verlangt, empfinden wir solche beruflichen Situationen als existentiell bedrohlich – oft ohne genau zu wissen, warum. Wie wir uns in solchen Situationen entscheiden, bestimmt im Grunde darüber, ob wir durch unsere Arbeit den Schritt in Richtung Wachstum wagen – oder ob unsere Arbeit einfach eine Neuauflage unserer Kindheit ist. In Kapitel III/1 werde ich diese Möglichkeit noch spezieller besprechen – hier will ich jedoch die Anregung der Erweiterung unserer Identität durch unsere Arbeit in den Vordergrund stellen.

Im Geburtshoroskop sagt uns das vierte Haus sehr viel über die Beschaffenheit des Klimas, in dem wir aufgewachsen sind. Abgesehen von in diesem Haus stehenden Planeten ist auch hier der Herrscherplanet das grundsätzliche Licht, in dem wir gelernt haben, dazuzugehören. Unser Gefühl von Geborgenheit ist auf eine grundsätzliche und instinktive Weise mit dieser Energie verknüpft. Daher wird bei Wachstums- und Veränderungsprozessen unser Gefühl von Geborgenheit auf eine spezielle Weise «bedroht» – und wird eine Entwicklung des betreffenden Prinzips uns wieder das Gefühl von Heimat geben. Ich gehe weiter unten auf die 12 verschiedenen Facetten des vierten Hauses ein. Da es die Wurzel unseres Menschseins beinhaltet, will ich jedoch zunächst einige mehr psycho- als astrologische Bereiche ansprechen.

b. Phasen des beruflichen Wachstums

Der Prozeß des persönlichen Wachstums beinhaltet, daß wir lernen, eine von äußeren Umständen unabhängige Identität zu entwickeln, daß wir also unser Gefühl, aufgehoben zu sein, mehr und mehr von den uns umgebenden Bedingungen lösen, um mehr und mehr in uns selbst aufgehoben zu sein. Das nennt man Identität. Sie ist jedoch nichts Statisches, sondern im hohen Maße dynamisch. Wenn wir also nicht wachsen können, fühlen wir uns auch nicht mit uns selbst identisch. Wenn wir also nicht das System unserer Familie überschreiten – wozu uns jede Berufstätigkeit auffordert –, werden wir uns paradoxerweise selbst fremd. Wir wollen uns dadurch vertraut bleiben, indem wir das gewohnte Familienverhalten beibehalten – wir werden uns jedoch dadurch *in unserer Menschlichkeit* fremd, welcher Wachstum und Veränderung immanent sind. Stecken wir hier fest, begleiten uns Gefühle von Sinnlosigkeit, Hoffnungslosigkeit, innerer Leere, Hilflosigkeit und Unterlegenheit.

Aus diesen Gefühlen heraus sind schon viele zu einer beruflichen Karriere durchgestartet. Dieses kompensatorische Verhalten kann durchaus wirksam sein, führt jedoch, da es meist unbewußt geschieht, am echten Wachstum vorbei. Die oben erwähnten Gefühle bleiben, und je mehr wir sie uns eingestehen, um so größer ist die Chance, daß wir den Sprung hinaus in einen neuen Abschnitt unseres Lebens schaffen. Der Sprung hinaus ist eigentlich ein Prozeß, dessen Ablauf man recht gut in drei Phasen unterteilen kann. Bei jeder Phase besteht die Möglichkeit, daß wir stehenbleiben, uns nicht weitertrauen und es uns in den gegebenen Umständen mehr oder weniger bequem machen. Auch Phase drei, die eine lösende Wirkung hat, ist kein Endpunkt – denn das nächste Ereignis, die nächste Herausforderung, die nächste Aufforderung zum Wachstum warten schon. Sehen wir uns diese drei Phasen nun einmal genauer an:

Phase 1
Sie ist der Anfang, sie bildet sozusagen den Auftakt zu unserer «Begegnung mit der anderen Art». Wie ich oben bereits erwähnte, stehen wir hier mit uns selbst als geprägter Seele. Wir begegnen nun dem, was uns fremd ist. Wir treffen auf Menschen, die so ganz anders sind, als wir es gewohnt sind. Wir stehen vor Aufgaben, Themen, Zielen, Ritualen, Ordnungsmustern, Bewertungen und was sonst noch alles, die neu sind. Manches mag uns ein wenig vertraut sein, vieles nicht. Wir stehen vor der Notwendigkeit, uns einzufügen (s. Kapitel 1), und da wir meist noch zusätzlich vor der Notwendigkeit stehen, einen fremden Stoff zu lernen, haben wir alle Hände voll zu tun. Selbst wenn wir in der Familie bereits mit

der Forderung nach Leistung konfrontiert wurden, so ist die jetzige Leistungsforderung ebenfalls neu: Sie ist offiziell, nicht privat, und sie ist geprägt vom Wegfall der liebevollen Nachsichtigkeit. Zudem entscheidet unser Bestehen oder Nichtbestehen der Leistungsanforderungen über existentielle Dinge: über unsere beruflichen Möglichkeiten, unser Gehalt, unser Vorwärtskommen und unseren Wert am Arbeitsmarkt.

Es kommt nun darauf an, wie wir mit der Fülle der Anforderungen und Neuigkeiten umgehen. Natürlich können wir erst nicht anders agieren und reagieren, als es unserer familiären Prägung entspricht. Die Berufstätigkeit führt uns jedoch in ein neues System ein, das nach anderen Regeln als unser Ursprungssystem funktioniert. Um hier unsere Position einnehmen zu können, ist es notwendig, daß wir *Regeln unseres Familiensystems brechen*. Es geht nicht anders, daran führt kein Weg vorbei! Mit dem Bruch von Familienregeln überschreiten wir Grenzen, die uns einst zu unserem Schutz gesetzt wurden (ob sie sinnvoll waren oder nicht, soll hier nicht bewertet werden). Die Folge dieses «Ungehorsams» ist ein schlechtes Gewissen. Lassen wir diesem schlechten Gewissen die Oberhand und betrachten es als unsere oberste moralische Instanz, sind wir innerhalb unseres Berufs vielleicht immer noch «gute Kinder» – aber nicht erwachsen. Der Schritt in das neue System kann so nicht gelingen. Wir haben zwar ein reines Gewissen, aber irgendwie ist es uns in unserer Arbeit zu eng. Das reine Gewissen entspringt dem regressiven Teil in uns, der im familiären System verbleiben will. Durch das Gefühl von Enge äußert sich das Neue, das wir werden wollen, aber leider nicht können.

Wir bleiben hier stecken, falls wir nicht erkennen, daß *das Neue vor dem Alten Vorrang hat*. Ohne diese Prämisse funktioniert kein Wachstum – stets wird etwas Altes geopfert oder verlassen, um dem Neuen Platz zu machen. Diese Dynamik besteht auch in der menschlichen Seele: Wir müssen unsere Tochter- oder Sohnrolle opfern und verlassen, um uns selbst als einem erwachsenen und eigenständigen Menschen Platz zu machen. Es ist wieder das Selbstbild (s. Kap. 1), das durch einen Transformationsprozeß erweitert wird. Gelingt uns das nicht, sind wir also dem alten System (Familie) treuer als dem neuen (Beruf/eigenständiges Leben), können wir unser Arbeitsleben nicht anders erfahren als eine Wiederholung familiärer Muster. Das Tragische daran ist, daß in diese Wiederholung unsere Kind-Position eingeschlossen ist. Wir kommen dann nicht aus dem Gefühl der Unterlegenheit heraus. Möglicherweise erleben wir mit Vorgesetzten im Prinzip die gleichen Konflikte wie mit den Autoritäten unserer Kindheit, wir werden von den gleichen Ängsten und Bedürfnissen gesteuert, strengen uns öfter dort an, wo niemand es verlangt oder erwartet, und scheuen oder verweigern Leistung, wo sie angebracht und förderlich wäre. Wir leben weiter in der Erwartung von Lohn und Strafe und sehen – und das ist mit das Schlimmste – die Ursache und die Lösung unserer beruflichen Probleme in der Außenwelt. Im Grunde sind wir auf diese Weise gefangen in unserer eigenen Vergangenheit und fühlen uns grundsätzlich als Opfer einer Übermacht.

Es ist wichtig, daß wir hier sehen, daß diese Gefühle aus einer kindlichen Haltung entstehen – einer Haltung, die der konkreten Realität nicht mehr entspricht. Sie ist weder unserem biologischen Alter angemessen noch der Situation, der wir durch unsere Berufstätigkeit begegnen. Folgendes Bild kann die Verwirrung der Situation darstellen: Lösen wir uns nicht aus dem familiären Verhaltensmuster, ergeht es uns im Beruf so, als seien wir im Ausland, *ohne es zu merken*! Wir wundern uns dann nur darüber, daß niemand uns versteht, daß wir niemanden verstehen und daß wir scheinbar nichts richtig machen können. Und je länger dieser Zustand andauert, um so trauriger oder zorniger werden wir, denn was wir auch tun, nichts bessert ihn. Gleichzeitig fühlen wir uns vollkommen unschuldig, irgendwann auch hilflos und später möglicherweise resigniert. Dann sagen wir vielleicht: Man kann ja doch nichts machen! Die da oben machen ja doch, was sie wollen!

Dieses Verhaltens- und Gefühlsmuster ist den meisten Menschen zu eigen. Viele bleiben schon in der ersten Phase stecken und begehen ihr Berufsleben mit einem eigentümlichen Gefühl von Lähmung, Betäubung und Fremdbestimmung. Ihr einziger Trost ist im Grunde, daß es den meisten Menschen nicht anders geht – und daher unterliegen sie nur allzu leicht dem Irrtum, daß es normal sei, sich so zu fühlen, wenn man arbeitet. Berufliche Identität bleibt ihnen mit dieser Haltung ein Fremdwort, und das «Unwohlsein im Job» ist ihr treuester Begleiter. Da unsere christlich geprägte Kultur das Leiden auf den Altar hebt, fügen sich viele in ihr Leid – mit einem grollenden Gefühl von moralischer Überlegenheit. Diejenigen, die sich nicht fügen, steuern bei Erreichen der Schmerzgrenze Phase zwei an – zum Ärger oder unter Bewunderung derjenigen, die in Phase 1 verbleiben.

Phase 2

Hier finden wir alle diejenigen, die sich mit der ihnen – vermeintlich – zugewiesenen Position in ihrem Beruf nicht zufriedengeben wollen. Das Gefühl von Schwäche und Unterlegenheit ruft irgendwann eine Gegenreaktion hervor, und wir entwickeln Ehrgeiz und unternehmen Anstrengungen, um uns aus unserer mißlichen Lage zu befreien. Um es vorweg zu sagen: Auch hier befinden wir uns noch im Ausland, ohne es zu merken! Wir wollen jedoch nicht in der passiven Leidenshaltung bleiben, sondern erhoffen uns von Aktivität und Kompetenz die Rettung: Wir streben den beruflichen Aufstieg an. Im astrologischen Bild sind Ehrgeiz und Aufstieg Entsprechungen des 10. Hauses, dem ich mich im nächsten Abschnitt gesondert widmen möchte. Hier genügt zunächst der Verweis auf das Bild: Das 10. Haus ist dem 4. Haus direkt gegenüber gelegen – es symbolisiert somit bildhaft die eigentliche Absicht hinter dem Verhalten der Phase 2. Es soll zur eigenen Herkunft *Abstand* eingelegt werden! Im Prinzip ist damit der Wechsel in ein neues System gemeint, wenn wir jedoch über den Weg des Ehrgeizes gehen, bleiben wir dennoch seelisch im System unserer Familie – nun jedoch in einer verneinenden Haltung.

Wir kämpfen immer noch mit Gespenstern der Vergangenheit, denn weder unser Gefühl der Unterlegenheit fußt auf der Realität noch unser Glaube, daß Überlegenheit die Lösung ist. Die Muster unserer Familie einschließlich unserer Position darin gewinnen nun auf eine umgekehrte Art an Einfluß: durch Negation. Wir wollen *nicht* so sein, wie..., wir wollen die kleine Atmosphäre unserer Kindheit verlassen, hinter uns lassen, vielleicht ungeschehen machen oder vergessen. Diese Verhaltensweise wird oft von den negativen Erfahrungen und Erinnerungen unserer Kindheit gesteuert. Wir entwickeln dadurch eine Haltung, die auf *vermeiden* ausgerichtet ist, und was wir vermeiden wollen, steht oft wie durch Zauberhand wieder vor unserer Nase. Energetisch gesehen besteht zu Phase 1 kein Unterschied. Unsere inneren Energien sind immer noch an das System unserer Familie gebunden – mit dem einzigen Unterschied, daß wir nun besser werden wollen, anders werden wollen, endlich die Siege davontragen wollen, die wir als Kind nicht erlangen konnten.

Es ist selbstredend, daß die Autoritäten, mit denen wir beruflich kämpfen, jenen unserer Kindheit weiterhin ähnlich sind. Es ist jedoch weniger offensichtlich, daß wir auf diesem Weg unmerklich selbst zu der Art Autorität werden, die uns früher so verhaßt war. Es mag profan klingen, aber viele Karrierebestrebungen werden vom Kampf gegen den gleichgeschlechtlichen Elternteil getragen. Auf diesem Weg wollen wir letztendlich dem Vater eine bessere Frau oder der Mutter ein besserer Mann werden. Auch hier finden wir einen tragischen Verlauf, denn auch hier fühlen wir uns letztendlich nicht besser. Wir haben eine bessere Maske aufgebaut, vielleicht größere oder teurere Dinge, die wir zeigen können, vielleicht Titel, die uns benennen können – wir vermissen aber immer noch das Gefühl der Identität mit uns selbst. Durch die nun mittels Ablehnung gefestigte Verhaftung an unser altes System können wir auch auf diesem Weg nicht wachsen und werden so, wie die vor uns waren.

Unsere Arbeit führt uns in Phase 2 vordergründig von den Umständen unserer Kindheit weg. Wir können auf diesem Weg glauben, daß wir nun überlegen sind, Einfluß haben, nicht mehr so ausgeliefert sind, nun selbst über andere bestimmen können und dergleichen mehr. Wir glauben dann, gewonnen zu haben, es geschafft zu haben, nun auf der Sonnenseite zu stehen – und wenn wir ehrlich sind, wartet in uns immer noch das kleine Kind darauf, daß Vater (falls Sie eine Tochter sind) oder Mutter (falls Sie ein Sohn sind) sagt: «Das hast du gut gemacht. Du bist doch die/der Beste!» Auch auf diese Weise hat das neue System keinen Vorrang vor dem alten erhalten. Wir sind jedoch unserer Möglichkeit zum Wachstum nähergekommen, denn wir haben uns zumindest auf die aktive Seite geschlagen!

Während wir in Phase 1 in Resignation und Passivität steckenbleiben können, kann ein Verharren in Phase 2 uns zum Workaholic machen und uns an die Grenzen unserer Belastbarkeit führen. Die Passivität wird dann oft durch Krankheit oder Erschöpfung erzwungen. Wir haben hier oft das Gefühl, daß alle unsere Bemühungen nicht genügen, wir fühlen uns überfordert und bei allem beruflichen Erfolg innerlich jedoch erfolglos. Nicht selten gesellt sich ein Gefühl von Heimatlosigkeit dazu, denn unsere innere Ablehnung unserer Herkunft ist enorm groß geworden. Gleichzeitig gestatten wir es uns nicht, an uns selbst *familiäre Ähnlichkeiten* wahrzunehmen und sind frustriert von dem Gefühl, daß niemand auch nur annähernd so ist wie wir selbst. Phase 2 endet demnach oft in einer grausigen inneren Einsamkeit und dem Zwang zur Umkehr.

Phase 3

Wie bei allen Einteilungen von Prozessen in drei Schritten stellt auch hier die dritte Phase den Prozeß des Verstehens und der Lösung auf einer anderen Ebene dar. Diese drei Schritte symbolisieren jedoch auch recht deutlich die Art unseres westlichen Denkens. Wir sind zunächst gefangen im Entweder-Oder, bei dem sich beide Pole sozusagen feindlich, gegensätzlich und unvereinbar gegenüberzustehen scheinen. Die Lösung findet sich stets in der Synthese, in einer inneren Haltung, die vom Sowohl-als-auch bestimmt ist. Auf diese Weise wachsen wir wirklich. Auf diese Weise zu wachsen ist eine Kunst, die uns zur Reife führt. Sie verlangt nun jedoch ein Paradoxon von uns. Um uns wirklich aus dem Alten zu lösen, müssen wir es innerlich bejahen, wir müssen es respektieren und zu ihm stehen. Die bewußte Anerkennung unseres Gewordenseins aufgrund unserer Familiengeschichte unterscheidet sich wesentlich von dem unbewußten Verhaftetsein an das familiäre Klima, wie es in Phase 1 beschrieben wurde. Die bewußte Anerkennung ist ein Akt der Erkenntnis und der Demut, und mit diesem Akt erkennen wir nun auch die Beschaffenheit, den Sinn und *die Relativität* unseres familiären Klimas einschließlich unseres daraus folgenden Verhaltens.

Erkenntnis kann man nicht machen, und dies ist für den Workaholic der Phase 2 eine schwere Hürde. Sie kann uns geschenkt werden, wenn wir *aufgeben*. Erst dann, wenn wir es aufgeben, durch extreme Aktivität, Karriere, Leistungsstreben und dergleichen großartig werden zu wollen, weil wir beginnen, *einzusehen, daß wir dadurch nicht glücklicher werden können*, stellt sich langsam die Erkenntnis unserer inneren Dynamik ein. Indem wir die Verwirklichung unseres Idealbildes von uns selbst aufgeben – das überwiegend durch Ohnmachtssituationen unserer Kindheit geformt wurde – erwachen wir aus einer inneren Starre und werden wieder beweglich. Nun können wir Zusammenhänge zwischen unserem beruflichen Vorgehen und unseren Kindheitserfahrungen sehen – und wir sehen dabei gleichzeitig die Unsinnigkeit und eingebaute Erfolglosigkeit unseres Verhaltens. Wenn wir versuchen, durch unsere Arbeit etwas zu erhalten, das uns in der Familie versagt wurde, wollen wir in der Zukunft etwas erlangen, was wir in der Vergangenheit vermißten. So sind weder Motiv noch Ziel unserer beruflichen Aktionen an dem einzigen Platz, an dem wir leben: im Jetzt. Solange wir jedoch noch glauben, daß ein solches Verhalten zum Glück führt, machen wir so weiter. In dem Moment, in dem wir jedoch die Aussichtslosigkeit dieses Unterfangens erkennen und begreifen, daß wir von falschen Annahmen ausgehen, geben wir dieses Verhalten sofort auf. Das geschieht einfach, denn wir können nun nicht mehr so weitermachen wie bisher. Das ist eine Folge des Bewußtwerdens.

Eine weitere Folge ist, daß wir nun das alte System als etwas Vergangenes erkennen. Selbst, wenn wir es unbewußt künstlich verlängern wollen, ändert es nichts daran, daß unser ausschließliches Verwobensein in unsere Familie vorbei und vergangen ist. Es ist so gewesen, wie es war, und es ist nicht so gewesen, wie es unserer Meinung nach idealerweise hätte sein können. Aber es ist das einzige, was wir haben. Es ist der Boden, auf dem wir gewachsen sind – einen anderen gab es nicht. Er hat zum großen Teil bestimmt, was wir geworden sind, und – wenn wir karmische Aspekte einmal außer acht lassen – er stand jenseits unserer Wahl[3]. Dieser Boden fiel uns zu. Wenn wir innere Wurzeln haben wollen, müssen wir ihn nehmen, so, wie er ist. Diese Haltung verlangt Demut und die Trennung von unseren Idealvorstellungen bezüglich unserer Vergangenheit. Paradoxerweise befreit uns das Ja zum Gewesenen dazu, in unsere eigene Zukunft zu springen. Wir gehen dann mit unserer Prägung und im Bewußtsein seiner Relativität in unser eigenes Leben. Um das stets als Same in uns wirkende System unserer Familie bildet sich ein neuer, größe-

3 Auch wenn wir eine karmische Betrachtung hinzuziehen, hat der Akt der Anerkennung unserer Geschichte eine befreiende Wirkung auf unsere Tatkraft. Die Suche nach karmischen Ursachen kann nämlich auch eine vorgeschobene Rechtfertigung unserer beruflichen Passivität sein.

rer Kreis. Es ist der Kreis unserer Eigenständigkeit, und wir beschreiten und beleben diesen Kreis, indem wir dort Familienregeln brechen, wo es unserer Meinung nach für unser persönliches Wachstum notwendig ist. Mit der Relativität von Regeln haben wir auch die Relativität des Gewissens erkannt und leben im Bewußtsein der Tatsache, daß wachsen immer auch bedeutet, schuldig zu werden. In unserem beruflichen Verhalten sind wir dann sowohl ein Kind unserer Familie als auch etwas Neues, jemand, der oder die neue Regeln aufstellt und die Folgen dieser steten Entscheidungen aufrichtig und verantwortlich trägt.

Was läßt sich zusammenfassend daraus ableiten? Bei jedem Schritt in Richtung Wachstum, ob er nun durch berufliche oder private Erfahrungen initiiert wird, werden wir schuldig am alten System und unschuldig im neuen. Das liegt schlicht und ergreifend daran, daß in jedem System andere Regeln herrschen und daß Wachstum bedeutet, den Kreis um uns immer größer zu ziehen. Wir bewegen uns dabei immer von der Mitte zum Rand hin, und an jedem neuen Rand sind die Schuldgefühle am größten! Stellen wir uns den phasenhaften Verlauf als Bild vor, so ist Phase eins ein kleiner, mit rosigen Farben ausgefüllter Kreis. Bei Phase zwei hat sich ein weiterer Kreis darum gebildet. Er ist jedoch leer, und zur nun grau verschleierten Mitte hin besteht eine dicke Grenze. Erst Phase drei löst die Grenzen und Schleier auf. Hier wird von der Mitte aus der jeweils nächstgrößere Kreis langsam aber sicher ausgefüllt – mit allen Farben zwischen schwarz und weiß! Die Grenzen werden durch das Bestehen von Krisen durchlässig. In diesem Sinne entsteht Wachstum durch Aufbau, und wir empfinden diese Form von «Entfernung» zur Herkunft dann auch als eine Ankunft bei uns selbst, ohne unsere Wurzeln abzuschneiden.

c. Das vierte Haus

Wie schon in Kapitel I will ich auch das vierte Haus unter dem Aspekt betrachten, welcher Planet sein Herrscher ist. Die über ein Haus herrschende Kraft bildet die grundsätzlich hier vorzufindende Energie, ungeachtet der Planeten, die in diesem Haus noch stehen mögen. Die Herrscherenergie wird oft übersehen, und je voller das Haus ist, um so öfter. Wenden wir uns dieser Energie jedoch zu, befinden wir uns wirklich an unserer Basis und können so mitunter verhindern, daß wir uns in uns selbst verzetteln. Das vierte Haus weist uns auf unsere Empfindlichkeiten hin, auf unser Intimstes und Eigenstes. Werden wir hier im Berufsleben angesprochen, reagieren wir aus unserer Seele heraus – hochempfindsam, sehr verletzlich und sehr bedürftig, aber auch fasziniert, instinktsicher und logisch unbegründbar. Wir fühlen instinktiv, daß dies der Boden ist, auf dem wir wachsen können, daß dies die Nahrung ist, die wir brauchen. Um in unserer Arbeit wachsen zu können, ist es notwendig, die im vierten Haus vorgefundene Qualität auf eine andere Ebene oder in eine andere Dimension zu heben, denn sie stellt auch das Grundklima unseres Familiensystems dar.

Wir haben bezüglich dieser Facette des Tierkreises oft «sentimentale Widerstände» und empfinden es mitunter als Verrat an unserer Herkunft, die betreffende Energie zu entwickeln. Gleichzeitig sehnen wir uns danach – es ist uns ein echtes und inniges Bedürfnis, diese Qualität wachsen zu lassen. Da sie den Boden für unser gesamtes persönliches Wachstum darstellt, muß sie sich verändern *dürfen*, und zwar in dem Rhythmus, den unsere innere Stimme uns vorgibt. Das bedeutet, daß wir hier eigentlich nie lange verweilen können, sondern der untergründigen Dynamik unserer Seele folgen müssen. Und das bedeutet auch, daß wir bezüglich dieser Energie stets mit unserem Gewissen ringen. Hier hilft uns die Besinnung auf die Realität unserer Gegenwart und die achtungsvolle Verabschiedung von unserer Vergangenheit. Und das Bewußtsein, daß Schuld unvermeidbar und stets relativ ist.

Man kann sich die drei Phasen des Wachstums als ein Grundmuster denken, welches jedem im vierten Haus herrschenden Zeichen zugrundeliegt. Für unser berufliches Wachstum sind vor allem die Schuldgefühle, die uns durch die obengenannten Widerstände entstehen, ein mögliches Hindernis. Aus diesem Grunde möchte ich nun die verschiedenen Zeichen im vierten Haus unter dem Aspekt des Sich-schuldigfühlens betrachten. Dieser Aspekt ist ein menschliches und irdisches Hindernis, ein Stein, an dem wir uns bei Veränderungen schleifen lassen müssen. Dieses Hindernis ist nicht zu verhindern. Wenn wir ihm entgehen oder es vermeiden wollen, können wir nicht erwachsen werden und vor allem nicht mittels unserer Arbeit wachsen.

Widder – Mars herrscht über das vierte Haus
Mit dieser Konstellation fühlen wir uns vor allem schuldig durch Tun. Vor jeglicher eigenständiger Aktivität kann ein gefühlsmäßiger Widerstand liegen, der uns daran hindern will, etwas Neues zu initiieren. Wir sind es eher gewohnt, als Empfänger von Aktivitäten zu fungieren. Das kann uns im Beruf einerseits zu einem Adressaten für die Aggressionen anderer machen, andererseits zu einer eigenartigen Form von Passivität verleiten, die andere wiederum zornig macht. Wir sind es von Kind an gewöhnt, daß um uns ein Klima des Aufbruchs, des Beginnens, des Kämpfens und der Impulsivität herrscht. Hier steckt sehr viel Kraft, und wir haben gelernt, mitzumachen. Es kann uns nun einige Mühe bereiten, etwas selbst zu machen, das heißt, eigenständig und ohne Aufforderung von außen aktiv zu werden, um unsere wirklichen Bedürfnisse zu befriedigen. Wenn wir unschuldig bleiben wollen, suchen wir im Beruf den Kontakt zu Menschen, die Durchsetzungskraft und Mut ausstrahlen. In deren Windschatten machen wir dann mit – dienen aber dadurch zwangsläufig fremden Zielen.

Jedes «Ich will» belastet uns mit dem Gefühl der Schuld, denn es führt uns aus dem Gewohnten heraus und dem Neuen entgegen. Letztendlich ist es jedoch einfacher, die Mühe des Wachsens zu tragen (denn dann ernten wir auch irgendwann seine Freude), als darauf zu warten und zu hoffen, daß endlich einmal andere auch das wollen, was wir eigentlich wollen (denn dann ernten wir nichts). Der Vorwurf des Egoismus kann uns stets schwächen und wieder zum Kind werden lassen. Es ist für uns wichtig, daß wir unsere beruflichen Ziele unseren persönlichen Bedürfnissen anpassen – und daß wir selbst mit deren Erreichung beginnen. Der erste Schritt ist für uns hier die größte Hürde. Uns selbst durchzusetzen, wozu wir als erwachsener Mensch ja die Mittel und das Recht haben, mag uns vermessen erscheinen. Sich selbst durchzusetzen muß nicht bedeuten, stets zu streiten, verletzt zu werden und selbst zu verletzen. Wenn unser persönliches Wachstum das Motiv hinter unseren Taten ist, paart sich die Durchsetzung unserer selbst mit Zufriedenheit im Beruf. Und hiervon haben alle Beteiligten etwas. Aus eigenem Antrieb etwas Neues zu beginnen, mag uns zwar mit dem – relativen! – Gefühl der Schuld belasten, gibt uns aber auch das Gefühl für uns selbst und den Mut, die Wünsche unserer Seele durch unsere Tatkraft Realität werden zu lassen.

Stier – Venus herrscht über das vierte Haus

Hier ist es vor allem der Aspekt des Besitzens, der uns nicht leichtfällt. Mit «besitzen» ist jedoch gemeint, daß wir uns selbst besitzen, das heißt, daß wir Grenzen ziehen, innerhalb derer wir uns definieren, und damit dokumentieren, daß wir anders sind als die anderen. Es kann uns schwerfallen, uns zu schützen, da wir mit jedem Schritt, der uns aus unserer Familie herausführt, unseren Wert neu bestimmen müssen. Wir sind es gewohnt, uns selbst nach den Maßstäben unserer Familie zu bewerten – und wir sind es gewohnt, uns überhaupt zu bewerten und bewerten zu lassen. Diese Definition unserer Wichtigkeit durch andere macht uns sehr empfindlich für Kritik, Ausgrenzung und Beurteilungen. Möglicherweise versuchen wir durch das Streben nach materiellem Besitz und nach Statussymbolen unsere innere Unsicherheit zu kompensieren, doch das ist die unschuldige Variante, die uns letztendlich nicht wachsen läßt. Wir verwechseln dann Haben mit Sein und bleiben stets davon abhängig, daß uns andere etwas geben, damit wir uns als wertvoll empfinden können.

Das Gefühl für das, was uns selbst wichtig ist, kommt stets in Begleitung der Schuld, da es uns ein Gewicht und einen Wert gibt, welche nicht mehr durch die Wertmaßstäbe unserer Familie bestimmt werden. Je sicherer wir unserer selbst werden, um so schuldiger fühlen wir uns. Auch hier ist es wichtig, die Relativität der Schuldgefühle zu erkennen, denn sonst werden wir nicht fähig, uns durch unsere Arbeit etwas aufzubauen, das unseren eigenen Wünschen entspricht. Sobald wir das Gefühl haben, uns selbst zu gehören, spüren wir auch den Unterschied, der zwischen uns und den Mitgliedern unserer Familie besteht. Dieser Unterschied markiert den inneren Raum, in dem wir wachsen können und wollen. Innerhalb unserer Grenzen jedoch können wir uns Schutz und Raum geben, um unser Leben so zu gestalten, wie wir wollen. Wir erliegen möglicherweise der Illusion, daß innere Stabilität etwas Dauerhaftes ist. Auf diese Weise können wir jedoch den Wert unserer Seele nicht erkennen und bleiben an Vergangenem haften. Wenn wir den fluktuierenden Prozeß des Wachsens als wertvoll erkennen können, gestatten wir unserer Seele Schutz vor Übergriffen anderer. Unser wachsendes Selbstwertgefühl macht uns zwar – relativ! – schuldiger, jedoch auch eigenständiger und wandlungsfähiger. Unsere Arbeit wird damit ein Ausdruck unserer Werte und ist nicht mehr nur Mittel, um Wert und Geld zu erlangen. Auf diese Weise kommt ein neuer Faktor in unser Leben: Genuß!

Zwillinge – Merkur herrscht über das vierte Haus
Mit dieser Konstellation fühlen wir uns vor allem schuldig durch Wissen. Wir sind es gewohnt, in unserer Familie in der Haltung eines Lernenden zu sein. Wir sind an eine Form der Kommunikation gewöhnt, in der wir hierarchisch unten stehen, d.h. andere reden – wir hören, oder andere wissen – wir lernen, oder andere fragen – wir antworten. Irgendwann jedoch beginnen wir selbst, zu wissen, und indem uns das bewußt wird, wird uns auch unsere eigene Intelligenz bewußt. Es können in uns Widerstände herrschen, die uns vom Einsatz unserer eigenen Intelligenz abhalten wollen, denn damit schreiten wir zwangsläufig aus unserem Familiensystem hinaus in unser eigenes, nach vorn gerichtetes Leben. Im Beruf suchen wir, solange wir unschuldig bleiben wollen, die Nähe von Lehrern auf und sind in der Gefahr, stets der oder die Zweite zu sein. Wir meinen dann, dadurch wachsen zu können, indem wir die Menschen, von denen wir zu lernen beabsichtigen, imitieren – und wir verbringen viel Zeit damit, darauf zu warten, daß sie uns den Weg freimachen.

Der Moment, in dem unsere Intelligenz erwacht, ist ein Moment der Tiefe. Diese Tiefe befähigt uns zur Wahrnehmung unserer eigenen Wünsche und verhilft uns dazu, das Klima unserer Herkunft nüchtern und zweckorientiert zu betrachten. Eine solche Haltung schafft Distanz, sie bringt Kühle und Unverbindlichkeit, wo vorher Heimat und Geborgenheit waren. Wir klagen uns vielleicht selbst der Beliebigkeit und Unzuverlässigkeit an, fühlen uns aber im Grunde dadurch schuldig, daß wir neue Wege gehen. Der innere Dialog, mit dem wir mehr und mehr über uns selbst erfahren, führt dazu, daß unsere Seele bestimmt, wohin wir gehen – auch beruflich. Wir erkennen Wachstum vor allem als einen Veränderungsprozeß und sehen unsere Familie mehr und mehr als einen Raum, den wir durchschritten haben oder als einen Weg, den wir ein Stückchen mitgegangen sind. Es kann sich sehr belastend anfühlen, wenn wir dem eigenen Wissensdrang folgen, vor allem, wenn unser berufliches Interesse uns auf Wege führt, auf denen uns niemand begleitet. Um zu wachsen, müssen wir es wagen, diese Wege zu beschreiten. Wir müssen uns dem Wissen unserer Instinkte anvertrauen und die in unserer Familie herrschende Logik in Frage stellen. Die Last, die wir dann tragen, ist die, uns selbst zu definieren. Sie führt uns zu Gründen unseres Daseins, die unterhalb der Oberfläche liegen – und zu einer inneren Vielfalt, die wir letztendlich in unserer Arbeit anderen vermitteln wollen.

Krebs – Mond herrscht über das vierte Haus
Herrscht der Mond über das vierte Haus, fühlen wir uns schuldig, wenn wir uns selbst nähren, pflegen und für unser Wachstum sorgen. Wir sind es gewöhnt, uns versorgen zu lassen, zu empfangen, ein jederzeit berührbares Gegenüber zu sein. Diese Konstellation ist hochgradig re-aktiv, und dadurch wird unser Gemütszustand weitgehend von dem bestimmt, was von außen auf uns zukommt. Das kann dazu führen, daß wir extrem anhänglich sind, da wir die Ansprache von außen benötigen, um uns überhaupt zu spüren. Ist niemand da, der sich um uns kümmert, fühlen wir uns irgendwie nicht existent. Der Hang zur kindlichen Kleinheit führt uns dann im Berufsleben stets in die Nähe von Müttern, ob das nun KollegInnen sind oder das Unternehmen bzw. der Arbeitgeber selbst diese Rolle übernimmt. Da das Empfangen im Vordergrund steht, sind wir gehorsam und erwarten dafür Lob und gute Behandlung. Auf diese Weise bleiben wir zwar unschuldig, in unserem Vorgehen jedoch von einer unrealistischen Nostalgie bestimmt, die mitunter zu einem bösen Erwachen führen kann.

Unsere Bedürfnisse können sich in Schwärmen, Wünschen und Träumen erschöpfen, die zu unserer beruflichen Realität womöglich mehr und mehr in Widerspruch geraten. Unsere Unschuld verlangt den Preis der Introversion, welcher wiederum eine schrittweise Abkoppelung von unserer beruflichen Realität folgen kann. Schuldig werden wir, indem wir aufhören, in unserem Beruf auf unangemessene Weise das Mutter-Kind-Spiel zu spielen – auf welcher Seite wir auch stehen. Es mag uns als eine Last oder Zumutung erscheinen, für uns selbst zu sorgen, unsere Bedürfnisse zu erspüren und für deren Verwirklichung etwas zu unternehmen. Das liegt aber daran, daß wir hierfür unsere pflegenden und nährenden Qualitäten von anderen abziehen müssen – und das macht uns ein schlechtes Gewissen! Werden wie die Kinder bedeutet nicht bleiben wie die Kinder – aber vielleicht hätten wir das gern. Zwischen der Unschuld eines Kindes und der Kindlichkeit des Bibelspruchs liegt das Leben mit seinen zyklischen Prozessen der Reifung. Möglicherweise fühlen wir uns schon deshalb schuldig, weil wir wachsen – weil wir dem folgen, was unsere Natur ist. Wenn wir diese Schuld als Bedingung irdischer Existenz auf uns nehmen, kann sich das stete Wogen unserer Gefühle zu einem ruhigen See verändern – und in seinem Spiegel können wir uns selbst erkennen. Diese innere Ruhe, die der Empfindsamkeit erwächst, läßt uns sehr sensibel unsere Bedürfnisse spüren – und beruflich mit der instinktiven Sicherheit eines Kindes vorgehen.

Löwe – Sonne herrscht über das vierte Haus
Hier hat es in unserer Kindheit viel Licht gegeben, und wir waren vornehmlich das bestrahlte «Objekt». Wir sind ein aktives, handelndes und an Herrschaft orientiertes Klima gewöhnt und haben vermutlich auch davon profitiert. Das Gefühl der Schuld kann uns jedoch anfallen, sobald wir unseren eigenen Stern aufgehen lassen wollen. Möglicherweise fürchten wir uns vor Konkurrenz, Neid und Rivalität und begnügen uns im Beruf damit, andere zu bewundern und ihnen ein dankbares Publikum zu sein. Dann sind wir die stille helfende Hand, der Organisator im Hintergrund, während wir die Bühne vermeintlich Stärkeren überlassen. Auf diese Weise bleiben wir jedoch in unserem Lebensgefühl abhängig von der Kraft anderer und stets das unschuldige Echo auf ihre Taten. Es kann uns schwerfallen, wirklich eigenständig und aus einer inneren Lust heraus zu handeln, da wir es dadurch mit dominanten und starken Personen unserer Familie aufnehmen müssen. Möglicherweise hat es hier ein latent oder

auch offen rivalisierendes und vergleichendes Klima gegeben, und als Kinder haben wir verinnerlicht, daß wir dagegen nicht bestehen können.

Bleiben wir in innerer Konkurrenz mit den Mitgliedern unserer Familie, fühlen wir uns nicht schuldig – vielleicht nur etwas angestrengt. Die Last der Schuld kommt erst dann, wenn wir auf unsere eigene Weise vorgehen, wenn wir Leben und Arbeit unseren persönlichen Bedürfnissen entsprechend organisieren. Auf diese Weise fallen wir aus dem «Wettkampf», denn wir vergleichen uns nicht mehr und kümmern uns nicht mehr um der anderen Licht. Wir verweigern das Zuschauen, schauen nach innen, auf unser eigenes Licht und auf unsere eigene Blüte, die sich entfalten will. Die Rücknahme der Aufmerksamkeit für andere kann uns sehr schwerfallen, da sie veränderte Reaktionen der Außenwelt nach sich zieht. Zunächst mögen jene, die wir bewundert haben, die nun fehlende Aufmerksamkeit einfordern wollen, dann jedoch werden wir ihnen gleichgültig. Wir fühlen uns dann fallengelassen und müssen erkennen, daß das unschuldige Verhalten eine Einbahnstraße war – die, die uns bestrahlen durften, haben andersherum nur selten Lust, uns zuzusehen. Mögen wir uns nun auch einsam fühlen – hierdurch entsteht jedoch ein Raum jenseits der Beobachtung. In diesem Raum können wir unsere Kreativität entdecken, ausprobieren und wachsen lassen. Die ihr innewohnende Kraft, unserem Innersten Ausdruck zu geben, kann wie ein Leuchtfeuer sein, das uns stärkt und im Dunkeln den Weg weist.

Jungfrau – Merkur herrscht über das vierte Haus

Mit dieser Konstellation war das Klima unserer Kindheit von Reinlichkeit, Dienst und Kritik bestimmt. Fleiß und Arbeit mögen herausragende Themen gewesen sein, und was darunter zu verstehen sei, wurde uns vorgegeben. Dienst-Leistung empfinden wir daher als etwas Antwortendes, denn die Vorgaben darüber, wie und wo unsere sorgende Kraft einzusetzen ist, kamen von außen. Im Beruf sind wir auf diese Weise zunächst sehr geeignet für Zuliefer-Arbeiten, möglicherweise sind wir der personifizierte Service und stets im Umfeld von Menschen zu finden, die an uns delegieren, was berichtigt und bereinigt werden soll. Die unschuldige Variante dieser Konstellation ist dem mystifizierten Bild der reinen und hingebungsvollen Jungfrau Maria recht nahe. Je mehr wir jedoch verleugnen, daß wir uns ausnutzen lassen, um so scheinheiliger werden wir in Wahrheit. Dann ist gerade in der Berufswelt der Weg zum nörglerischen, pedantischen und krittelnden Menschen nicht mehr weit. Und wir fühlen uns schuldlos und innerlich erhaben, da wir doch alle Mühe darauf verwenden, der Madonnen-Ethik zu entsprechen.

Das Gefühl der Schuld bekommen wir, wenn wir der inneren Realität unserer Seele gewahr werden, denn sie unterscheidet sich in wichtigen Details von dem, was uns mitgegeben wurde. Wenn wir die Kraft zur Analyse und Reinigung für die Entwicklung unserer eigenen Seele verwenden, sind wir zwangsläufig nicht mehr Empfänger von Anweisungen, sondern werden selbst zum Kritiker. Um ein Bild aus einem Märchen zu verwenden: Aschenbrödel arbeitet nun nicht mehr für andere, sondern für sich selbst. Das Aussortieren von lebensfeindlichen und fruchtschädigenden inneren Haltungen nimmt nun unsere Arbeitskraft in Anspruch, und als Folge davon nimmt die Bequemlichkeit für unsere Umgebung ab. Je klarer und differenzierter wir uns selbst mit unseren persönlichen Bedürfnissen wahrnehmen können, um so größer wird unser Gefühl des Verrates und der Schuld. Wir erkennen damit jedoch auch, daß unser Innenleben darüber bestimmt, welche Früchte wir ernten. In uns wächst auf diese Weise eine innere Bescheidenheit, die aus der Erkenntnis unserer seelischen Realität resultiert. Wir beginnen, auf eine falsche Größe zu verzichten, die auch daraus entstanden ist, daß wir für andere unentbehrlich wurden, weil wir stets die ungeliebte Dreckarbeit gemacht haben. Nun wird unsere Seele der Acker, den wir bestellen, der Garten, den wir pflegen und das Feld, auf dem wir ernten. Diese innere Ordnung gibt uns ein Gefühl für die Realität unseres Seins und bewahrt uns vor Überforderung und Selbstverleugnung.

Waage – Venus herrscht über das vierte Haus

Es mag paradox klingen, doch mit dieser Konstellation fühlen wir uns schuldig, wenn wir lieben. Die Atmosphäre unserer Kindheit war von Themen wie Harmonie, Beziehung, Ausgewogenheit und Schönheit bestimmt, und möglicherweise waren die Beziehungen der Familienmitglieder recht eng und liebevoll. Bleiben wir in einer kindlichen Form der Verbundenheit, ist uns der Frieden stets wichtiger als alles andere. Im Berufsleben opfern wir dadurch vielleicht Möglichkeiten, um Beziehungen nicht zu gefährden oder das Arbeitsklima nicht zu verschlechtern. Wir sind sehr nett und beliebt und kommen selbst mit jenen KollegInnen klar, die allgemein als schwierig gelten. Wir bleiben unschuldig, denn wir tun ihnen nichts. Die Harmonie muß auf diese Weise jedoch zwangsläufig irgendwann in Oberflächlichkeit und Kosmetik abgleiten, denn wir opfern dem Frieden unsere Liebe.

Liebe hat die Funktion, uns über das Vertraute hinauszuführen – ihr ist immanent, einen Kreis zu öffnen. Wenn wir nun beruflich oder privat dem folgen, was wir anziehend finden, nehmen die alten Beziehungen ab und neue zu. Mit unserem Wachstum geht stets die Veränderung des Geliebten einher, und es mag uns schwerfallen, uns aus den Beziehungen unserer Familie zu lösen. Die Schuld, die wir dabei spüren, ist die Schuld des Verlassens, wir werden sie jedoch tragen müssen, wenn wir wachsen wollen. Ohne diese Schuld geraten wir irgendwann in eine «innere Inzucht» und in einen lähmenden Zustand der Unentschiedenheit. Unsere Seele ist dann nicht mehr bewegt, sondern sitzt in einem Patt fest. Auch berufliches Wachstum geschieht in einem steten Wechsel der Gewichtungen, bei dem Altes verlassen und zu Neuem Kontakt aufgenommen wird – bis auch das Neue alt wird... Das Gespür für unsere innere Ausgeglichenheit kann uns dabei führen, und auf diese Weise entsteht eine innere

Beziehung zu uns selbst, die von Liebe bestimmt ist. Die Liebe zur eigenen Seele befähigt uns schließlich, disharmonische Phasen zu bestehen, die zu jedem Prozeß dazugehören. Und unsere Fähigkeit zu lieben darf selbst wachsen und sich von einer kindlichen zur reifen Form entwickeln. Die damit einhergehende Erotik gibt uns ein Gefühl dafür, was wir begehren, und nicht nur unsere beruflichen Wünsche werden uns dadurch klarer.

Skorpion – Pluto herrscht über das vierte Haus
Mit Pluto als Herrscher über das vierte Haus ist es vor allem der Aspekt der Macht, der uns mit dem Gefühl der Schuld konfrontiert. Die extreme Qualität des Skorpions beschert uns in der Kindheit eine Atmosphäre von Abhängigkeit und nahtloser Verbundenheit. In dieser Atmosphäre gibt es eigentlich keine einzelnen und unabhängigen Personen, sondern alle sind miteinander auf einer tiefen, ungreifbaren Ebene seelisch verbunden. Die einem solchen Klima innewohnende Gefühlstiefe gibt zwar jedem Macht über den anderen – aber niemandem Macht über sich selbst. Als Kind sind wir zwangsläufig an ohnmächtiger Position, wenn wir auch mehr und mehr zu manipulieren lernen, je älter wir werden. Im Berufsleben suchen wir demnach die emotionale Verstrickung mit den uns umgebenden Menschen, die durch Dominanz und Ergebenheit entsteht, oder anders ausgedrückt: durch Täter- und Opferschaft. Wir bleiben auf diese Weise unschuldig, da es immer eine/n andere/n gibt, der auch, eigentlich oder ursächlich schuld ist. Und im Notfall bilden wir mit unserem Pendant ein Bündnis gegen einen Dritten, der dann die Schuld hat.

Wirklich schuldig fühlen wir uns erst dann, wenn wir beginnen, uns aus den emotionalen Verstrickungen mit anderen Menschen zu lösen. Wenn wir beginnen, unsere innere Tiefe auszuloten und in ihr gewaltige Kräfte entdecken, kommt ein Veränderungsprozeß in Gang, der uns mit der Macht über uns selbst konfrontiert. Die Abhängigkeit unserer Familienmitglieder von unserer Kindposition wirkt nun auf uns wie ein Druckmittel zu wachsen. Das Empfinden, hierbei die anderen gnadenlos «hängenzulassen», vermittelt uns die stärkste Schuld und die stärkste Kraft zum Weitermachen. Wachstums- und Veränderungsphasen werden von uns somit stets als ein bedrohlicher und umwälzender Prozeß empfunden, der nicht nur uns, sondern auch andere ins Verderben reißen will. Dieses innere Drama verhindert unter Umständen lange echte Veränderungen, jedoch bewirkt der angestaute Druck irgendwann einen nicht mehr umkehrbaren und nahezu automatisierten Prozeß des Neu-geboren-Werdens. Es ist zum einen dieser Prozeß, den wir schuldbewußt fürchten, zum anderen die uns daraus erwachsende Kraft, welche uns unabhängig macht von den Manipulationsversuchen anderer. Diese Kraft ist ohne die Schuld nicht zu haben, und möglicherweise bleibt uns vom Bild unserer Familie nur noch die Asche, aus der wir aufsteigen können – oder der Humus, auf dem wir neu wachsen können.

Schütze – Jupiter herrscht über das vierte Haus

Hier entsteht das Gefühl der Schuld durch das Entdecken der eigenen inneren Größe. Das Klima unserer Familie mag von Toleranz, Optimismus, Weite und dem Glauben an Möglichkeiten bestimmt gewesen sein – es waren jedoch stets die anderen, die wußten, die anderen, die uns belehrten, und die anderen, die führten. Jupiters Kehrseite ist unter anderem Eifersucht, und aus Furcht davor bleiben wir unter Umständen kleiner, als wir wirklich sind. Im Beruf suchen wir dann Vorbilder, Lehrer oder einfach erfolgreich scheinende Menschen, von denen wir glauben, daß sie es besser können oder wissen als wir selbst. Auf diese Weise empfangen wir möglicherweise sehr viel, wenn wir jedoch nicht den Schritt wagen, eine innere Synthese all dessen, was wir erhalten haben, anzustreben, fühlen wir uns irgendwann von Fremdem vollgestopft. Möglicherweise kompensieren wir unsere innere Überfremdung durch Angeberei und Großspurigkeit, können uns aber im selben Moment eigentlich überhaupt nicht begreifen.

Die Schuld, die wir durch das Wachsen tragen, ist die, daß unser Wachstum uns von unserer Familie entfremdet. Die Energie des Schützen führt über das Gewohnte hinaus, also auch über alles, was uns und unserer Familie bisher vertraut war. Indem wir beginnen, unsere inneren Bedürfnisse zu verstehen und in ihnen einen umfassenden Sinn erahnen, werden wir «fremd im eigenen Land». Unsere Identität wird dann weniger von unserer Herkunft als vom Sinn unseres Daseins innerhalb eines größeren Zusammenhanges bestimmt. Der Blick nach innen führt uns zur Weisheit der Seele, zu ihrer Geistigkeit, ihrer Größe und ihrem göttlichen Ursprung. Im Gewahrsein dieses Geschenkes wird alles andere klein – auch das, was wir vorher für groß, bedeutsam und erstrebenswert gehalten haben. Die Schuldgefühle, die wir zu tragen fürchten, entstehen zum großen Teil daraus, daß wir auch unsere Vorfahren als Kinder eines größeren Geistes erkennen und auf diese Weise aus dem hierarchischen Familiensystem ausscheren. Wenn wir dann die Klippe der religiösen oder eifernden Überheblichkeit umschiffen können, darf auch in unserer Arbeit etwas Großes, Sinn- und Bedeutungsvolles in uns walten. Wir betreten dann mit jeder beruflichen Veränderung ein neues Land auf dem Kontinent unserer Seele.

Steinbock – Saturn herrscht über das vierte Haus

Mit der Präsenz des Steinbocks im vierten Haus sind die Themen Familie und Schuld ohnehin miteinander verwoben, und es ist eine erste Herausforderung, uns die rigide Enge und Gerichtsatmosphäre unserer Kindheit zunächst bewußt zu machen. Wir sind es gewöhnt, uns schuldig zu fühlen, denn wir sind ein schuldiges Kind von schuldigen Eltern – zumindest haben wir gelernt, so zu empfinden. Gemeinsam das irdische Kreuz der Laster und Lasten zu tragen kann etwas gewesen sein, das alle Familienmitglieder miteinander verbunden hat und so allen das Gefühl von Heimat und Zugehörigkeit gab. Auf diese Weise fühlten sich jedoch alle irgendwie richtig und nicht selten moralisch überlegen. Dieses Richtig-sein-Wollen war im Grunde der primäre Antrieb hinter all dem Ballast von Pflichten und Vorschriften zu einem rechten Leben, und dieser Antrieb hat uns geprägt. Wir suchen beruflich instinktiv Menschen auf, die uns berichtigen und über uns richten. Wir neigen dazu, uns stets dem Urteil zu stellen. Und wir versuchen, unschuldig zu werden (in diesem Fall kann man nicht von bleiben sprechen), indem wir gehorchen und dem Urteil anderer folgen.

Das eigentliche Schuldgefühl, das aus dem Wachsen entsteht, kommt erst, wenn wir uns auf uns selbst konzentrieren und uns der düsteren Enge unserer Familie bewußt werden. Es mag sein, daß wir viel Leid und Verneinungen erleben, ehe wir diesen Schritt wagen und uns der Klarheit unserer eigenen Seele stellen. Mit dieser Klarheit kommen wir in Berührung mit den Prinzipien der Verantwortung, der Folgerichtigkeit und der Endlichkeit. Wir erkennen eines jeden Verantwortung, werden uns der Folgerichtigkeit des Schicksals bewußt und stellen uns der Endlichkeit des irdischen Daseins mit all seinen Erscheinungen. Das Kreuz der Familienlast kann uns schon früh reifen lassen und befähigt uns, im Verbund mit der Verantwortung unserer Seele gegenüber für uns selbst zu sorgen. Wachstum bedeutet dann für uns, die Verantwortung der anderen für ihr Schicksal zu erkennen und bei ihnen zu belassen. Diese innere Haltung erfordert eine hohe Disziplin, denn sie macht einsam. Nichts vereint die Menschen mehr als das Zuschieben von Schuld. Das klare Bewußtsein unserer inneren Bedürfnisse gibt uns jedoch die Kraft, unseren beruflichen Weg zwar vielleicht langsam, aber ohne Umwege zu gehen – und auf diesem Weg nach und nach unserer Seele die Führung zu geben.

Wassermann – Uranus herrscht über das vierte Haus

Die Atmosphäre unserer Kindheit war von Überraschung, Zufällen, Zersplitterungen und Merkwürdigkeiten geprägt – alles war irgendwie anders als bei anderen. Wir haben gelernt, mit extremen Aufregungen fertig zu werden, uns auf alle nur möglichen und unmöglichen Situationen einzustellen und – im Laufe der Zeit – zu einer inneren Distanz zu all den Ereignissen zu kommen. Wir sind hochflexibel geworden, womöglich derart flexibel, daß uns das geringste Anzeichen von Beruhigung schon nervös macht. Dieses explosive und unberechenbare Klima suchen wir auch beruflich auf, wir suchen Risiken, Notsituationen, Krisenherde und Spannung. Wir sind cool geworden, in absoluter Distanz zu Empfindlichkeiten und Sentimentalitäten – frei von Bedürftigkeit, frei von unserer Seele. Auf diese Weise bleiben wir bei allem, was wir mit dieser inneren Eiseskälte anderen – und uns selbst – auch antun können, unschuldig im Sinne unserer Familiengeschichte. Auf diese Weise gehörten wir dazu und sind – nun auch im Beruf – in der Lage, mit allem fertig zu werden.

Das Gefühl der Schuld wird Mühe haben, überhaupt zu uns durchzudringen – vielleicht erst dann, wenn ein Unfall, unser Nervenkostüm oder ein Schock uns zur Ruhe und in kindliche Abhängigkeit zwingt. Denn wir versuchen durch die innere Kälte und Hektik uns von unseren Gefühlen zu befreien, die wie eine Bombe in uns ticken. Unsere Vorstellung von Freiheit ist, nicht zu fühlen, keine Seele zu haben, keine Bedürfnisse, keine Leiden – und keine Freuden. Wir sind dadurch vielleicht beruflich etwas Besonderes, aber wir fühlen in uns eigentlich niemanden *leben*. Hinter dem Gefühl der Schuld – erlauben wir ihm, als Vorreiter zu unserem Herzen durchzudringen – lebt jedoch eine individuelle Seele, die sich frei von Beschränkungen äußern will! Wir fühlen uns schuldig, wenn wir gewahr werden, daß wir ein einzigartiger Mensch mit einzigartigen Bedürfnissen sind. Dieses Gewahrsein trennt uns von den Wirrungen unserer Familiengeschichte, es setzt uns gleichsam frei innerhalb eines gesamtmenschlichen Zusammenhanges, der auf einer geistigen Gemeinsamkeit beruht. Im Grunde fühlen wir uns schuldig, wenn unsere Seele der Freiheit entgegenwachsen will. Unsere Arbeit wird jedoch durch das Nehmen dieser Schuld vom aufreibenden Reagieren auf Überraschungen befreit, und unser berufliches Vorgehen folgt der Inspiration durch unsere Seele – selbst, wenn sie etwas ganz Gewöhnliches will.

Fische – Neptun herrscht über das vierte Haus
Mit dieser Konstellation fühlen wir uns schuldig durch Wahrhaftigkeit. Im Klima unserer Kindheit haben wir gelernt, Empfänger von sogenannten Hilfen aller Art zu sein, ob es Mitgefühl, Spenden, hingebende Fürsorge, Selbstlosigkeit waren oder auch Drogen, Verstecke oder vorgetäuschte Anschriften. Wir haben vieles als chaotisch und undurchsichtig erlebt, prägend jedoch war die Erfahrung unserer persönlichen Hilflosigkeit. Wir glauben nun an unsere Schwäche, an unsere innere Leere und Bedürftigkeit – ob wir beruflich nun wirklich im Chaos stehen oder auf die Seite der Helfer gewechselt haben. In beiden Fällen fühlen wir uns jedoch unserem Familiensystem gegenüber unschuldig, denn wir scheren nicht in einer ernstzunehmenden Weise aus dem Klima des Leidens aus. Das gelänge uns erst dann, wenn wir uns unserer inneren Wahrheit bewußt würden – jedoch steht davor zunächst viel Angst. So bleiben wir beruflich stets im Hintergrund hängen, in irgendeinem Bereich der Gesellschaft, der im Abseits steht und daran leidet.

Vor unser Empfinden für uns selbst ist ein dichter Nebel gespannt, denn was wir dort wahrnehmen könnten, paßt nicht ins erlernte Schema der Bedürftigkeit und des Andersseins. Es paßt auch nicht in das Schema, daß uns oder jemand anderem geholfen werden muß. Tief in unserem Inneren, wenn wir durch die Angst und Leere hindurchgehen, ist ein absolutes und umfassendes Ja zum Leben – so, wie es in allen Facetten ist – zu finden. Wir sind im Grunde fähig, uns innerlich einem höheren Wirken zu überlassen, ihm unsere Seele zur Verfügung zu stellen und es durch uns zum Leben zu bringen. Diese Form von Wahrhaftigkeit schließt ein, daß Menschen erschaffene Wesen sind – und daß es zwangsläufig etwas Erschaffendes geben muß, das in jedem wirkt. Wir sind fähig, darauf zu vertrauen, und haben im Grunde den Kosmos als Heimat. Der tiefe Friede, der mit einer solchen inneren Wahrnehmung verbunden ist, gibt uns das Gefühl der Schuld unserer Familie gegenüber – die doch alle so sehr leiden. Wenn wir es wagen, uns unserer Intuition zu öffnen, haben wir die Chance, in unserer Arbeit unsere innere Wahrheit zu leben – wie immer sie auch klingen mag. Haben wir Vertrauen und nehmen wir das Gefühl der Schuld an, können wir unsere Seele wachsen *lassen* – so stark und unendlich, wie sie ist.

2. Karriere

Das Wort Karriere geht auf das gallisch-lateinische Stammwort *carrus* (= Wagen) zurück und ist in unserem Sprachgebrauch dem französischen *carrière* (= Rennbahn, Laufbahn) entlehnt[4]. In seinem Ursprung spricht es also lediglich von einem Wagen, einem Gefährt, das bewegt werden kann und eine Spur hinterläßt. Die französische Bedeutung sieht hier schon mehr die Bahn, die jemand zieht, aber es geht auch bereits um Tempo und Wettstreit. Heute ist Karriere gleichbedeutend mit «es geschafft haben» oder «es schaffen wollen» – was immer «es» auch ist. Die Bahnen, in denen eine konventionelle Karriere läuft, sind meist vorgegeben. Zum einen finden sich hier von Arbeitgebern die Bedingungen, zu denen jemand aufsteigen kann, zum anderen die Hierarchie der verschiedenen Ausbildungsstufen von der Hauptschule bis zum akademischen Grad. In der konventionellen Bedeutung ist Karriere etwas, was wir im Bewußtsein der Anwesenheit der anderen anstreben, sie ist uns ein Mittel, um unser «Bessersein» zu demonstrieren.

Mit der üblichen Berufskarriere ist automatisch Konkurrenz verbunden. Der Leistungsansporn entsteht durch eine Mangelsituation: Es gibt wenige Plätze, die viele wollen. Dieser

4 Duden Etymologie, Herkunftswörterbuch der deutschen Sprache.

Sachverhalt ist unter Umständen das einzig wirklich Motivierende an dem Platz, er weckt unseren Kampfgeist und verspricht uns einen Sieg. Das Problem dabei ist, daß uns der Platz des Sieges vorgegeben wurde und daß sich der Verlauf unserer Bahn zwangsläufig danach richten muß. Wenn wir in einem Unternehmen aufsteigen wollen und eine bestimmte Position anstreben, müssen wir die Bedingungen dazu erfüllen. Die, welche schon «oben» sind, legen diese Bedingungen fest, mal mehr und mal weniger starr. Das ist übliches Berufsleben. Von der ursprünglichen Bedeutung des Wortes «Karriere» im Sinne von «seinen Wagen bewegen und eine Spur ziehen» ist auf diese Weise nicht mehr viel übriggeblieben. Bei einem konventionellen beruflichen Ehrgeiz sieht die Sache eher so aus, daß wir unseren Wagen bewegen lassen – auf einer Spur, die schon ziemlich ausgetreten ist. Es ist kein Wunder, daß die erreichte Position dann in unserem inneren Gefühl oft nicht hält, was sie versprochen hat.

a. Ehrgeiz und Bewußtsein

Im Abschnitt über das Einwirken familiärer Bindungen und Positionen auf unser berufliches Vorgehen habe ich bereits darauf hingewiesen, daß für viele die berufliche Karriere oftmals dem unbewußten Wunsch entspringt, zur Vergangenheit und Herkunft Abstand einzulegen. Sie ist somit oft genug auch ein Versuch zu wachsen, ohne schuldig zu werden. Je größer der berufliche Ehrgeiz ist, um so sicherer können wir sein, daß wir uns innerlich noch nicht aus dem Klima unserer Kindheit hinausentwickelt haben – und es auch nicht wollen. Die Spur, die wir ziehen, wird weniger von unseren Talenten, Bedürfnissen und Neigungen bestimmt, sondern mehr davon, was sie uns an Anerkennung von anderen einbringt. Wir erhoffen uns auf diese Weise von außen einen Zuwachs an Respekt und Achtung, ohne selbst unserer persönlichen Eigenart Achtung und Respekt entgegenzubringen. Persönliches Wachstum und Reifung bedeuten jedoch im ersten

Schritt, sich selbst gegenüber achtungsvoll zu sein, selbst wenn es sonst niemand tut. Ein solches Verhalten stillt unseren seelischen Hunger, befriedet uns innerlich und verschafft uns eine zunehmende persönliche Integrität. Solange wir das nicht wagen und unser Bedürfnis nach Respekt und Achtung nur durch Anerkennung von außen zu stillen versuchen, bleiben wir hungrig – und streben weiter. Ehr-Geiz ist ein Resultat dessen, daß wir unserer inneren Wahrheit gegenüber mit Ehre geizen. Ehrgeiz macht süchtig, da die angestrebte Nahrung nie das ist, wonach wir hungern oder dürsten – obwohl sie in einem ähnlichen Kleid daherkommt.

Betrachten wir einmal die Attribute, die mit der beruflichen Karriere einhergehen. Gäbe es nicht den Mechanismus der Bewertung, würden wir keine Aufmerksamkeit erregen. Da wir als belastbar beurteilt werden, wird uns mehr zugemutet – mehr Verantwortung, mehr Befugnis, mehr Rechte und mehr Pflichten. Wir sind nicht mehr ganz unten, sondern höher, haben andere unter uns, an die wir delegieren können. Diese anderen müssen uns gehorchen, andernfalls sich rechtfertigen und werden eventuell bestraft. Wir erhalten mehr und mehr das Recht, zu beurteilen und Entscheidungen zu treffen, die eine allgemeine Auswirkung haben. Zur besseren Erkennung unserer Position erhalten wir Titel und dürfen in der Öffentlichkeit repräsentativ werden. Außerdem kleiden wir uns angemessen unserer Position, tragen also die entsprechende Uniform. Je höher wir steigen, um so allgemeiner wird uns Respekt entgegengebracht – zunächst gelten wir innerhalb unseres Kreises als Autorität, später bewirkt der Beweis unserer dauerhaften Kompetenz, daß wir generell Geltung besitzen. Machen wir Fehler, sind wir auch Schuld, und damit sind wir meist jedoch ganz allein.

Ich könnte das jetzt noch einige Zeit so weiterspinnen, doch jedem wird die Präsenz Saturns mittlerweile ins Auge gesprungen sein. Mögen die obigen Ausführungen auch recht plakativ sein, im wesentlichen wird das Klima jeder Karriere jedoch so sein. Beruflicher Ehrgeiz mit nachfolgender Karriere ist also ein Mittel, die saturnische Qualität zu leben. Und bevor nun jede/r denkt, er oder sie müßte seine oder ihre Karrierebestrebungen an den Nagel hängen, da ja alles falsch zu sein scheint, ist zu beachten, daß es eine Frage des Bewußtseins ist, ob wir mit unserem beruflichen Aufstieg glücklich werden oder nicht. Und es ist auch eine Frage des Bewußtseins, was wir unter beruflichem Aufstieg verstehen. Solange wir die konventionelle Vorstellung von einem geglückten Berufsleben fraglos übernehmen, arbeiten wir in blindem Ehrgeiz und dienen Zielen, die nicht unbedingt mit unseren persönlichen Zielen und der *Absicht unseres Lebens* zusammenhängen. Wir mögen auf diese Weise aufsteigen, jedoch nicht wachsen. Der Aufstieg ist in dieser Form ein unbewußter und äußerer, während in uns das Bewußtsein unserer selbst mehr oder weniger friedlich schlummert.

Die gleichen Qualitäten, denen wir auf dem Karriereweg begegnen, begleiten uns jedoch auch auf unserem Weg zur Bewußtheit. Daher ist es so tragisch, wenn diese Energien blind an die berufliche Karriere gebunden werden, denn sie fehlen uns bei der bewußten Formung unseres Lebens. Der Rhythmus Saturns, der über die Realisierung unseres Potentials wacht, präsentiert uns somit stets alle sieben Jahre wieder eine mehr oder weniger unangenehme Rechnung, was beruhigenderweise aber auch darauf hinweist, daß wir auf unserem Weg zum Bewußtsein in Kräfte eingewoben sind, die uns leiten. Als Gegenpol des vierten Hauses, dem unbewußten kindlichen Sein, finden wir im zehnten Haus das bewußte Sein. Auf dem Weg dorthin benötigen wir die Qualitäten, die wir zwar auch im Karrierestreben leben können – da hier Saturn regiert, gibt es jedoch zunächst nur ein Entweder-Oder.

Um uns unserer selbst in einem umfassenderen Ausmaß bewußt zu werden, sind die gleichen inneren Qualitäten nötig, die wir bei dem Streben nach beruflichem Aufstieg einsetzen. Daher dient die Karriere oft dem unbewußten Versuch, dem Prozeß der Bewußtwerdung zu entgehen. Diese Verschiebung ähnelt dem, was ich bereits über das sechste Haus ausgeführt habe. Karriere zu machen ist eine Möglichkeit, saturnische Qualitäten ohne direkte Konsequenz für uns selbst zu leben. Die vorgefunden Möglichkeiten zum beruflichen Aufstieg sind somit wie eine Tür, durch die wir mit unserem Potential, uns unserer selbst und unserer Menschlichkeit bewußt zu werden, gehen. Eine vollzogene Karriere hat zum Ergebnis, daß wir über anderen stehen, daß wir einsam sind, daß wir uns in einem größeren Zusammenhang definieren, daß wir bevollmächtigt sind, respektiert werden, bestimmen können und so weiter...

Wenn wir beginnen, uns unserer selbst bewußt zu werden, wechseln wir ebenfalls die Ebene des Seins, wir werden einsam, da immer weniger Menschen uns ähnlich sind, wir beginnen, uns in einem größeren Zusammenhang zu sehen, wir erkennen, daß wir selbst für uns verantwortlich und über uns bevollmächtigt sind, wir zollen uns Respekt und werden mit zunehmender persönlicher Integrität von anderen als eine natürliche Autorität respektiert, wir bestimmen im Rahmen unseres Menschseins über uns selbst und so weiter... Auf dem Weg dorthin begleiten uns die gleichen Qualitäten wie auf dem Karriereweg: Wir übernehmen Verantwortung für uns selbst, richten uns nicht mehr nach vorgegebenen Urteilen, sondern bewerten die Dinge nach eigenem Ermessen. Wir müssen belastbar sein, um die Aufgaben und Hindernisse auf unserem Weg bestehen zu können.

Die Ablösung von einer vergehenden Seinsebene bringt uns in eine Phase der Rechtfertigung, der Schuldgefühle und der Beweisnot. Viele empfinden uns als eine Zumutung, während wir lernen, uns anderen zuzumuten. Haben wir vorher aus Gehorsam Lasten getragen, delegieren wir nun aus einer inneren Kompetenz Lasten, die nicht zu uns gehören, an andere (zurück). Wo vorher Titel und Auszeichnungen das Mittel waren, um der Öffentlichkeit etwas Dauerhaftes und

Erarbeitetes von uns zu präsentieren, ist es im Zuge der Bewußtwerdung mehr die Struktur, die wir unserem Leben geben, mit der nach außen sichtbar wird, wer wir im Grunde sind.

b. Alles hat seinen Preis

Seltsamerweise (oder auch nicht) läßt unser beruflicher Ehrgeiz mit dem steten Streben nach einer weiteren Sprosse auf der Karriereleiter in dem Maße nach, in dem wir uns unserer selbst bewußt werden. Das ist ein Grund, warum wir zögern, unsere Energien auf unser Leben zu richten. Es ist einfacher, allgemein anerkannten Zielen zu dienen und seine Energien dorthin zu richten – es ist schwieriger zu sagen: Mein So-Sein ist ein Geschenk, das ich achten und dessen ich mich würdig erweisen will. Ein solches Verhalten hat in unserer Kultur keine Tradition, zudem werden damit automatisch Egoismus und mangelnder Gemeinschaftssinn assoziiert. Dieser Assoziation wohnt jedoch die Annahme inne, daß der Mensch, wenn man ihn einfach ließe, ein antisoziales Wesen sei. Jeder Mensch spürt jedoch in sich das tiefe Bedürfnis, für den anderen wertvoll zu sein.

Unser Gefühl dafür, ob unser Leben sinnvoll ist, hängt wesentlich davon ab, was wir der menschlichen Gemeinschaft hinzufügen können. Fügen wir ihr lediglich das hinzu, was uns eine vorgefertigte Bahn – also eine schematisierte berufliche Laufbahn – gestattet, geben wir ihr eigentlich weniger von uns, als wir könnten. Aus diesem Grunde erscheint vielen Menschen ihre berufliche Karriere irgendwann als sinnlos, denn sie kann ihr eigentliches soziales Bedürfnis nicht befriedigen. Die politischen und wirtschaftlichen Absichten, die sich auf dem Arbeitsmarkt ballen, können nie das Ausmaß unserer menschlichen Möglichkeiten erfassen. Zuviel von uns bleibt hier brachliegen, zuwenig inneres Potential kann sich erproben, um herauszufinden, was Gutes in ihm steckt.

Wie immer wir jedoch auf unserem beruflichen Weg vorgehen, wir kommen nicht umhin, einen Preis zu zahlen – und auch das ist ein Merkmal Saturns. Im Grunde ist das mit *Leistung* gemeint. Um unser Ziel zu erreichen, wird uns eine Anstrengung abverlangt, sei es auf dem Weg einer konventionellen beruflichen Karriere oder auf dem Weg zum Bewußtsein. Streben wir auf unbewußte Weise durch unsere Arbeit nach höheren Positionen, sind es unsere Ideale, mit denen wir Auszeichnungen bezahlen müssen. Wer aufsteigen will und in seinem beruflichen Gebiet eine Position mit Vollmacht anstrebt, hat in sich stets die Vorstellung davon, daß er oder sie es einmal besser machen will als die momentanen Machtbesitzer. Ehrgeiz ist somit auch gespeist von einer kritischen Haltung und einem inneren Bild, wie es denn besser wäre.

Der berufliche Weg nach oben ist jedoch ein Weg der Rituale und Bedingungen, denen man sich beugen muß, da man sonst nicht in den angestrebten Kreis eingelassen wird. Es sind ja stets die über uns, welche die Macht haben, uns zu befördern, und die Kernbedingung, die sie stellen, lautet: Werde so wie wir! Die Verhaltensrituale, ob sie nun durch Sitzungen, zu überwindende Sekretärinnen, durch Sprachstil, Abgrenzungen zum «niederen Fußvolk», Kleidung, Unerreichbarkeit, Auslegung der privaten Interessen oder anderes durchgeführt werden, «helfen» dabei. Besitzt man die Ausdauer und den Ehrgeiz, durch all diese Rituale hindurchzugehen und so Sprosse um Sprosse zu erklimmen, ist man am Ende tatsächlich so geworden – und die eigenen Vorstellungen, die einen einst angetrieben haben, sind nur noch ein Nachhall der Erinnerung. Der Aufstieg hat uns dergestalt verändert, daß wir *nicht mehr fähig sind*, im Sinne unserer nun fast vergessenen und gern verdrängten Ideale zu handeln. Wir haben erhalten, was wir wollten, und bezahlt, was wir mußten. Was hier von uns im wahrsten Sinne des Wortes auf der Strecke geblieben ist, beginnt oft mit dem Wort «eigentlich...»

Der Moment, in dem wir erkennen, daß Wachstum ohne Preis nicht funktioniert, kann einiges in unserem beruflichen Verhalten verändern. Der Kindheit zu entwachsen bedeutet auch, zu seiner eigenen Urteilskraft heranzuwachsen – und entsprechend zu handeln. Daher ist es ein Unterschied, ob wir bewußt unsere Ideale hintenanstellen oder opfern, um beruflich Karriere machen zu können, oder ob wir das unbewußt tun, um einem eigentlich in der Kindheit angesiedelten Bedürfnis nach Aufmerksamkeit und Anerkennung nachzukommen. Im zweiten Fall bezahlen wir nämlich, ohne es zu merken, und dann ist der Moment der Erkenntnis mitunter recht schmerzhaft. Was bedeutet es nun, in bezug auf die eigene Berufstätigkeit sich seiner selbst bewußt zu werden? Welchen Preis zahlen wir, wenn wir uns für diesen Weg entscheiden? Und – welchen Lohn erhalten wir dafür?

Unsere Gesellschaft ist stark strukturiert und durchorganisiert, auch wenn mittlerweile hier und da einiges ins Wanken kommt. Es steht im Großen und Ganzen fest, was gut ist und was nicht gut ist, es ist also relativ sicher abzuschätzen, welche Tätigkeit honoriert wird und welche nicht. Der Markt, der technische Fortschritt und die politischen Absichten bestimmen weitgehend, welche Leistungen «man» will. Das Problem einer hochentwickelten Zivilisation und Gesellschaft ist, daß in ihr für Individualität wenig Raum ist. Ein individueller Mensch stört die Verwaltung, er ist wie Sand im Getriebe des Uhrwerks.

Wir sind jedoch Individuen, es ist unser Seins-Zustand und das Ziel unserer Entwicklung. Natürliches Leben ist kreativ – die Natur erschafft keine Klone. Zudem sind wir Individuen, die in der Gemeinschaft mit anderen Individuen leben wollen. Die Geburtswehen des Wassermann-Zeitalters bringen dieses Thema mit aller Brisanz auf den Tisch, und logischerweise wird dadurch auch der Ruf nach Kreativität (Gegenzeichen Löwe!) in der Arbeitswelt laut. Je mehr wir uns unserer eigenen Fähigkeiten und Bedürfnisse bewußt werden, unserer persönlichen Art und unseres persönlichen Talentes, mit dem Leben umzugehen, um so mehr werden wir Originale. Um so schwieriger sind wir zu verwalten, und um so schwieriger wird es für uns, einen bereits bestehenden Platz in der Gesellschaft zu finden. Das ist der Preis, den wir zahlen: Normalität.

Der Lohn, den wir erhalten, ist das Heraustreten aus Schubladen, in denen wir gehockt haben. Das Bewußtsein unserer selbst führt zur Erkenntnis, daß keine bereits bestehende Schublade uns passen kann, es sei denn, wir trennen unsere Eigenschaften voneinander und ignorieren die Tatsache der seelischen Ganzheit, in der alles miteinander verwoben ist. Saturns Fähigkeit zur Dichte und Konzentration bewirkt, daß wir die verschiedenen Facetten unseres Seins aus den verschiedenen Schubladen der verschiedenen Schränke holen und beginnen, uns eine Form zu zimmern, die allen Inhalten unserer Seele gerecht wird. Der Weg von der Normalität zum Original ist ein Prozeß, in dem wir innerlich aufsteigen – durch Integrität, Konzentration und Ausdauer. Unser Selbstbewußtsein hängt zunehmend weniger von Dingen und äußeren Attributen ab, sondern erhält dadurch Stabilität, daß wir aufhören, uns zu verurteilen. Wenn wir uns mit unseren Möglichkeiten und Grenzen so nehmen, wie wir sind, einschließlich unseres Geschaffen-Seins, findet das kompensatorische Streben nach Macht über andere ein Ende. Erst in dem Moment werden wir wirklich frei, und zwar nicht frei *von* irgend etwas, sondern *frei zu uns selbst*. Die wichtigste Folge davon ist Handlungskraft, die Fähigkeit, zu gestalten und unserem Leben die Struktur zu geben, die uns paßt. Wir übernehmen Verantwortung für uns selbst und warten nicht länger darauf, bis sich die Umstände durch irgendein glückliches Schicksal so fügen mögen, daß wir zufrieden sind.

Bevor Uranus entdeckt wurde, herrschte Saturn über das Wassermann-Zeichen. Die Freiheit, die Saturn innewohnt, ist eine Freiheit, die entsteht, sobald man die Gegenwart als Konsequenz seines eigenen Verhaltens erkennt und diese Tatsache bejahend trägt. Solange wir das nicht tun, sind wir mit der Zuweisung von Schuld vollauf beschäftigt und finden keine Zeit und keinen inneren Raum, uns dem Wesentlichen zuzuwenden.

Ein weiteres Ergebnis dieses Prozesses ist schließlich eine Form von Autorität, die keiner Titel bedarf. Die im Kapitel über das sechste Haus beschriebenen Fähigkeiten der kritischen Analyse und Reinigung setzen wir ein, um uns von Bewertungen zu lösen, die eine verengende und erstarrende Wirkung auf uns haben. Zu eigenen Urteilen zu finden, die sich auf unser Wachstum konstruktiv auswirken, ist eine mühsame Feinarbeit, bei der wir unseren Verstand einsetzen müssen. Wir bestimmen dann jedoch zunehmend über uns selbst, wir entscheiden, ob wir uns Sachzwängen beugen wollen oder nicht. Bei allem, was wir beruflich tun, ist uns stets bewußt, daß es *unsere eigene Wahl und Entscheidung* ist, wie wir uns in gegebenen Situationen verhalten.

So gelangen wir zu unserer Würde als Mensch, denn indem wir zu eigener Autorität reifen, gelangen wir zu dem Bewußtsein der Ebenbürtigkeit mit jedem anderen Menschen. Wir lassen uns daher vor niemandes Wagen spannen und spannen auch niemanden vor unseren Wagen. Innerhalb der Grenzen unseres Menschseins sind wir selbst LenkerIn unseres Lebens, bestimmen wir selbst seine Bahn und ziehen eine Spur, die es vor uns nicht gegeben hat. Die Karriere, die wir auf diese Weise machen, ist eine menschliche und persönliche. Sie mag weniger groß scheinen als jene des konventionellen beruflichen Aufstieges, sie ersetzt jedoch Viel durch Fülle, Mehr durch Weisheit und Alles durch Glück.

c. Das dunkle Haus

Wie ich oben schon erwähnte, ist es vor allem der Zyklus Saturns, der auf schicksalhafte Weise über unser konkretes Leben in der irdischen Realität wacht. Saturn duldet nicht, daß wir schummeln, daß wir uns selbst etwas vormachen und glauben, Wachstum durch Pseudoaktivitäten ersetzen zu können. Deshalb sind seine Lektionen oftmals so hart und beschwerlich. Letztendlich will die Qualität Saturns in uns jedoch nichts anderes, als daß unser stoffliches Leben unserem feinstofflichen entspricht. Inhalt und Form sollen ein Ganzes sein, sich nicht widersprechen oder gar bekämpfen. Anders ausgedrückt: Unsere Seele will im Laufe der Lebenszeit ihre äußere Manifestation finden – sie will verwirklicht werden.

Hierbei geht es jedoch nicht um egozentrische Egoismen, um die häufig gefundene Begründung «Ich will mich selbst verwirklichen», mit der viele versuchen, sich vor der Tatsache zu drücken, daß sie durch Rechte, Pflichten und Verantwortung in die menschliche Gemeinschaft eingebunden sind. Eine Selbstverwirklichung, die überwiegend durch Opposition gegen andere gespeist wird, läßt uns nicht zur Integrität als soziales Wesen heranwachsen und geht auch an der seelischen Realität vorbei. Saturns Beschränkungen zielen daher auf zwei Dinge ab: Zum einen geht es dieser Energie um die Klärung und Bewußtwerdung unserer selbst, was oft nur durch eine Phase «gegen andere» und eine Phase der Einsamkeit stattfinden kann – zum anderen will Saturn jedoch, daß wir das, was wir tatsächlich leisten können, in die menschliche Gemeinschaft tragen. Aus diesem Grunde sind Saturn und die Energie des Zeichens Steinbock auch so prägend für das Thema Arbeit und Beruf. Stellen wir uns dem saturnischen Komplex in uns selbst, stellen wir nach oftmals langem und zähem Kampf fest, daß das, was wir schicksalhaft «sollen», nichts anderes ist als das, was wir wirklich wollen. Dieses Paradoxon der Determiniertheit zum eigenen Willen beschreibt auch der geflügelte Satz: «Wer sich unter das Gesetz stellt, ist frei».

Dort, wo wir Saturn im Horoskop finden, findet im Verlauf unseres Lebens eine rhythmische Bewegung statt, die von Abkehr und Zuwendung bestimmt ist. Diese Bewegung wird durch schicksalhafte Ereignisse provoziert, und der Ort dieser

Bewegung ist auf ebenso schicksalhafte Weise vorgegeben. Das Haus, in dem Saturn sich aufhält, nenne ich das dunkle Haus, denn durch die bei unserer Geburt vorgefundene Situation in diesem Lebensbereich bewegen wir uns hier erst einmal von uns weg. Dieser Bereich unserer selbst bleibt im dunklen verborgen, verschlossen hinter einer Vorstellung von Recht und Ordnung, die uns zwar eingeengt, der wir uns aber mit der Liebe eines Kindes gebeugt haben. Im Verlauf unseres Wachstums können wir jedoch zu einer Umkehr gelangen, weg von dem Vorgegebenen und hin zu uns, um schließlich im Bewußtsein unserer selbst der menschlichen Gemeinschaft unsere authentische Leistungsfähigkeit beizusteuern.

Dieser Lebensbereich ist die Triebkraft hinter unseren beruflichen Karrierebestrebungen, und die hier errungenen Erfolge und Mißerfolge treiben uns zur Bewußtwerdung an. Der früh erlebte Mangel im Bereich des dunklen Hauses bestimmt, worauf wir unseren Ehrgeiz richten, und das weist uns wiederum darauf hin, daß unserem Bewußtsein hier etwas Wichtiges von uns selbst fehlt. Wir fühlen uns hier auf unbewußte Weise fehlerhaft, versuchen, dieses durch ehrgeiziges Verhalten zu kompensieren, und müssen hier – wie auch immer – einen Preis zahlen. Die Stellung Saturns im Haus weist uns auf das hin, was eigentlich hinter unserem Streben steckt.

Steht Saturn im ersten Haus, war die ursprüngliche Abkehr der Verzicht auf unseren eigenen Willen. Es ist uns nicht mehr bewußt, im Gegenteil: Heute – als Erwachsener – glauben wir, daß wir uns von niemandem etwas sagen lassen und sind bei der Durchsetzung unseres Willens ausgesprochen zäh und kämpferisch. Dies ist jedoch bereits die kompensatorische Form, ein ehrgeiziges Streben, das uns aber gegenüber Autoritäten und offiziellen Stellen merkwürdig wirkungslos und schwach sein läßt – denn letztendlich wagen wir nichts. Wir können uns unseren eigenen Motiven, dem, was uns wirklich reizt, zunächst nur im Trotz und mit der Neigung zur Destruktivität zuwenden. Um das aus dem Dunkel zu erlösen, was wirklich unseren inneren Motor anspringen läßt, müssen wir es wagen, neu zu beginnen. Der Preis, den wir zahlen müssen, ist unser Aktionismus, der Lohn ist echter Mut.

Steht Saturn im zweiten Haus, war die ursprüngliche Abkehr der Verzicht auf unsere Sinnlichkeit. Heute kompensieren wir dies möglicherweise durch eine ausgeklügelte Erotik, durch das Streben nach Besitz oder das Sammeln von Dingen, die andere geschaffen haben. Wir glauben, daß wir ein gutes Urteilsvermögen haben und daß wir wissen, was man haben sollte. Unseren ursprünglichen Besitz – nämlich unseren Körper mit seinem Geschlecht und seinem Wahrnehmungssensorium – haben wir jedoch im dunklen vergessen. Nur er kann uns jedoch das schmerzlich vermißte Gefühl von Wert und Sicherheit geben, das wir versuchen, durch Statussymbole zu erhalten. Die Zuwendung zur Basis unseres Seins mag zunächst nur durch eine Abkehr vom anderen Geschlecht möglich sein. Der Preis, den wir zahlen müssen, ist unser Stil, der Lohn ist ein eigener, sicherer Standpunkt.

Steht Saturn im dritten Haus, war die ursprüngliche Abkehr der Verzicht auf unsere Intelligenz. Wir haben uns von unserer Art, die uns umgebende Welt wahrzunehmen und zu erforschen, abgewendet. Heute halten wir uns jedoch meist für schlauer, wir glauben, andere belehren zu können und ihre Beurteilungen geraderücken zu müssen. Wir streben nach offiziell bescheinigtem Wissen, nach Dokumenten unserer Klugheit. Die Bahnen, in denen wir selbst denken, lernen und erkennen können, sind unter zahlreichen Denkschulen begraben. Die Zuwendung zu unseren geistigen Fähigkeiten gelingt zunächst in der Abkehr von Schulen. Das erfordert die Bereitschaft, sich mittels der eigenen Wahrnehmung einen Weg durchs Dickicht zu bahnen und möglicherweise auch viele Wege zu gehen. Der Preis, den wir zahlen müssen, ist die führende Rede, der Lohn ist unser Verstand.

Steht Saturn im vierten Haus, war die ursprüngliche Abkehr der Verzicht auf unsere Bedürfnisse. Wir haben uns von dem, was wir selbst benötigen, abgewendet, leben aber heute in dem Glauben, daß wir generell wissen, was gut für das Wachsen ist. Die Negation unserer Seele mit ihrer Weichheit, Launenhaftigkeit und Empfänglichkeit macht uns dabei zu belastbaren und harten Arbeitstieren. Wir versuchen ehrgeizig, uns ein Heim zu erarbeiten, und fühlen uns doch nie Zuhause. Da unsere echten Bedürfnisse im Dunkel unserer Seele ihr karges Dasein fristen, ohne von uns ernst genommen zu werden, haben wir eigentlich kein Gefühl dafür, wer wir sind. Die Zuwendung zu uns selbst mag mitunter nur durch einen längeren Rückzug von der Außenwelt und den Verzicht auf Definitionen unserer selbst gelingen. Der Preis, den wir zahlen müssen, ist unsere scheinbare Ungerührtheit, der Lohn ist ein klarer und verläßlicher Instinkt.

Steht Saturn im fünften Haus, war die ursprüngliche Abkehr der Verzicht auf unsere Produktivität. Heute wollen wir stur nach eigener Manier handeln und nicht von dem abweichen, was wir für richtig halten. Im Grunde wagen wir es aber nicht, neue Verhaltensweisen auszuprobieren und im Umgang mit dem Leben zu spielen. Wir kompensieren den Mangel an Lebenslust, die aus schöpferischen Handlungen entsteht, dadurch, daß wir anderen ihre Handlungsweise vorschreiben, denn wir glauben daran, daß Lebensäußerungen generell richtig oder falsch sein können. Die Zuwendung zu unserer eigenen Gestaltungsfähigkeit und Selbständigkeit gelingt durch die Abkehr von einer Bühne, auf der uns die Allgemeinheit Respekt zollt. Durch Versuch und Irrtum können wir Licht in das Dunkel unserer Absichten bringen. Der Preis, den wir zahlen müssen, ist der Applaus anderer, der Lohn ist bewußte Freude am eigenen Leben.

Steht Saturn im sechsten Haus, war die ursprüngliche Abkehr der Verzicht auf unsere seelische Realität. Wir sind heute zu einer ausgesprochen kritischen Person geworden, die glaubt, innerlich klar zu sein und genau zu wissen, was sie mag und was nicht. Fühlen wir uns unwohl, sind wir davon überzeugt, daß irgendein Detail, das nicht unseren Wünschen entspricht, daran schuld ist. Wir kompensieren durch extremen beruflichen Fleiß die Tatsache, daß vom Ausdruck unserer Seele bisher nur wenig Zugang in unseren Alltag gefunden hat – wenn wir sie überhaupt wahrnehmen. Durch unsere Dienstbarkeit fühlen wir uns richtig und rein, im Dunkel unserer Seele schmort und gärt jedoch womöglich all das, was wir verabscheuen. Die Zuwendung zu uns selbst gelingt durch die zeitweilige Abwendung von dem, was wir für alltäglich halten. Der Preis, den wir zahlen müssen, ist Perfektion, der Lohn Fruchtbarkeit.

Steht Saturn im siebten Haus, war die ursprüngliche Abkehr der Verzicht auf Beziehung. Vermutlich benehmen wir uns heute wie ein interessierter und kontaktfähiger Mensch, jedoch kompensieren wir damit die stete Angst, durch unser Gegenüber gerichtet zu werden. Innerlich sind wir in jeder Begegnung zurückgezogen und halten Beziehungen durch Regeln, Verträge oder festgelegte Muster aufrecht. Begegnungen müssen für uns hierarchisch sein, damit wir uns überhaupt nähern, selbst wenn wir unsere Partner anschließend bekämpfen bzw. umschmeicheln. Die Außenwelt bleibt so für uns nur ein abweisendes Bild, und unsere Liebe kreist in uns und findet keinen Ausgang. Wenn wir uns vom Anspruch auf einen starken Partner abwenden können, finden wir im Dunkel unserer Seele zu dem, was wir selbst dem anderen geben wollen. Der Preis, den wir zahlen müssen, ist unser konstruierter Charme, der Lohn ist, fließende Verbindung zu erleben.

Steht Saturn im achten Haus, war die ursprüngliche Abkehr der Verzicht auf Bindung. Wir haben von unserem Bedürfnis, dazuzugehören, unbewußt Abstand genommen und sind in die Rolle geschlüpft, die für uns bereitlag und die uns Einfluß versprach. Heute glauben wir, daß wir zuverlässige und treue Partner sind und ohne feste Eingebundenheit nicht leben können. Unser eigentliches Wesen liegt jedoch unter einem Wust von fremden Vorstellungen begraben, und unsere Seele haben wir noch niemandem offenbart – möglicherweise noch nicht einmal uns selbst. Wir kompensieren unsere Haltlosigkeit durch Treue und Fixiertheit, und es mag uns erst in der Abkehr von allen Leidenschaften gelingen, zu unserem eigenen Weg zu finden. Das Bild, das wir von uns selbst haben, will dabei sterben, damit unsere Seele leben kann. Der Preis, den wir zahlen müssen, ist unser Gefühl von Macht, der Lohn ist Unerschrockenheit.

Steht Saturn im neunten Haus, war die ursprüngliche Abkehr der Verzicht auf eine eigene Weltanschauung. Wir haben uns unbewußt dem gefügt, was uns als sinnvoll vorgestellt wurde, ohne es tatsächlich zu glauben. Als Erwachsene fühlen wir uns nun befähigt, anderen auf den rechten Weg zu helfen, womit wir den Weg meinen, den wir selbst gehen mußten. Wir neigen zur Intoleranz, ohne es zu merken, denn wir sind geistig nie einen anderen Weg gegangen als den, der uns beigebracht wurde. Die Zuwendung zu unserem persönlichen Empfinden von Sinnhaftigkeit kann einem Zusammenbruch unseres Weltbildes gleichkommen, möglicherweise blockieren wir auch jegliche Einsicht, um nicht unserem Pessimismus und unserer Weltverneinung ins Auge sehen zu müssen. Der Preis, den wir zahlen müssen, ist das Gefühl von Triumph, der Lohn das Bewußtsein unserer Möglichkeiten, die größer sind, als wir glauben.

Steht Saturn im zehnten Haus, war die ursprüngliche Abkehr der Verzicht auf Integrität. Wir haben davon abgesehen, uns wahrhaft zu behaupten, da wir die Ablehnung durch die Autoritäten unserer Kindheit fürchteten. Als Erwachsene glauben wir uns nun stets im Recht und streben nach offiziell anerkannten Bezeichnungen und Positionen, die uns Befugnisse geben und bescheinigen, daß wir in Ordnung sind. Wir neigen dazu, durch die Beherrschung anderer die Tatsache zu kompensieren, daß wir unserer Aufrichtigkeit entfremdet sind. Wir opfern unsere Verantwortung für uns selbst dem «Richtig-sein-Wollen» und rechtfertigen damit unbewußt unser richtendes Verhalten gegenüber anderen. Die Zuwendung zur leisen Stimme unseres Gewissens mag uns erst durch die Erfahrung von Enge, Dunkelheit oder Krankheit gelingen. Der Preis, den wir zahlen müssen, ist unsere sogenannte Rechtschaffenheit, der Lohn ist unser Wesen.

Steht Saturn im elften Haus, war die ursprüngliche Abkehr der Verzicht auf Freundschaften. Wir haben unsere Neigung zu jenen, mit denen wir uns geistig verbunden fühlen, verborgen, um uns Gruppen anzuschließen, die größere Anerkennung genießen. Hier fühlen wir uns jedoch einsam und nicht ebenbürtig, und wir versuchen, diese Gefühle durch das Erlangen von Führungspositionen oder Sonderrechten zu kompensieren. Andere sollen unsere Originalität bestätigen, indem sie sich uns fügen. Wir selbst vermissen jedoch schmerzlich das Gefühl, ein freier und unverwechselbarer Mensch zu sein, denn wir unterwerfen unsere Ideen dem beschneidenden Raster der Gruppenmeinung. Die Zuwendung zu einem Geist der Gleichberechtigung aller Menschen kann eine befreiende Wirkung auf unser Leben haben. Der Preis, den wir zahlen müssen, ist unsere Besonderheit, der Lohn ist echte Gemeinschaft.

Steht Saturn im zwölften Haus, war die ursprüngliche Abkehr der Verzicht auf unsere Intuition. Unsere Form der Wahrnehmung, die durch Ahnungen und unbegründbares Wissen durch uns sprach, war zu bedrohlich, als daß wir sie hätten ernst nehmen können. Heute halten wir uns vielleicht für absolute Realisten und kompensieren das Verschwinden unserer Träume dadurch, daß wir anderen ihre Gefühl- und Phantasielosigkeit vorwerfen oder ihnen ihre Verirrungen austreiben. Wir erkennen möglicherweise gut die Verlogenheit anderer, haben jedoch Mühe, die Illusionen zu erkennen, denen wir selbst erliegen. Die Zuwendung zu unseren Ängsten kann uns eine Wahrheit über uns selbst bewußt werden lassen, die uns – obwohl sie uns an den gesellschaftlichen Rand drängen mag – Halt und innere Stärke vermittelt. Der Preis, den wir zahlen müssen, ist der Schutz der Undurchsichtigkeit, der Lohn ist Vertrauen in die irdische Existenz.

d. Aufstieg

Das Streben nach beruflicher Karriere ist etwas so Selbstverständliches, daß jemand auffällt, der oder die keine Karriere anstrebt. Wir alle werden mit den Wünschen unserer Eltern ins Leben geschickt, daß wir es einmal besser haben sollen als sie, ob sie es nun konkret äußern oder nicht. In der Regel verstehen Eltern unter «besser», daß ihre Kinder nicht das entbehren müssen, was sie selbst entbehren mußten. Es besser haben wird mit beruflichem Aufstieg gleichgesetzt, mit dem «Mehr» an materiellen Dingen. Gerade die Mangelerfahrungen durch die Kriege in diesem Jahrhundert haben das Streben auf «irdische Güter» fixiert, und kaum noch jemand kann sich vorstellen, daß die uns innewohnende Kraft, nach oben zu streben, auch noch einen anderen Sinn haben kann.

Wachstum vollzieht sich von innen nach außen und von unten nach oben, vom Weichen zum Festen und vom Kleinen zum Großen. Das Erstgenannte ist stets Gegenwart, das andere Möglichkeit. Im dynamischen Verlauf des Lebens wird aus der Möglichkeit Forderung, denn was sich nicht entwickelt, ist zu Ende. Solange wir leben, unterliegen wir dem Gesetz der Entwicklung und sind somit stets mit Forderungen konfrontiert. Die eigentlichen und wahrhaftigsten Forderungen sind jedoch die aus unserem Innern, denn als lebende Menschen wollen wir das, was wir sollen – uns entwickeln und zu dem aufsteigen, was wir im Keim sind.

Wir bekommen jedoch keine Gebrauchsanweisung und Inhaltsangabe mit in die Wiege gelegt und erhalten auch später kein Rezeptbuch über unser Sein[5]. Im Grunde lernen wir uns im Laufe unseres Lebens selbst erst kennen, und die Astrolo-

5 Aus diesem Grunde möchte ich hier auf das Buch verweisen, dem die jedem Kapitel vorangehenden Zitate entstammen: Mission Control und Zoev Jho: «E.T. 101, Die kosmische Bedienungsanleitung zur planetaren Evolution – Vereinfachte Notausgabe der Erde», erschienen bei Zweitausendeins, Frankfurt. Ein amüsantes, bissiges und kluges Buch für alle, die sich auf diesem Planeten manchmal wie Außerirdische fühlen und ziemlich verwirrt sind...

gie ist hier letztendlich auch nur ein beschränktes Mittel zur Erkenntnis der Realität unserer Seele. So wirken die Kräfte der Verengung und Verneinung unserer selbst als ein Mittel, *Mangel zu spüren*. Erst wenn wir spüren, daß uns etwas fehlt, wird uns bewußt, wer wir sind. Wohlgefühl ist zunächst stets unbewußt, kaum jemand kann sagen, warum er oder sie sich gut fühlt – denn dieser Zustand bedarf keiner Erklärung. Das Fehlende befähigt uns zur Definition unserer selbst und somit zur Zielsetzung und zum neuerlichen Anstreben des verlorenen Wohlgefühls. Auf diese Weise wird Wohlgefühl bewußt, d.h., unsere Identität wird klarer und unser Leben entsprechend strukturierter, so daß Inhalt und Form sich mehr und mehr entsprechen. So erklärt sich auch die Assoziation der saturnischen Kräfte mit dem Geist, der «stets das Böse will und stets das Gute schafft». Die Fähigkeit, zu streben, ist dem für uns Guten zugewendet.

In diesem Sinne bedeutet Aufstieg, daß wir uns unserer Beschaffenheit bewußt werden. Da dieses nur über das Element der Negation funktioniert, ist auch Bewußtwerdung anstrengend, wir benötigen Ausdauer, die Fähigkeit, uns dem Schicksal zu fügen, und die Bereitschaft, für das Erlangen von Wohlgefühl die Verantwortung zu übernehmen. Natürlich werden wir auf diesem Weg einsamer, denn er führt uns zu unserer Individualität, zu unserem ganz persönlichen Gipfel, auf den kein anderer mitkommen kann, *weil niemand so ist wie wir*. Unsere innere Stimme veranlaßt uns, unser Leben so zu gestalten, daß wir uns darin wohl fühlen. Je mehr wir dafür die Verantwortung übernehmen, um so mehr gelangen wir aus einer untergeordneten Position in eine aufgerichtete. Wir werden weniger formbar und lernen, zu uns selbst zu stehen. Gerade in der Auseinandersetzung mit hierarchischen Beziehungen, wie sie im Berufsleben üblich sind, wachsen wir dadurch zu unserer tatsächlichen Größe – die weniger mit Belobigungen und Auszeichnungen zu tun hat, sondern mehr mit der bewußten Integration der vielen Facetten unseres Seins.

Wenn berufliche Karriere mit dem Prozeß der Bewußtwerdung einhergeht, steigen wir auch innerlich auf. Der Mangel an höheren Positionen – also die Aussicht auf einen einzigartigen Platz – wirkt dann nicht mehr als unbewußter Zündfunken für unsere Karrierebestrebungen. Wir umschiffen so die Falle der Sucht nach Anerkennung und halten dort inne, wo uns die Puste ausgeht – um so weiterzuschreiten, wie wir es als richtig empfinden. Die strebende Kraft in uns ist auf unseren persönlichen Gipfel gerichtet, und es obliegt unserer Verantwortung, ob wir uns dessen bewußt werden oder nicht. Und ob wir lernen, falsche Gipfel vom eigentlichen zu unterscheiden – klar, wach und unbestechlich.

3. Beruf und Berufung

Wohl in jedem Menschen besteht die eingestandene oder uneingestandene Sehnsucht nach seiner wahren Berufung, und wenn man einmal genau nachfragt, was das denn eigentlich sei, fällt es vielen schwer, eine Antwort zu finden. Die Vorstellung von der eigenen Berufung beziehungsweise von Berufung an sich ist durchsetzt mit Bildern aus romantischen Filmen, von Kindersehnsüchten, vom Glauben an einen Gott, der uns aus dem Himmel rufen muß, um uns zu sagen, was wir seiner Ansicht nach tun sollten, und noch von vielem mehr. Besonders ausgeprägt ist die Vorstellung, daß nur jene berufen sind, denen ein herausragendes Talent in die Wiege gelegt wurde, wie man es am ehesten in den Biographien von Künstlern und anderen Prominenten findet. Und dann gibt es da noch das biblische Wort, das von den vielen Berufenen und den wenigen Auserwählten spricht. Faßt man die vielen Vorstellungen zusammen, verstehen die meisten unter Berufung das Vorhandensein eines besonderen Talentes und die Bestimmung von außen, diesem Talent in seiner Arbeit zu dienen.

Diese Vorstellung ist jedoch auch ein Ergebnis unserer patriarchalischen Geschichte, denn sie baut auf Einseitigkeit und Trennung. Die Konzentration auf eines, das dann den Durchbruch schafft, hat seinen Ursprung im männlich geprägten Denken und schließt die weibliche Seite der Wirklichkeit aus. Das ist nicht zuletzt ein Grund, warum so viele sogenannte Berufene ein letztendlich unglückliches Leben führen, denn ihre Entwicklung als Mensch verläuft auf diese Weise ungleichgewichtig. Bei dieser Vorstellung von Berufung bleiben auch alle Generalisten auf der Strecke, also all jene, deren Talente sich in der Vielseitigkeit beweisen. Allem voran sind hier die Frauen zu finden, die aufgrund der Rollenzuschreibungen zwangsläufig Vielseitigkeit entwickeln mußten – denn ohne diese Eigenschaft ist ein klassisches Frauenleben nicht zu bewältigen. Aber auch all jene, die ihren Gefühlen ein Mitspracherecht bei der Gestaltung ihres Lebens einräumen, verzichten oft auf den Glauben an ihre Berufung, da sie die Vielfalt des Lebens als Tatsache spüren und diese dem, was sie sich als Berufung vorstellen, nicht opfern wollen und können.

a. Sehnsucht, Drama und Opfer

Mit Berufung wird oft gleichgesetzt, daß ein herausragendes Talent früher oder später mit Auszeichnungen bedacht wird oder zumindest im gesellschaftlichen Ganzen auffällt. Und so machen sich viele, wenn sie sich auf die Suche nach ihrer Berufung machen, auf die Suche nach etwas ganz Besonderem, nach etwas, was nur sie können, nach einem ganz speziellen Talent, das es zu entdecken, zu entwickeln und zu fördern gilt. Fährt man einmal auf dieser Schiene, ist man auch irgendwann bereit zu opfern. Im Geiste von Berufung = Eines wird die Einseitigkeit erzwungen, indem man alles andere unterläßt oder unterdrückt. Stellt sich der erhoffte Erfolg nicht ein, reagiert man durch noch größere Einseitigkeit, unterläßt noch mehr, investiert noch mehr in die eine Sache, weil man eben noch nicht gut genug ist – oder dem Schicksal, Gott oder anderen Kräften noch nicht ausreichend bewiesen hat, daß man bereit ist, berufen zu werden. Auf diese Weise sollen Berufung und Erfolg erzwungen werden, es ist ein unbewußter Handel mit höheren Mächten, der sich aus dem magischen Denken des Kindes in uns speist: «Ich gebe alles andere auf... nun *muß* es doch endlich etwas werden!»

Häufig wirkt hinter einem solchen Verhalten das Bild eines Idols, und wir glauben, daß wir auf demselben Weg wie unser Idol zum Erfolg kommen können. Und häufig ist unser Idol schon tot, was zu seinem Idol-Status nicht unwesentlich beigetragen hat. Je fanatischer jemand seine Berufung sucht, um so näher rückt er seinem eigenen Tod – sei es nun der wirtschaftliche, geistige oder reale Tod. Es liegt nicht zuletzt an unserer eigenen Fixierung auf veröffentlichte Informationen, daß wir mit Berufung stets das Herausragende und Dramatische assoziieren. Denn «viele sind berufen» und gehen dieser Berufung in einem gewöhnlichen Leben und in aller Stille nach, und «wenige (von diesen) sind auserwählt», daß sich das Licht des allgemeinen Interesses zufällig auf sie richtet. Die im Dunklen sieht man nicht...

Völlig unhinterfragt ist der Glaube, daß Berufung etwas mit Arbeit und Beruf zu tun haben muß, daß also unser «Job» solange nicht gut, richtig und wahrhaftig ist, solange er nicht mit unserer Berufung deckungsgleich ist. Dieser Glaube schmälert jedoch die Größe von Berufung, und er bläht die Wichtigkeit unseres Berufes und unserer Arbeit unverhältnismäßig auf. Auch das ist ein Ergebnis patriarchalischen Denkens, in dem nur das als wichtig erscheint, was in das Licht des öffentlichen Lebens tritt und als Arbeitsleistung der Gesellschaft gegeben wird. Unter diesem Denken leiden heute sowohl Männer als auch Frauen, denn die explizite Entwicklung einer Eigenschaft, also die Spezialisierung unter Verzicht auf den Rest (Jungfrau-Fische) hat mit Beginn des Wassermann-Zeitalters ein Ende gefunden. Wie können wir nun unterscheiden, was mit den beiden Begriffen «Beruf» und «Berufung» gemeint ist? Welche unterschiedlichen Lebens- und Erfahrensbereiche werden hiervon angesprochen?

Das, was ich als zum Beruf gehörig verstehe, habe ich weitestgehend mit der Erläuterung des sechsten Hauses und dem Beschreiben der Achse der Veränderung dargestellt. Es ist unser Alltag, das, mit dem wir unsere Brötchen verdienen, und die Verhaltens- und Vorgehensweise, die uns zu einem friedlichen und beziehungsreichen Leben befähigt. Auch hier finden wir Abstufungen vom verzichtenden Dienst zur erfolgreichen Arbeit und zum Gestalten unseres Werkes. Auf welcher Stufe – die übrigens keine Qualitätsaussage ist – wir uns auch bewegen, allen gemein ist die Tatsache, daß wir uns hier an der Schnittstelle zum sozialen Bewußtsein befinden. Im Beruf geht es um das Hinfinden zum anderen, um geben und nehmen, um den Schritt vom Ich zum Du. Und es geht um konkrete und alltägliche Prozesse, die klein sind und in denen wir mehr und mehr Routine gewinnen. Es geht hier um das Erlangen von weitestmöglicher Kontrolle über unser Leben und um die Fähigkeit, uns mittels unserer Arbeitsfähigkeit selbst zu erhalten – sowohl durch das Erwirtschaften von Geld als durch das Erlangen der Fähigkeit, Beziehungen zu knüpfen.

Das klingt alles sehr pragmatisch – und das ist es auch! Blicken wir noch einmal auf die obigen Schilderungen des möglichen Dramas bei der Suche nach Berufung zurück, wird ersichtlich, daß die Bewältigung der Themen des sechsten Hauses *Vorbedingung* ist, um sich der eigenen Berufung stellen zu können. Alles andere gleitet schnell in dramatisches, zwanghaftes und letztendlich selbstschädigendes Verhalten ab, indem es versucht, den Aufstieg durch Untergang zu erzwingen. Dies ist im Grunde ein Versuch, das Schicksal zu bestechen, ihm den Ort und die Art und Weise der Berufung vorzuschreiben – jedoch ist das, was wir uns als unsere Berufung vorstellen oder ersehnen, selten das, was das Schicksal (oder auch unsere verborgene innere Ganzheit) tatsächlich beabsichtigt. Um den Anforderungen der Berufung begegnen zu können, müssen wir, soweit es unsere eigenen Kräfte zugelassen haben, im Alltag verankert sein. Wir müssen in der kleinen, menschlichen Realität bestehen können, um das Große, Schicksalhafte nicht zu fürchten und um nicht zu versuchen, ihm mittels Drama zu entfliehen.

b. Spurensuche

Nehmen wir einmal von der Idee der isolierten und einzigartigen Begabung Abstand und auch davon, daß Berufung etwas mit unserer Arbeit zu tun haben *muß*. In der Astrologie wird mit Berufung gemeinhin das zehnte Haus assoziiert, dessen Spitze als Medium Coeli den höchsten Punkt in unserem Horoskop darstellt. Dieses Haus hat Zielcharakter, das Erreichen des zehnten Hauses ist weniger etwas, das wir machen können, sondern mehr etwas, das uns durch die Ereignisse unseres Lebens geschieht. Wir können sein Thema als *Absicht* hinter allen Prozessen und Anforderungen verstehen, die uns saturnische Ereignisse aufzubürden scheinen. Die Qualität des betreffenden Zeichens durchzieht unser gesamtes Leben, sie ist quasi Kernthema aller Schicksalsschläge und aller ernsthaften Ereignisse. Wir sind berufen, diese Fähigkeit, Energie oder Qualität zu entwickeln, denn sie ist es, die uns auf dem Weg zu uns selbst weiterhilft.

Berufung ist somit ein Weg, den wir gehen müssen, ob wir wollen oder nicht. Im zehnten Haus zeigt sich das Wesentliche, das, worum es bei unserem Fortschreiten geht. Man könnte auch sagen, daß uns bestimmte Ereignisse oder Anforderungen deshalb als schwer und schicksalhaft erscheinen, weil wir durch sie zum Einsatz von Fähigkeiten gezwungen werden, die wir – noch – nicht beherrschen, die uns nicht bewußt sind oder die wir abgewertet haben. Auch hier besteht die Dynamik durch die saturnische Vorgehensweise des Mangels – Situationen erscheinen uns ernst oder schicksalhaft, weil in ihnen offenbar wird, daß wir das, was helfen würde, nicht beherrschen.

Aus diesem Grunde sind wir in bezug auf die Themen des zehnten Hauses auch zunächst sehr schnell bereit, vorgefertigte Raster zu übernehmen, d.h., es bezüglich dieser Energie so zu machen, wie «man» es macht. Durch Gehorsam wird das Defizit zunächst behoben – im Laufe unserer Entwicklung zum erwachsenen und bewußten Menschen machen wir hier jedoch immer wieder die Erfahrung, daß uns Gehorsam und Unterordnung nicht mehr weiterhelfen. Am auffälligsten wird diese Erfahrung meist in unserer Arbeit, besonders dann, wenn wir vorwärts kommen wollen. Und auch hier weist übertriebener und besessener Ehrgeiz eher darauf hin, daß wir das Thema des zehnten Hauses nicht lernen wollen, sondern lieber stur gegen eine verschlossene Tür anrennen, obwohl doch gleich daneben eine andere offensteht. Dieses sture Anrennen hat einen Grund, denn gingen wir durch die offenstehende Tür, würden wir erkennen, daß unsere Arbeit lediglich ein Teil des Ganzen ist – und daß wir auf eine bestimmte Weise zur Menschlichkeit berufen werden. Diese Erkenntnis relativiert das gesamte Thema Beruf und nimmt uns die Möglichkeit, uns im allgemeinen gesellschaftlichen Konkurrenzkampf so wie bisher zu profilieren – in dem Glauben, daß wir auf diese Weise wirklich wachsen können.

Wenn wir einmal von der verschlossenen Tür absehen und es wagen, durch die offene zu schauen, wird das, was wir in unserer Arbeit tun, plötzlich in einem anderen Licht gesehen. Unsere Berufstätigkeit erfährt den Wechsel auf eine andere Ebene oder in einen anderen, größeren Zusammenhang. Es ist einleuchtend, daß wir dadurch den Ringelreihen um gesellschaftliche Anerkennung nicht mehr so mittanzen wollen und können. Berufung ist damit ein Thema, dem wir mit Sehnsucht und Angst gegenübertreten. Da sie uns zu unserem Menschsein im größeren Zusammenhang führt, ist es unsere natürliche Sehnsucht, ihr zu folgen. Da uns die Erkenntnis unserer Berufung jedoch dazu führt, kompensatorisches Verhalten zurückzunehmen, haben wir Angst, denn wir verlieren auch etwas – nämlich unsere Größe und Wichtigkeit auf der Ebene, die wir verlassen müssen.

Machen wir uns die Qualität des zehnten Hauses bewußt, bewirkt sie eine Veränderung in uns, die nicht mehr unserer persönlichen Kontrolle unterliegt. Es ist, als ob ein Stein ins Rollen kommt, und wir können ihm seinen Weg nicht mehr vorschreiben. In diesem Sinne bedeutet Berufung auch, daß wir uns als Menschen begreifen, die der Wirkung von ordnenden geistigen Kräften *unterliegen*. In der Regel kompensieren wir die Qualität des zehnten Hauses, sie dient uns als Mittel, um uns als überlegen darzustellen – vielleicht aus der Ahnung, daß wir gerade hier unserer menschlichen Bestimmtheit begegnen werden.

Wenn also Berufung nicht ein Projekt, ein Talent oder einen Beruf meint, was ist dann damit gemeint? Es geht um ein Prinzip, das sich analog oder senkrecht oder qualitativ durch unser gesamtes Erleben zieht. Das Eine, nachdem unter der üblichen Vorstellung von Berufung als besonderem Talent gesucht wird, zeigt sich als *ein* bestimmtes Prinzip, dem wir in der Fülle und Vielseitigkeit unseres Lebens stets begegnen. Jede Situation erfordert an ihrem schwierigen Punkt genau dieses Prinzip von uns – denn hierzu sind wir berufen. Natürlich werden wir im Verlauf unseres Lebens auf diesem Gebiet immer besser, schon deswegen, weil dieses Thema das Wesentliche ist, mit dem wir uns in allem Erleben stets auseinandersetzen. Daher werden wir früher oder später hier auch wahrhaft kompetent.

Es ist jedoch eine Kompetenz, die durch erlebte Erfahrung errungen wird und die nicht durch Titel oder Positionen verliehen werden kann. Die Konzentration auf dieses Prinzip wird uns vom Schicksal vorgegeben, und seine Sendungen müssen weder dramatisch noch auffällig noch großartig sein.

Hören wir hin, hat das die Wirkung, daß wir still werden, uns in uns sammeln und eine merkwürdige Klarheit erlangen. Diese Klarheit führt uns auf Distanz zum Bisherigen, sie bringt uns jedoch auf der Ebene der Menschlichkeit allem auf eine veränderte Weise wieder näher.

c. Vom Himmel die Mitte

Wenn wir Berufung im obigen Sinne verstehen, erkennen wir auch, daß sie im Grunde unabhängig davon ist, welchem Beruf wir nachgehen. Natürlich wird sich auch unser Berufsleben verändern, je bewußter wir den Hinweisen des Schicksals folgen. Inwieweit wir ihnen jedoch folgen können, ist abhängig davon, wie wir unser alltägliches Leben bewältigen können. Viele Menschen entfernen sich mit dem Hinweis auf ihre Berufung von der irdischen Realität, sie suchen ihren persönlichen Himmel und glauben, daß sie ihn nur in Abgrenzung von der Erde finden können. Das zehnte Haus ist jedoch ein Erdhaus, es ist das dritte in der Folge 2 – 6 – 10 und spricht somit von der bewußten Hinwendung zum irdischen Dasein. Daraus leitet sich ab, daß nur gelebte Erfahrung uns zu echter Bewußtheit führen kann und daß uns nur das wahrhaft erfüllt, was wir auch sinnlich erfahren können. Zugleich sind es auch die durchstandenen Erfahrungen, die uns Autorität und Kompetenz verleihen.

Ein Mensch, der sich stets im Himmel des Denkens, Glaubens und Hoffens, der Verheißungen und Möglichkeiten aufhält, fasziniert vielleicht viele – wenn es jedoch darauf ankommt, eine kritische Situation zu bewältigen, verlassen wir uns lieber auf diejenigen, an dessen Früchten wir erkennen können, ob sie wissen, wovon sie reden – an deren Reife und Erfülltheit wir ablesen können, ob ihre Ansichten der Realität standgehalten haben. Es ist der *Beweis*, der uns echte Autorität verleiht, und unsere konkrete Erfahrung läßt uns höchstpersönlich zu einem Beweis werden. Das Prinzip des Medium

Coeli verhilft uns zur Sammlung und Bewußtwerdung, zu Integration und zu Integrität. Wir wachsen dieser inneren Höhe entgegen, indem wir durch die Erde, durch den Alltag und durch unsere Endlichkeit gehen – und nicht, indem wir davor fliehen.

Die nachfolgenden Anmerkungen zum Medium Coeli in den verschiedenen Zeichen sind nur skizzenhaft gedacht und ein Versuch, die Qualität der Zeichen durch wenige Worte zu verdichten, denn die Astrologie vermittelt über ihre Symbole im Grunde Unsagbares. In jedem Lebenszusammenhang ergeben sich andere Entsprechungen eines Prinzips, und es würde den Rahmen und die Absicht dieses Buches sprengen, wenn ich jedes Zeichen ausführlich erläutern würde. Es ist hilfreicher, die wenigen Worte auf sich wirken zu lassen und nach den Spuren dieser Qualität im eigenen Leben, in der eigenen Arbeit und im eigenen Ehrgeiz zu suchen. Und es ist sicherlich hilfreich, sich mit dem betreffenden Prinzip intensiver auseinanderzusetzen, wofür es in der astrologischen Literatur viele gute Bücher gibt. Auch das Mittel der Meditation über das entsprechende Symbol hat sich gut bewährt – wenn den daraus gewonnen Einsichten zur rechten Zeit entsprechende Handlungen folgen.

Wenn wir uns diesem Prinzip zunächst einmal ohne Absicht nähern, vor allem ohne die Absicht, uns aus unserer «falschen» Arbeit zu befreien, um unsere «wahre Bestimmung» zu finden, kann es sich uns klar und urteilsfrei offenbaren. Wie ein trockenes und hartes Samenkorn sich langsam durch Erde und Wasser zu einer Pflanze entwickelt, so kann vielleicht hier manches Wort, wenn es erspürt und seine Wirkung erprobt wird, zu einem Wegweiser werden. Wir sollten nicht vergessen, daß wir im zehnten Haus Kräften begegnen, die über uns wirken und deren Absicht wir nicht ermessen können. Ich kann keine Rezepte anbieten, wie mit dieser Energie umzugehen ist, meiner Erfahrung nach hat sich jedoch eine Haltung des Hinschauens, sich unter sein Schicksal stellen und tun, was als nächstes notwendig ist, bewährt. Jede Hektik ist eher schädlich, denn die Kräfte des zehnten Hauses entfalten ihre Wirkung im Verlauf der Zeit. In welcher Situation auch immer wir sind, ihre Stimme ruft uns hier zur Entwicklung auf. Wenn wir sie als stete Begleitung achten, ist unsere Berufung unabhängig von Äußerlichkeiten, sie sammelt vielmehr innerlich unsere Kräfte.

MC im Widder
• dem Nichts ein Ende setzen – sich entscheiden – beginnen • Mut beweisen – zumuten – durchbeißen • Erste/r sein – unbeirrt – vorwärtsdrängen • klares Motiv – konzentrierte Kraft

MC im Stier
• der Erde trauen – vertiefen – einfach sein • Grund – Grenze – Gewicht • Sammlung – Substanz – Schutz • rechter Boden – bewußtes Erden

MC in den Zwillingen
• Neutralität – vermitteln – ermöglichen • Worte finden – dichten – schweigen • bewegen – Zweck – formen • konzentrierte Vielfalt – nachdenken

MC im Krebs
• Berührung – reagieren – zur Ruhe kommen • Gezeiten – folgen – empfangen • behüten – lindern – nähren • klare Bedürfnisse – beleben

MC im Löwen
• offenbaren – Wärme – Herz • weitergeben – ruhen – eingreifen • wollen – gebären – anleiten • ernsthaftes Erschaffen – leben

MC in der Jungfrau
• betrachten – verändern – prüfen • Schritte – Ergebnis – Nutzen • beharrlich – sorgen – Vorausschau • reife Ernte – überblicken

MC in der Waage
• ausschauen – öffnen – gutmachen • gerecht – ungerecht – Liebe • Du – Wir – die Sache • klare Strategie – Abstraktion

MC im Skorpion
• verbinden – hergeben – Tiefe • Äußerstes – sterben – vereinen • machtlos – Demut – Kraft • Not – Wendung durch Wandlung

MC im Schützen
• suchen – glauben – sehen • erkennen – überschreiten – wachsen • Welt – Größe – Nichtwissen • mehr ist weniger ist mehr

MC im Steinbock
• Essenz – wenig – Dauer • Ende – Respekt – Halt • Humor – Zeit – Antwort • rechtes Tempo

MC im Wassermann
• Bruch – sofort – neu • Rhythmus – Denken – fest • springen – fliegen – landen • freiwillige Disziplin – konzentrierter Geist

MC in den Fischen
• Geheimnis – lassen – vertrauen • anders – unbekannt – ganz • Geschenk – ergeben – sein • klare Träume – Gnade

Kapitel III
Arbeit und Begegnung

«Die Versuchung, in der Dysfunktionalität zu verharren, ergibt sich aus der Tatsache, daß es eine so mühsame und langwierige Reise war, überhaupt erst an diesen Punkt zu gelangen; irgendwie erscheint es als unstatthafte Verschwendung, das alles einfach abzuwerfen. Wegen dieser vermeintlichen Verschwendung hängen Sie vielleicht an falschen Identitäten oder stecken in gegenseitigen Abhängigkeiten, die den Genesungsprozeß hinauszögern. Solche doppelbödigen Beziehungen – ob zu Ihnen selbst oder zu anderen – beruhen auf einer dysfunktionalen Komplizenschaft, die auf dem Nährboden einer unausgesprochenen Forderung gedeiht. Diese Forderung können wir am besten so formulieren: ‹Bitte störe mein Gefühl der Begrenztheit nicht. Das hier mag Auschwitz sein, aber es ist mein Zuhause.›»

(Mission Control und Zoev Jho, E.T. 101)

Natürlich spielen die Menschen, denen wir mittels unserer Arbeit begegnen, eine wichtige Rolle, wenn nicht sogar die Hauptrolle – denn ohne den anderen Menschen ist das, was wir beruflich tun, sinnlos und gar nicht zu denken. Die meisten Konflikte im Berufsleben entstehen jedoch auch gerade durch den Kontakt mit anderen, sei es, weil wir mit unseren Kollegen oder Chefs nicht zurechtkommen oder weil unsere beruflichen Leistungen den anderen nicht interessieren, seinen Ansprüchen nicht genügen oder er/sie etwas ganz anderes von uns will.

Im Berufsleben müssen wir lernen, auf eine andere und neue Weise mit Beziehungen umzugehen, denn die beruflichen Beziehungen sind zwar eng, aber nicht (oder selten) intim, sie sind wichtig und lebensbestimmend, aber nicht privat. Ebenso ist unsere Rolle oder Funktion im beruflichen Leben anders als im privaten Raum. Mit diesem anderen Klima einschließlich der Probleme und Prozesse, die damit einhergehen, befaßt sich der erste Abschnitt dieses Kapitels. Er beschreibt, wie viele Probleme mit den Menschen, die uns im Berufsleben begegnen, ihre Ursache im Rollenwechsel haben, im Wechsel von einem privaten in einen öffentlichen Raum. Hier schließe ich an die Betrachtung unserer familiären Ursprünge an und zeige Wege auf, wie wir mittels der beruflichen Begegnung in ein erweitertes System hineinwachsen können.

Im zweiten Abschnitt findet besondere Beachtung, was uns gerade der Mensch, dem wir im Beruf so scheinbar zufällig begegnen, über uns sagen kann. Unsere beruflichen Beziehungen sind nicht zufällig, sondern von den Kräften der Anziehung bestimmt. Weiterhin bestimmt die Brille, durch die wir die Welt betrachten, wesentlich darüber, wie wir die Menschen, die uns begegnen, erfahren. So finden wir im zweiten Abschnitt die Behandlung des Phänomens der Projektion und Wege, um sie zurückzunehmen und der in ihr verborgenen Kraft wieder selbst innezuwerden. Auf diese Weise erkennen wir Hintergründe der oft so willkürlich scheinenden Begegnungen und lernen, uns von destruktiven Beziehungen zu lösen und konstruktive Beziehungen für unseren beruflichen Weg sinnvoll zu leben.

Im letzten Abschnitt dieses Kapitels geht es um das liebe Geld. Hier sind jedoch keine Tips für die Gesprächsführung mit Ihrem Chef zu finden (wenn Sie mal eine Gehaltserhöhung wollen), sondern ich versuche, die seelische Verbindung zwischen Selbstwertgefühl, Begegnungsfähigkeit und materieller Sicherheit aufzuzeigen. Hier spielt die Energie der Venus als Repräsentantin des Stiers und der Waage eine große Rolle, und so geht es bei diesem Thema auch um unseren beruflichen Umgang mit dem, was wir lieben. Wir können hier erkennen, wie die Tatsache, daß wir beruflich mit anderen Menschen zusammenkommen, auf unsere innere Sicherheit Einfluß nimmt – und wie unsere innere Sicherheit darauf Einfluß nimmt, welchen Wert wir uns selbst zusprechen.

1. Funktionalität

Im Arbeitsleben stehen wir, was unsere Mitmenschen betrifft, vor einer fatalen Situation: Wir können uns unsere Kollegen nicht aussuchen und müssen trotzdem mit ihnen auskommen. Also müssen Fremde uns vertraut werden, wir müssen lernen, uns auf Fremde zu verlassen, uns gegen sie zu behaupten und von ihnen zu fordern. Obwohl uns der Zufall mit diesen Menschen zusammengeführt hat, die uns eigentlich gar nichts angehen, verbringen wir doch sehr viel Zeit mit ihnen. Und das geschieht nicht aus einem privaten Interesse, sondern aufgrund eines übergeordneten Interesses, nämlich der Aufgabe, die wir mittels unserer Arbeit zu erledigen haben.

Hinter jedem beruflichen Streß steht letztendlich ein Konflikt mit einer Person, sei es mit Gleichgestellten, Vorgesetzten oder Untergeordneten. Da unsere Arbeit stets einer Sache dient, können wir Konflikte nicht auf eine private Ebene bringen. Wo das geschieht, werden Konflikte nahezu unlösbar, denn dann wogen die Emotionen hoch und jedem Beteiligten gerät das übergeordnete Interesse aus dem Blick. Gerade das geschieht aber sehr häufig. Probleme mit Kollegen fußen selten auf der Arbeit selbst, und wenn sie das tun, dann lassen sie sich durch sachliche Gespräche oder zweckmäßige Veränderungen relativ schnell aus dem Weg räumen. Oft werden solche Veränderungen oder Gespräche jedoch vorgenommen, ohne daß sich an der konflikthaften Stimmung wirklich etwas ändert. Vielleicht spricht man nun nicht mehr darüber, da man ja keinen offensichtlichen Grund mehr hat, sich zu beklagen. An der Stimmung ändert das jedoch nichts – im Gegenteil: Die Luft wird nach einem sogenannten klärenden Gespräch häufig immer dicker. Woran liegt das?

a. Mittel zum Zweck

Arbeit ist Mittel zum Zweck, und zwar für sehr viele Dinge. Das Berufsleben ist eine erweiterte Arena für unseren Entwicklungsprozeß, zu dem auch gehört, daß wir in der Lage sind, unseren Lebensunterhalt selbst zu verdienen. Berufstätigkeit führt uns aber aus der privaten Sphäre hinaus, sie fordert uns auf, eine formelle und offizielle Seite zu entwickeln. Denen, die nun hier zusammenzucken, weil sie formelles und offizielles Verhalten belastend finden, möchte ich durch folgendes Beispiel zeigen, daß es sich hierbei eigentlich um ein ganz natürliches Prinzip handelt, welches wir alle bereits leben. Unser eigener Körper funktioniert wesentlich auf dieser Basis, hier gibt es beispielsweise eine Einteilung der Blutgefäße in vasa privata und vasa publica.

Die «privaten» Gefäße, wie zum Beispiel die Herzkranzgefäße, versorgen das Organ selbst, damit es funktionieren kann. 5–10% des Schlagvolumens werden allein für die Ernährung des Herzmuskels selbst benötigt. Der Rest des Schlagvolumens läuft durch die vasa publica, also durch das Herz selbst und durch die großen Venen und Arterien, die zum Herzen hin- und von ihm wegführen. Die Durchblutung der Herzkranzgefäße hängt von der Durchblutung des Herzens selbst ab – und umgekehrt. Eine Verringerung der Herzleistung mindert sowohl die eigene Durchblutung als auch die des restlichen Körpers. Hätte das Herz nun keine Lust mehr, sein ewiges Schlagen zum größten Teil für die Öffentlichkeit – also andere Belange des Körpers – weiterzuführen, würde es sich selbst schaden und von der Ernährung abschneiden. Auch bei anderen Organen findet sich diese Einteilung in Selbstversorgung und Funktion. Das Funktionieren des Ganzen hängt von der Funktion der Teile ab, die wiederum davon abhängt, daß das Ganze den Teilen auch etwas zur eigenen Verwendung abgibt. Wir sehen hieran, daß die Herzarbeit auch ein Mittel zu dem Zweck ist, sich selbst zu versorgen – und daß der Dienst für andere und für sich selbst auf der Ebene unseres Körpers ununterscheidbar ist.

Wie jede/r das für sich bewertet, hängt von der eigenen Sichtweise und vom eigenen Standpunkt ab. Unser Körper ist jedoch eine gewachsene und funktionierende Tatsache, und wir können von seiner Weisheit lernen. Die erschreckende Zahl (5–10% privat, der Rest öffentlich) ist nur dann erschreckend, wenn wir unsere Bedeutung als erwachsener Mensch für die menschliche Gemeinschaft nicht erkennen und den Abschied von der Kindheit nicht wagen. Hierzu gehört ganz wesentlich der Verstoß gegen das «Familiengewissen», wie ich bereits in Kapitel II/1 ausgeführt habe. Unser

Herz mit seinem Aufbau, seiner Funktionsweise und seiner zentralen Bedeutung für unser Leben kann uns vielleicht zu einem anderen Blick darauf anregen, wer oder wie wir Menschen eigentlich sind: Zu einem Zehntel ein privater und seiner Herkunft entsprungener Mensch, zu 90% jedoch erfüllt durch eine Funktion im größeren Ganzen.

Wenn nun Arbeit Mittel zum Zweck ist, so ist sie das zum einen für uns selbst. Zum anderen erfahren wir jedoch durch die Berufstätigkeit, selbst ein Mittel zum Zweck zu sein. Im Grunde ist mit «Erfüllung einer Funktion im größeren Ganzen» nichts anderes gesagt, aber es fühlt sich doch anders an. Wenn wir uns jedoch noch einmal die Ausführungen über unsere Familie als einem funktionierenden System und uns selbst als einem Teil davon vor Augen führen, haben wir eigentlich von Geburt an irgendeine Funktion erfüllt. Der Unterschied ist im Grunde auch nicht so gravierend, wie wir vielleicht meinen – denn sowohl in der Familie als auch im Beruf erhalten wir dadurch Anerkennung und Zuwendung und verhindern Ausschluß und Verlassenheit. Bliebe jede/r im Berufsleben rein sachlich auf ihre oder seine Funktion und auf das Gelingen der Sache konzentriert, gäbe es keine bedrohlichen Konflikte, sondern nur Fakten, Entscheidungen und Lösungen.

So funktionieren Menschen aber nicht. Trotz unserer Sehnsucht und der inneren Gewißheit, daß wir uns erst im Dienst am Ganzen erfüllt fühlen, weigern wir uns mit Recht, zur bloßen Funktion degradiert zu werden. Dieser Widerstand ist ein ganz wesentlicher Faktor unseres Wachstums und unserer Entwicklung zu einem Menschen, der seinen eigenen Weg geht. Die Lösung von beruflichen Konflikten gelingt uns in zweckmäßiger und realistischer Weise bereits mit den Energien, welche auf der Achse der Veränderung (6/12) zu finden sind. Der emotionale Faktor, der uns bei der Begegnung mit fremden Menschen stets vor ein Rätsel stellt, läßt sich jedoch auf diese Weise weder begreifen noch verändern, denn die

Gefühle, mit denen wir unseren Kollegen und diese uns begegnen, speisen sich aus ganz anderen Quellen.

b. Innere Muster

Die Familie, in die wir hineingeboren werden, besteht aus ganz bestimmten Menschen in einer ganz bestimmten Rangfolge. Unsere Familie hat nicht irgendwann angefangen, sondern verzweigt sich rückwärts ins Unendliche. Jeder, der schon einmal einen Stammbaum angelegt hat oder anlegen wollte, kennt etwas davon, denn ab der Generation der Urgroßmütter und -väter wird die Situation doch recht unübersichtlich. Wir mit unserem einzelnen Leben sind Folge und Ergebnis dieses ganzen Geschehens vor uns. Wir sind ein Kind unserer Ahnen und ein Mitglied unserer Sippe. Diese Blutsverwandtschaft bindet uns auf eine ganz archaische und tiefe Weise in diesen Verbund von Menschen ein, durch den das Leben weitergegeben wurde bis zu uns. Ich nenne das gern seelische Gene, denn wir erhalten neben den körperlichen Eigenschaften auch ein komplexes Erbe unserer seelischen Geschichte. Dieses seelische Erbe ist völlig unbewußt, es ist als ein inneres Bild in unserer Seele gespeichert. Das ist jedoch kein statisches Bild, sondern ein Kräftemuster, welches uns selbst und unsere Handlungen weitgehend bestimmt[6].

Von diesem Bild erahnen wir nur die Spitze, doch es reicht zur Einstimmung vielleicht, wenn wir uns nur unsere Rangfolge und Position innerhalb der Familie ansehen. Es ist ein Unterschied in unserem Verhalten anderen gegenüber, ob wir das erste, zweite oder dritte usw. Kind sind, ob wir in unserer Position Tochter oder Sohn sind, ob wir ehelich oder unehelich sind, mit oder ohne Vater oder Mutter aufgewach-

6 Hier sei auf die Bücher von und über die systemische Psychotherapie Bert Hellingers verwiesen, Hellinger bietet m.E. einen klaren und neuen Einblick in die Dynamik Plutos.

sen sind und so weiter – hier kann man sich alle erdenklichen Familienkonstellationen ausmalen. Der Unterschied ist nicht moralischer Natur, sondern seelischer. Unser inneres Bild von Ordnung und unserem Platz innerhalb dieser Ordnung wird vollkommen davon bestimmt. Innerhalb unserer Familie und Sippe nehmen wir automatisch und ohne bewußte oder eigenständige Entscheidung diesen Platz ein, und wir bewähren uns auf ihm, wie auch immer.

Mit dieser unbewußten Vorstellung von Ordnung und Bewährung in einem größeren Ganzen treten wir nun ins Berufsleben – und stoßen auf andere Menschen mit völlig anderen Bildern und völlig anderen Mustern, die ihnen ebenso unbewußt sind wie unsere eigenen Muster uns selbst. Konflikte sind hier vorprogrammiert, denn in uns und den anderen wirkt ebenfalls die Vorstellung, daß Verstöße gegen die Sippenordnung Ausschluß und Gefährdung nach sich ziehen. Hier wirken ganz existentielle Ängste, die aus unserer Erfahrung von existentieller Abhängigkeit resultieren. Mag die Situation auch vorbei sein – das Bild ist es nicht. Aus dieser Ebene kommen viele der Gefühle, die uns im Berufsleben begegnen, ob bei anderen oder bei uns selbst.

Ein Beispiel: Ein Mädchen ist erstgeborenes Kind von drei Kindern, ihre beiden Geschwister sind beides Jungen und zwei und vier Jahre jünger. Der Vater der Kinder stirbt, als das Mädchen 9 Jahre alt ist, die Mutter muß daraufhin ganztags arbeiten. Das Mädchen übernimmt automatisch wesentliche Arbeiten, je älter sie wird, um so mehr. Allein dieser Kreis der Gegenwart läßt Schlüsse zu, wie sich dieses Mädchen später als Frau im Berufsleben bewähren will. Sie hat eine aktive Mutter und einen abwesenden Vater als Vorbild. Ihre Brüder erlebt sie als nachgeordnet, zumal deren Entwicklung durch die Abwesenheit des Männlichen eines adäquaten Vorbildes ermangelt. Sie selbst hat zur Zeit der Pubertät den Vater als «Sparringspartner» vermissen müssen, konnte also den Konflikt in seiner Gänze nicht angehen.

Eine solche Frau sucht später möglicherweise vorgesetzte Männer, um mit ihnen zu ringen. Hinzu kommt ihre Erfahrung, Männer – ihre Brüder – als nachgeordnet zu erleben, deshalb geht sie auch von ihrem Führungsanspruch aus. Hier soll nichts bewertet, sondern nur dargestellt werden, daß in diesem hypothetischen Fall jeder Mann, der in der Rangfolge über ihr steht, das innere Bild aktiviert und Gefühle wirken läßt, die mit der Sache nichts zu tun haben. Trägt nun der betreffende Mann in sich ein Bild, das ihm seinen Führungsanspruch gegenüber Frauen vermittelt, kommt es unter Umständen zwischen den beiden zu einem Machtkampf, der kein Ende finden kann.

In dem inneren Bild halten beide an ihrer Position fest, weil sie ihnen die Zugehörigkeit zum Familiensystem garantiert hat, selbst, wenn das heute gar nicht mehr nötig ist. Sie funktionieren im Sinne des vergangenen Systems, doch diese Vorstellung von Ordnung und ihrem Platz darin ist begrenzt und muß durch die Berufstätigkeit überschritten werden. Das Überschreiten ist mit viel Angst verbunden, es verursacht ein schlechtes Gewissen und das Gefühl von Schuld. Doch auch der Ursprung dieser Gefühle ist nicht bewußt, sondern sie heften sich oft an irgendeine äußere Ursache, um für denjenigen, der/die sie fühlt, eine faßbare Begründung zu haben.

In unserem Beispiel könnte die Frau sich schuldig fühlen, wenn sie den Mann als ihren Vorgesetzten anerkennt. Sie hätte unbewußt das Gefühl, ihre Mutter zu verraten und bewußt möglicherweise Angst, daß nun alles durcheinandergerät, da sie Männern gewohnheitsmäßig weniger zutraut (als Erinnerung an die jüngeren Brüder). Sie würde sich vielleicht überverantwortlich verhalten und in dem unbewußten Bedürfnis, sich für den «Verrat» selbst zu bestrafen, sich für Fehler verantwortlich zeigen, die sie gar nicht begangen hat. Lehnt sie sich einfach zurück im Bewußtsein der Grenzen ihres Aufgabenbereichs (ihrer realen Funktion) und überläßt anderen die Verantwortung für deren Fehler, fühlt sie sich falsch und meint innerlich, sie *sollte* sich doch besser um mehr kümmern. Sie kann nicht ruhen und Aufgaben delegieren, selbst wenn der Mann seine Kompetenz hinreichend bewiesen hat. Es ist das Kind in ihr, das nach Mustern agiert, die der realen Situation nicht angemessen sind.

Dieses Beispiel ist sehr vereinfacht und außerdem unvollständig, denn es bezieht nicht das gesamte System und die daraus entstehenden Verstrickungen mit ein, aus denen noch ganz andere Wirkungen kommen können. Es soll auch nur die Wirkung von Mustern veranschaulichen. Jeder von uns trägt ein seelisches Bild in sich, das durch unsere Familienzugehörigkeit entstanden ist und an das intensive Gefühle geknüpft sind. Aus diesem Bild beziehen wir sehr viel Kraft, es ist die Grundlage unserer seelischen Existenz. Es ist jedoch unser privater Raum, unsere private innere Versorgung. Die Berufstätigkeit fordert uns auf, den öffentlichen Raum zu betreten und in ihm unsere Funktion einzunehmen. Wir müssen dazu das innere Muster übertreten und erweitern – und in der Tiefe unserer Seele erleben wir das wie sterben.

Mag Berufstätigkeit auch etwas Alltägliches sein, etwas Gewöhnliches und Notwendiges, was viele vor uns und viele nach uns erleben – sie ist ein Übergang in ein neues Leben. Das impliziert, daß das alte Leben verlassen werden muß. In unserer Kultur, die Übergänge so wenig achtet und dem einzelnen so wenig Hilfestellung dazu bietet, nimmt fast jede/r sein/ihr altes Bild mit und streitet und kämpft im Berufsleben unbewußt dafür, es retten zu dürfen. In den Beruf zu treten erfordert eine massive seelische Wandlung. Erst dann kann unsere Arbeit uns zu dem führen, was auch das sechste Haus beabsichtigt: zu einer echten Begegnung mit anderen und zum Weiterschreiten im Fluß der Zeit.

Aus dem bisher Gesagten können wir ableiten, daß wir in der Regel in unserem Beruf nach einem unbewußten Programm agieren, das uns das Klima unserer Kindheit aufrechterhalten läßt. Betrachten wir unseren beruflichen Alltag einmal unter diesem Aspekt, können wir die Beziehungen zu den Menschen, mit denen wir dort zusammen sind, neu zuordnen. Wir entdecken dann Ähnlichkeiten mit unseren Eltern und Geschwistern, möglicherweise auch mit Großeltern, Tanten oder «Hausfreunden». Die Ähnlichkeit betrifft die *Qualität* der Beziehungen und unserer durch sie entstehenden Gefühle. Durch diese Qualität entsteht eine Dynamik, die uns in unserer alten Rolle weiteragieren läßt. Hierbei ist es wichtig zu beachten, daß wir die anderen so sehen und wahrnehmen, wie die familiäre Brille es uns erlaubt. Die Realität entsteht durch unsere Sichtweise, da sie jedoch auf Treue zum Alten abzielt, haben wir alle irgendwo einen blinden Fleck.

Es kann sich für den Umgang mit Kollegen schon als ausgesprochen hilfreich erweisen, wenn wir überhaupt akzeptieren, einen blinden Fleck zu haben. Wir müssen nicht unbedingt genau wissen, wie er aussieht, denn das ist ein «therapeutischer» Weg in die Tiefe unserer Seele, den nicht unbedingt jede/r gerade jetzt gehen will. Es mildert jedoch schon Konflikte, wenn wir erkennen, daß sowohl wir selbst als auch unser Gegenüber mit inneren Bildern ringt und die gegenwärtige Realität nur ausschnitthaft erkennt. Wir lernen auf diese Weise, mit uns selbst und anderen ein wenig nachsichtiger zu sein. Das hat nichts mit Schwäche und sich ausnutzen lassen zu tun.

Die Nachsichtigkeit, die aus der Einsicht in die «innere Programmierung» kommt, nimmt den Gefühlen die Schärfe, verhilft uns zu mehr Sachlichkeit und zu einem erwachseneren Verhalten – und das kann sich auf unseren beruflichen Weg und auf das Arbeitsklima nur positiv auswirken. Ein unbewußtes Agieren nach dem inneren Bild stimmt uns im Umgang mit anderen unversöhnlich – allein das Bewußtsein der Existenz eines Bildes stimmt uns versöhnlicher und läßt uns konstruktiver arbeiten.

c. Das Haus des Wandels

Das Berufsleben ist natürlich auch die Arena, auf der dieses innere Bild zur Erweiterung bzw. zur Wandlung gelangen will. Unser beruflicher Raum ist deswegen dafür prädestiniert, weil wir mit den Menschen, die uns dort begegnen, eine Bindung eingehen, die direkt mit unserer materiellen Existenz zu tun hat. Probleme und Schwierigkeiten im Berufsleben üben einen starken Druck auf uns aus, da die Sicherung unseres Lebens von unserer Arbeit abhängt. Auch hier finden wir die Analogie zur einstigen Familiensituation – der Faktor der existentiellen Abhängigkeit. Das Eingehen neuer Bindungen verlangt von uns eine seelische Wandlung, die uns aus dem Alten ins Neue führt. Diese Wandlung konzentriert sich dort, wo unsere Wahrnehmung und Flexibilität eingeschränkt sind, denn wo sie es nicht sind, haben wir in der Regel keine Schwierigkeiten und daher auch keinen Anlaß, etwas zu verändern.

Das achte Haus wird nicht nur als das Haus der Ehe angesehen, sondern ist generell das Haus der Bindungen und geistig-seelischen Fixierungen, aber auch das Haus der Wandlungen und letztendlich das Haus des eigenen Weges. Seine Analogie zum Skorpion-Zeichen verweist auch auf die große Kraft und Gewalt, die hier verborgen sind. Das Verborgensein gehört ebenfalls zum achten Prinzip, und hieraus läßt sich sehr schön ersehen, daß in jeder Fixierung Größeres verborgen ist, daß jede Wandlung das Kleinere sterben lassen will und daß jeder eigene Weg aus dem Sich-Einlassen auf andere entsteht.

Die Prozesse des achten Hauses werden durch die Aufstellung von Tabus und deren Bruch bestimmt. Jede Programmierung geschieht durch absolute Ja/Nein-Regeln, also durch extreme Polarisierung – und ein Tabu ist nichts anderes. Unser Fühlen und Denken, unsere Meinung ist quasi digitalisiert worden, es gibt ja/nein, schwarz/weiß, 1/0. Eine der auf diese Weise deutlich hervortretenden Seiten gilt es beim Tabu zu meiden, die andere zu bewahren. Diente das Tabu in dem einen Rahmen der Sicherheit, ist seine Einhaltung in einem größeren Rahmen jedoch oft schädlich für unsere Entwicklung, denn es bannt immer die Farben und die Vielfalt des Lebens.

Ich habe bereits in Kapitel II/1 über Schuldgefühle und die Schwierigkeiten gesprochen, mit denen wir durch unsere Treue zum Familiensystem konfrontiert werden. Dort betraf es das vierte Haus und meinte das grundsätzliche Klima, welches wir zunächst nur passiv erfahren konnten. Die Schuldgefühle und Ängste des vierten Hauses entstehen stets, wenn wir das betreffende Prinzip in aktiver Form leben wollen. Um von der kindlichen Haltung des Empfangens in die aktive Form zu wechseln, bedarf es einer grundlegenden inneren Wandlung. Genau an diesem Punkt des Umschlags wirken unbewußt die massiven Ängste zu sterben, ausgeschlossen zu werden und unterzugehen.

Das achte Haus ist der Ort dieser intensiven Gefühle und bringt es noch genauer auf den Punkt. Denn in jedem System gelten andere Tabus und andere Regeln – und demzufolge sind auch die Ängste unterschiedlich. Diese Ängste steuern unterschwellig unser Verhalten im Umgang mit unseren Kollegen, Vorgesetzten oder Kunden und werden stets durch unsere Verbindung mit anderen und die Konfrontation mit Veränderungen aktiviert. Durchstehen wir die durch das achte Haus symbolisierte Wandlung, gelingt uns auch die Erweiterung des vierten Hauses.

Da wir vom Kleinen zum Großen wachsen, erzwingt Wachstum somit, Tabus zu brechen. Das ist jedoch ein Prozeß, dem eine bestimmte Dynamik innewohnt und den wir durch die enge Bindung an andere vollziehen. Im folgenden will ich nun die Dynamik dieses Prozesses erläutern, wie sie der oder die einzelne bei jeder grundlegenden Veränderung innerlich erfährt. In bezug auf die Arbeit treten die beschriebenen Gefühle natürlich bei Eintritt in das Berufsleben recht prägnant auf. Jedoch jede weitere Veränderung, sei es der Abschluß der Berufsausbildung, eine Beförderung, eine Versetzung, strukturelle Veränderungen innerhalb des Unternehmens, in dem wir tätig sind, ein/e neue/r Vorgesetzte/r oder eine selbst vorgenommene Veränderung im beruflichen Leben trägt die gleiche Handschrift. Im Verlauf der Zeit lernen wir, uns auf diese Weise zu wandeln, demzufolge lassen auch Ängste und Widerstände entsprechend nach. Dadurch, daß wir emotional fixiert sind, können die Lektionen jedoch sehr schmerzhaft und quälend sein – bis unsere zunehmende Bewußtheit nach und nach den Zwang und die Qual ausgleicht.

Widder – Mars herrscht über das achte Haus

- Das Tabu liegt hier über Aggressionen, Zielen und Motiven. Wir konnten uns in unserem Familienverbund sicher fühlen durch eine erzwungene Friedfertigkeit und die Bereitschaft, unseren eigenen Willen stets zu opfern.
- Schuldgefühle erreichen uns, sobald wir auf eigene Faust die Initiative ergreifen. Sie sind mit Todesangst gepaart, weshalb wir recht zwanghaft agieren und von einer Vermeidungshaltung getrieben werden. Wir streiten, kämpfen, machen und tun, *um etwas anderes zu verhindern*. Somit ist das, was wir vermeiden wollen, unser unbewußtes Ziel, das wir zwar nicht erreichen wollen, das aber enorme Kraft an sich bindet.
- Der blinde Fleck betrifft unser tatsächliches Ziel, unsere wahren Motive und Themen, die uns wirklich reizen. Ihnen zu folgen empfinden wir unbewußt als den größten Verrat. Daher sehen wir unser berufliches Umfeld stets als Unterdrücker unseres Willens und sind – wenn wir nicht wachsen und das alte System überschreiten wollen – es eigentlich selbst.

- Die Lösung liegt zum einen im Mut zum Anfang. Unsere Ziele werden stets sterben und neu entstehen, wodurch unser Berufsleben eine Art Experimentierfeld werden kann. Zum anderen müssen wir lernen, daß sich Eigenwilligkeit und Bindung nicht ausschließen. So kommt die Kraft der Liebe hinzu, und unsere Beziehungen werden zu einer Ressource der Kraft, die uns unsere eigenen Weg gehen läßt.

Stier – Venus herrscht über das achte Haus

- Das Tabu liegt hier über der Sinnlichkeit. Unsere Zugehörigkeit zum Familienverbund wurde durch das Opfern materieller Bedürfnisse und der genußvollen Beziehung zur Erde gesichert. Eine bestimmte geistige Fixierung war wertvoller als die pure Existenz.

- Schuldgefühle erreichen uns immer dann, wenn wir uns selbst etwas aufbauen und dadurch Stabilität erhalten. Wir haben unbewußt Todesangst, etwas zu besitzen und das auch noch zu genießen, daher streben wir es beruflich entweder gar nicht erst an oder sorgen, falls uns hier Sicherheit «droht», unbewußt dafür, sie bald wieder zu verlieren. Und wir haben uns eine Ideologie gestrickt, die vordergründig rechtfertigt, daß wir in beruflich unsicheren Verhältnissen leben müssen.

- Der blinde Fleck betrifft unseren Körper. Wir halten ihn für verwerflich, bedrohlich, schämen uns seiner, verachten und bekämpfen ihn. Unser körperliches Selbstverständnis bestimmt über unser Wertgefühl. Da wir uns unseres Körpers schämen, möchten wir am liebsten etwas tun, bei dem wir nicht präsent sein müssen – sozusagen unsichtbar sind. Wir scheuen die Berufstätigkeit schon deshalb, *weil wir uns in ihr zeigen müssen.*

- Die Lösung liegt in einer umfassenden Erneuerung unseres Bewertungssystems, in dem grundlegende Tatsachen an die erste Stelle rücken. Hierzu gehört vor allem unser eigener Körper mit seinen sinnlichen Begabungen. Wenn wir beruflich wachsen wollen, müssen wir lernen, unsere Werte jenseits von Dogmen und Ideologien zu finden.

Zwillinge – Merkur herrscht über das achte Haus

- Das Tabu liegt hier über dem Wissen. Wir konnten unsere Zugehörigkeit zum Familienverbund sichern, indem wir «uns dumm stellten» und bereit waren, unsere eigene Intelligenz, unsere Neugier und unser Wahrnehmungsvermögen zu opfern.

- Schuldgefühle erreichen uns immer dann, wenn wir lernen. Sobald wir unseren eigenen Verstand benutzen, uns mit anderen austauschen und nüchtern und zweckorientiert vorgehen, geraten wir in die Nähe der Todesangst. Unser Hirn ist dann völlig blockiert und von einem kreisenden inneren Dialog beherrscht. Worte haben auf uns eine hypnotische Wirkung, und wir empfinden Kollegen oft so, als ob sie uns den Mund verbieten.

- Der blinde Fleck betrifft unser praktisches Geschick. Wir empfinden es unbewußt als Verrat, wenn wir unseren Alltag mit seinen vielen Ereignissen und Aktionen bewältigen. «So etwas Sinnloses!» könnte eine empörte Stimme uns innerlich quälen und den verzweigten Wegen unseres Berufslebens die Bedeutung absprechen. Wir empfinden Kollegen oft als polemisch, jedoch nur, weil wir es nicht wagen, zu (wider-)sprechen.

- Die Lösung liegt in einer Neudefinition unserer selbst sowie des Begriffes der Kommunikation. Wir können das Gras wachsen hören, und diese seherischen Qualitäten gehören in unsere Vorstellung von Intelligenz einbezogen. Was wir vielleicht als Einbildung abwerten, verbirgt ein Wissen um tief verborgene Vorgänge. Beruflich zu wachsen heißt für uns, das Verbotene zu denken und zu äußern.

Krebs – Mond herrscht über das achte Haus

- Das Tabu liegt hier über unserem «Eigentlichen». Wir konnten unsere Zugehörigkeit zum Familienverbund nur dadurch sichern, daß wir unsere Seele verbargen und der herrschenden Norm zuliebe unsere eigenen Bedürfnisse opferten.
- Schuldgefühle erreichen uns immer dann, wenn wir uns in unserer Arbeit und mit unseren beruflichen Zielen wirklich wohl fühlen. Wohlgefühl und Geborgenheit ist ein Zeichen, daß wir bei uns selbst sind, doch das löst Todesangst in uns aus. Somit fühlen wir uns wohler, wenn es uns schlecht geht, denn dann müssen wir den Verrat am alten System nicht begehen. Oftmals erscheinen uns unsere Kollegen dann als harte und fordernde Tyrannen, die nichts leben lassen können und wollen.
- Der blinde Fleck betrifft unsere innere Quelle. Wir können uns nicht vorstellen, eigene Kraft zu besitzen und über eine innere Nahrung zu verfügen, die uns wirklich sättigt. In der Orientierung am sogenannten Normalen übergehen wir unsere persönlichen Bedürfnisse – oft, weil sie so klein und so einfach zu befriedigen sind.
- Die Lösung liegt in der inneren Versenkung. Im Abgrund unserer Seele ruht eine Perle, entstanden aus

Schmerz und Tränen und verborgen hinter Angst und Abhängigkeit. Diese Perle ist das in uns, was niemand zerstören kann. Wenn wir es wagen, diesen Schatz zu heben, spüren wir uns endlich selbst und beginnen, jenseits dessen, was «man» sollte, zu wachsen.

Löwe – Sonne herrscht über das achte Haus

- Das Tabu liegt hier über unserer Würde. Wir konnten unsere Zugehörigkeit zum Familienverbund dadurch sichern, daß wir über unser Leben verfügen ließen, um einer Idee von Besonderheit gerecht zu werden. Wir opferten dafür den Ausdruck unserer persönlichen Kraft.

- Schuldgefühle erreichen uns immer dann, wenn wir selbständig handeln. Es kommt uns wie ein Verrat vor, wenn wir aus eigener Kraft unser Leben organisieren und wenn unsere berufliche Entwicklung «in Gefahr kommt», zum Ausdruck unserer selbst zu werden. Aus Todesangst verhalten wir uns eher wie Höflinge eines Auserwählten, anstatt unser eigenes Leben einschließlich seiner Kraft und Potenz selbst in Angriff zu nehmen.

- Der blinde Fleck betrifft unser persönliches Zentrum. Hier sammeln sich unsere verschiedenen Kräfte, und vor hier geht auch der Impuls zum kreativen Leben aus. Wir empfinden unsere Kollegen oft als herrische Menschen, die uns von uns selbst wegziehen und vor ihren Karren spannen wollen. Hätten wir tatsächlich selbst die Zügel unseres Lebens in der Hand, würden wir uns mit derartigen Machtkämpfen nicht mehr belasten.

- Die Lösung liegt – so schmerzlich es ist – im Sturz vom alten Thron. Er ist sowieso morsch. Wir können beruflich nicht vorwärtsschreiten, wenn wir nicht bereit sind, unsere alte Macht hinter uns zu lassen. Sie beruht auf einer Vorstellung von Besonderheit, die überlebt ist. Das Überschreiten des alten Systems durch berufliche Veränderungen macht uns somit scheinbar stets etwas kleiner – unsere echte Würde, Kraft und Lebenslust wachsen jedoch.

Jungfrau – Merkur herrscht über das achte Haus

- Das Tabu liegt hier über der Genauigkeit. Wir konnten uns unsere Zugehörigkeit zum Familiensystem sichern, indem wir nichts genau wissen wollten, unsere Ahnungen unterdrückten und keine Beobachtungen mehr anstellten. Wir opferten die kritische Wahrnehmung dessen, was ist.

- Schuldgefühle erreichen uns immer dann, wenn wir realistisch sind. Wenn wir nach dem konkreten Nutzen fragen, an greifbaren Ergebnissen interessiert sind, Fehler entdecken und Korrekturen vorschlagen, spüren wir Todesangst. Möglicherweise fragen wir bei beruflichen Angeboten nie nach konkreten Details, aus Angst, kleinlich zu erscheinen oder mangelndes Vertrauen zu demonstrieren. Vielleicht fragen wir auch gar nicht und bleiben lieber klein.

- Der blinde Fleck betrifft unsere analytischen Fähigkeiten. Wenn wir genau hinsehen würden, entginge uns nichts, weder Offensichtliches noch Geahntes. Daraus kann uns beruflich große Kraft und reiche Ernte erwachsen, aber möglicherweise ziehen wir es vor, mit unseren Kollegen im Kritikerverbund zu bleiben, als selbst Realität zu gestalten. Wir können uns nicht vorstellen, daß wir klug sind.

- Die Lösung verlangt ein genaues und kritisches Hinschauen, das sich am Dienst an der Sache orientiert.

Die Erkenntnis der Tiefe unseres Wahrnehmungsvermögens und unserer praktischen Intelligenz zwingt uns, unser altes System zu überschreiten, denn wir können uns nunmehr weder dümmer noch unfähiger stellen, als wir sind. Beruflich zu wachsen läßt stets den/die Kleine/n sterben – und in einem größeren Zusammenhang und anderen Proportionen wiederauferstehen.

Waage – Venus herrscht über das achte Haus

- Das Tabu liegt hier über dem Ausgleich. Wir konnten die Zugehörigkeit zu unserem Familienverbund sichern, indem wir Einseitigkeit ertrugen und unser Empfinden für Schönheit opferten.

- Schuldgefühle erreichen uns immer dann, wenn wir uns zu etwas hingezogen fühlen. Das Gefühl des Begehrens bringt uns in die Nähe der Todesangst, denn im Grunde darf nichts anderes oder Fremdes in Kontakt zu uns kommen. Möglicherweise bestrafen oder verachten wir uns, nur *weil* wir lieben, und verharren in Beziehungen, die uns ausbeuten und unterdrücken.

- Der blinde Fleck betrifft die Ausgewogenheit. Wir ertragen ein Einbahnstraßenklima und können uns nicht vorstellen, daß es auch in uns ausgleichende und harmonisierende Kräfte gibt, die alles Miteinander auf friedliche Weise regeln wollen und können. So erfahren wir Kollegen häufig als dogmatische Strategen, die unsere Neigungen für ihre Ziele benutzen und ausbeuten wollen, ohne auf Stimmigkeit zu achten.

- Die Lösung liegt in der Gerechtigkeit. Unsere Vorstellung von Liebe entspringt einer Opferhaltung, die nicht jedem Menschen gleiches Existenzrecht einräumt. Diese Vorstellung muß sterben, denn sie verhindert, daß wir anderen als ein ebenbürtiger Mensch begegnen. Erst wenn wir erkennen, daß eine größere Liebe in jedem wirkt, werden wir frei, dem zu folgen, was wir lieben und zur Stimmigkeit unseres Lebens brauchen.

Skorpion – Pluto herrscht über das achte Haus

- Das Tabu liegt hier über der Bindung. Wir konnten uns die Zugehörigkeit zu unserem Familienverbund sichern, indem wir uns widerspruchslos in ein Muster fügten. So opferten wir jedoch die Einbindung unseres echten Seins in das Gefüge unserer Familie.

- Schuldgefühle erreichen uns immer dann, wenn wir unseren eigenen Weg gehen wollen. Wenn wir spüren, wer wir im Grunde wirklich sind, spüren wir auch Todesangst und glauben, untergehen zu müssen. Was jedoch untergehen will, ist die innere Programmierung auf eine vergehende Rolle. Sobald wir Macht über uns spüren, wollen wir uns aus Angst sofort wieder unterordnen und finden diesen unbewußten Wunsch dann durch entsprechende Kollegen oder Vorgesetzte erfüllt.

- Der blinde Fleck betrifft die Gewalt. Solange wir nicht erkennen, daß Menschen einander in Bindungen auch massive Gewalt antun können – selbst und oft unter dem Etikett der Liebe oder Fürsorge –, spüren wir auch unsere innere Verformung nicht. Das Leid, das mit deren Enttarnung einhergeht, ist jedoch auch ein heilendes Feuer. Es kann uns massive Kraft zufließen lassen.

- Die Lösung liegt im Abstieg in die eigenen Tiefen. Wir empfinden Veränderungen stets als dramatisch, als einen Prozeß des absoluten Sterbens ohne Hoffnung auf Wiederauferstehung. Diese Hoffnung und deren Erfüllung finden wir jedoch stets am tiefsten Punkt, und es ist die Intensität unserer Gefühle, die uns dorthin führt. In diesem inneren Drama lösen sich auch überlebte Bindungen, um neuen, wahrhaftigen und kraftspendenden Beziehungen Platz zu machen.

Schütze – Jupiter herrscht über das achte Haus

- Das Tabu liegt hier über unserem Verständnis. Wir sicherten uns die Zugehörigkeit zu unserem Familienverbund, indem wir nichts begriffen und die Wahrnehmung der Zusammenhänge des Geschehens ausblendeten. Es durfte keine erweiterte Perspektive geben, aus der heraus wir verstanden hätten, was vor sich geht.

- Schuldgefühle erreichen uns immer dann, wenn wir gegenüber Fremdem Toleranz üben. Allein das Wachstum zu bejahen kann in uns Todesangst auslösen, sicherer fühlen wir uns, wenn es so bleibt, wie es ist. Möglicherweise empfinden wir Kollegen als geistig eingefahren und bekriegen sie in «heiliger Überzeugung» – jedoch nicht weniger eingefahren.

- Der blinde Fleck betrifft die Religiosität. Wir können uns nur schwer vorstellen, übergeordneten, uns fremden Kräften tatsächlich Existenz und Wirkung zuzusprechen. Dessen Erkenntnis würde uns jedoch von der Leistungslast befreien und Elemente wie Glück und Pech in unserem Leben zulassen. Wir hegen unbewußt Überzeugungen, die unser Wachstum unterdrücken, und opfern vielleicht lieber unsere Möglichkeiten als unseren Glauben.

- Die Lösung liegt in der Erkenntnis. Wir stehen hier bei Veränderungen stets davor, begreifen zu müssen, daß in einem größeren Zusammenhang auch das Sterben einen Sinn hat. Erst, wenn wir zu dieser Einsicht fähig sind, können wir Vergehendes loslassen und uns Neuem zuwenden. Wir sind dann vielleicht nicht mehr so oft «im Recht», aber weise.

Steinbock – Saturn herrscht über das achte Haus

- Das Tabu liegt hier über der Beschränkung. Wir konnten uns die Zugehörigkeit zu unserem Familienverbund sichern, indem wir uns ablenken und verwirren ließen, um nicht durch Konzentration auf das Wesentliche, die Realität in ihrer ganzen Härte zu sehen.

- Schuldgefühle erreichen uns immer dann, wenn wir streng, konzentriert und auf die Realität der Gegenwart bezogen sind. Sobald wir unser eigenes Urteil fällen und der Erkenntnis von Gut und Böse nahekommen, empfinden wir Todesangst. So lassen wir uns möglicherweise lieber von den Urteilen anderer leiten, auch, wenn sie uns damit demütigen.

- Der blinde Fleck betrifft unsere Aufrichtigkeit. Wir opfern im Grunde dem Gehorsam gegenüber strengen Vorgesetzten oder Elternfiguren unser inneres Rückgrat. Daher fühlen wir uns nie so recht kompetent, denn wir vermissen die Erfahrung, eigene Fehler gemacht *und zutreffende Urteile* gefällt zu haben! So wissen wir nie sicher, was gut für uns ist.

- Die Lösung liegt in der Übernahme der Verantwortung für uns selbst. Verläßlichkeit und Treue in Beziehungen – auch in beruflichen! – dürfen nicht zur Selbstverneinung führen. Die innere Bereitschaft zur Einsamkeit und zum eigenen Schicksal kann uns unseren eigenen Weg aufzeigen – auch, wenn unsere alte Vorstellung von Recht und Ordnung dabei sterben muß.

Wassermann – Uranus herrscht über das achte Haus

- Das Tabu liegt hier über Ideologien. Wir konnten unsere Zugehörigkeit zum Familienverbund sichern, indem wir auf eigenen Ideen verzichteten und dem Geiste der Gemeinschaft widerspruchslos folgten – auch, wenn dieser Geist «Widerspruch» hieß.

- Schuldgefühle erreichen uns immer dann, wenn wir in die Nähe von Freiheit gelangen. Wo es nichts mehr zu bekämpfen, zu verspotten oder anzugreifen gibt, wo Individuen miteinander in Freundschaftlichkeit leben und arbeiten, spüren wir Todesangst. Wir suchen uns im Beruf häufig Unterdrücker unserer Originalität aus, um der «Bedrohung» durch geistige Freiheit nicht ins Auge sehen zu müssen.

- Der blinde Fleck betrifft den Geist. Vielleicht glauben wir, dem Geist der Zeit nahe zu sein, weil wir stets aktuell, modern und trendorientiert sind oder glauben auch, von all dem befreit zu sein, weil wir gerade *nicht* tun, was «in» ist. Unbewußt folgen wir jedoch auf diese Weise fixen Ideen, denn erst jenseits von all dem wirkt der freie Geist mit seinen Einfällen, denen Trendanalysen tatsächlich egal sind.

- Die Lösung liegt in der Zufälligkeit. Wenn wir davon absehen können, Fortschritt zu ritualisieren, erkennen wir auch die Unberechenbarkeit des Daseins. Nichts und niemand kann uns davor schützen, auch die Astrologie nicht. So ist auch unsere Individualität unser Zu-Fall, und im Verbund mit anderen, ebenso zufälligen Individuen, können wir gleichberechtigt und wahrhaft inspiriert vorgehen.

Fische – Neptun herrscht über das achte Haus

- Das Tabu liegt hier über dem Schauen. Wir sicherten uns die Zugehörigkeit zu unserem Familienverbund, indem wir das offene und urteilsfreie Hinsehen opferten, um den Illusionen, Verleugnungen, Träumen oder Süchten anderer zu folgen.

- Schuldgefühle erreichen uns immer dann, wenn wir uns der Wahrheit nähern. Möglicherweise registrieren wir stärker das Gefühl der Schuld als die leise Stimme der Ahnung und haben daher Mühe, unsere Gefühle zuzuordnen. Dann projizieren wir unsere Ängste auf unser Gegenüber und fühlen uns förmlich gezwungen, ihm zu helfen.

- Der blinde Fleck betrifft das Ganze. Wir sind partiell blind und unterliegen in beruflichen und privaten Beziehungen daher stets irgendeiner Täuschung. Die Wahrnehmung des Ganzen ließe manche Bindungen sich einfach auflösen, sobald sie überlebt sind. Sie würde uns aber auch zu unseren eigenen Ängsten und Sehnsüchten führen und uns einen Weg weisen, der uns momentan noch zu abwegig erscheint, um erschaut zu werden.

- Die Lösung liegt im Aufgeben. Jedes Wollen verhindert, daß die leisen Ahnungen klare und tiefe Wahrnehmung werden, welche uns auf unseren eigenen Weg führt. Unsere Intuition spricht jedoch erst zu uns, wenn jene Träume sterben dürfen, die nicht unsere eigenen sind. Berufliche Veränderungen werden um so befriedigender und wirksamer, je weniger wir damit uns und anderen etwas vormachen wollen. Wenn unsere Angst stirbt, kann unsere Echtheit auferstehen.

2. Kollegen und Außenseiter

Wohl kein Thema ist so ergiebig, erquickend und verärgernd wie die lieben Kollegen, ihre Fähigkeiten und Unfähigkeiten, ihre Eigenheiten, ihre Schicksale, ihre Partner und Kinder, ihre Absichten und ihre Vorgehensweise, diese zu verwirklichen. Vereinfacht gesagt teilen sich die Menschen, mit denen wir arbeiten, für jeden in gute und böse ein. Mit den Guten sind wir uns vor allem in bezug auf die Meinung über die Bösen einig und können uns mit ihnen nach Herzenslust austauschen, ohne ein Blatt vor den Mund nehmen zu müssen – das allerdings nur mit den ganz Guten.

Das Phänomen der Cliquen- und Bündnisbildung ist im Berufsleben besonders ausgeprägt, wobei man sich meist unbewußt bestimmten Gruppen zuordnet. Diese Gruppen können einander überschneiden und auch schon einmal widersprechen. Sie geben uns als einzelnem jedoch das Gefühl von Stärke, da wir uns innerhalb unserer jeweiligen Gruppe nicht mehr so allein und den Übergeordneten gegenüber nicht mehr so machtlos fühlen. Die Überschneidung der Gruppen stellt jedoch eine verzwickte Aufgabe an unser diplomatisches Geschick, an unsere Loyalität uns selbst, anderen und der Sache gegenüber. So gehören wir beispielsweise der Gruppe der Frauen an, aber auch der Gruppe unserer (gemischten) Abteilung, dann vielleicht noch der Gruppe der Mütter, dann auch noch zu denen, die einen Rang innehaben, der mit unserem vergleichbar ist, dann noch zu den VollzeitmitarbeiterInnen, dann noch zu denen, die nicht beim Betriebskegeln mitmachen und zu denen, die lieber lesen als fernsehen. Das kann kompliziert werden.

Wir definieren uns in der Gruppe vor allem durch Abgrenzung zu anderen Gruppen, im Beispiel also Frauen gegenüber Männern, die Buchhaltung gegenüber allen anderen Abteilungen, Mütter gegenüber kinderlosen Frauen, AbteilungsleiterInnen gegenüber SachbearbeiterInnen, Vollzeitkräfte gegenüber Teilzeitkräften, Nichtkegler gegenüber Keglern und Leseratten gegenüber Spielfilmkennern. Immer gibt es eine Überschrift, die alle irgendwie eint, letztendlich jene als MitarbeiterIn von X. Und selbst auch bei Freiberuflern, die ihre Tätigkeit nicht genau und dauerhaft festlegen können oder wollen, bleibt die Bezeichnung Individualist, mit der sie sich gegenüber den «Unfreien» abgrenzen.

Diese Zuordnungen, die wir innerlich automatisch vornehmen, haben alle eines gemein: Sie bringen uns auf einen Punkt. Jedoch nicht auf irgendeinen, sondern auf den, auf welchem wir uns selbst am nächsten sind. «Die anderen» benötigen wir somit zur Definition unserer selbst, und je klarer unser Urteil über sie ausfällt, um so klarer fühlen wir uns auch bei uns selbst. Und wenn noch andere auf dem gleichen Stand-Punkt stehen wie wir selbst, fühlen wir uns auch nicht so einsam. Individualität sucht stets die Gemeinschaft. Und wenn wir ehrlich sind, ist der zwischenmenschliche Faktor unserer Arbeit zumindest genauso interessant wie unsere Arbeit selbst – wenn manche das auch erst auf dem alljährlichen Betriebsfest zu erkennen geben.

Mit unseren Kollegen zusammengeführt hat uns ein gemeinsamer, übergeordneter Zweck, nämlich das Unternehmen respektive die Sache, an der wir arbeiten. Unser Umgang mit Kollegen wird jedoch neben seiner sachlichen und zweckorientierten Seite weitestgehend von Gefühlen bestimmt, und zwar auf beiden Seiten. Wir spüren instinktiv, ob wir einen Menschen mögen, ob wir ihn ablehnen oder ob er uns gleichgültig ist. Mit jenen, die uns gleichgültig sind, haben wir am wenigsten zu tun und mit ihnen gelingt uns die sachliche Arbeit am besten – falls sich unsere Wege überhaupt kreuzen. Und wenn sie das einmal kurzfristig tun, können wir uns bald nicht mehr an das Gesicht oder den Namen erinnern. So zufällig uns die Gruppe von KollegInnen, in die wir gelangt sind, auch erscheinen mag – von einem astrologischen Standpunkt aus ist sie alles andere als zufällig. Da alles einem dynamischen und ordnenden Muster folgt, sind auch die Menschen, die uns auf der Arbeit tagtäglich umgeben, nicht zufällig in unserer Nähe.

a. Anziehung

Im Sinne der Polarität erzwingt jeder Pol seinen Gegenpol. Wir sind als individueller und abgegrenzter Mensch somit schon ein existierender Pol und können im Grunde den Rest der Welt als unseren Gegenpol betrachten. Das wäre die Spannung Ich – Universum. Nun begegnen wir im Beruf nicht direkt dem leibhaftigen Universum, eher sind die Menschen, denen wir dort begegnen, ein Ausdruck seines Wirkens. In allem, was ist, ist Ganzheit. Teilung des Seins ist nicht möglich und erscheint nur unserem irdischen Bewußtsein so. Unsere privaten Beziehungen können wir unter dem Aspekt sehen, daß sie uns er-gänzen, uns komplettieren und uns etwas geben, das uns selbst fehlt. Das fällt uns relativ leicht, weil wir sie wählen können (zumindest glauben wir das) und weil hier Liebe und Zuneigung bestimmend sind. Bei Menschen, mit denen uns eine Sache zusammengeführt hat, fällt uns eine solche Sichtweise jedoch schwerer, zumal unsere Gefühle ihnen gegenüber häufig von ganz anderer Qualität sind.

Das Thema Begegnung und Beziehung wird vom Zeichen Waage symbolisiert, und wir kennen die Waage mit der Venus als Herrscherin vor allem als die Göttin der Liebe, der Erotik, der Flirts und der Schönheit. Die Waage ist jedoch das einzig sachliche Zeichen im Tierkreis, außerdem gehört sie dem Element Luft und der Yang-Qualität an. Ihre Absicht ist Kontakt und Ausgleich, sonst nichts. Mag das jetzt den Anhängern der romantischen Liebe auch mißfallen – jede Begegnung ziehen wir mittels unserer inneren Waage-Qualität mit der Absicht des Ausgleichs unserer Einpoligkeit (= Ich) an.

So dienen die Menschen, die in unserem Leben eine Rolle spielen, uns auch als Spiegel, denn sie repräsentieren das, was uns aus universeller – ganzheitlicher – Sicht fehlt. Nur sind wir uns selten darüber im klaren, was uns tatsächlich fehlt, denn wir verwechseln das Bild, das wir uns von uns selbst gemacht haben, mit unserem wahren Sein. Die Kraft der Anziehung wirkt also zum einen aufgrund der Tatsache, daß wir Einzelwesen sind. Zum anderen wirkt sie aber auch auf der Basis unseres inneren Ungleichgewichtes, denn jedes Bild, das wir uns von uns selbst machen, beinhaltet Urteile über uns selbst, was wiederum zu innerer Disharmonie führt.

Gerade weil wir im Berufsleben dem Zufall der Begegnung ausgesetzt sind, verdienen unsere beruflichen Beziehungen ein besonderes Interesse, denn hier werden wir auf schicksalhafte Weise ergänzt. Wir bekommen von den Launen des Schicksals Menschen vor-gesetzt, mit denen wir uns auseinander-setzen müssen. Gleichzeitig müssen wir lernen, Beziehung in einem «öffentlichen Raum» zu gestalten, denn wenn wir auf zu private Weise mit unseren Kollegen umgehen, schadet es letztendlich unserer Arbeit, dem Schutz unserer Intimität und dem Vertrauen, das in unsere Kompetenz gesetzt wird. Im Beruf müssen wir lernen, anderen unter den Augen Saturns zu begegnen, mit ihnen umzugehen und die Beziehung zu ihnen auf eine sachlich-konstruktive Weise zu gestalten. Wenn aus Kollegen Freunde werden, ist das zwar einerseits sehr schön, kann aber andererseits gerade deswegen zu Konflikten führen, weil sich offizielle und private Interessen vermischen.

b. Projektion

Der Mensch, dem wir begegnen, ist nicht so, wie wir ihn sehen, denn wir können die Welt nur durch unsere eigene Brille wahrnehmen. Ebenso nimmt der andere uns durch seine Brille wahr und sieht uns nicht so, wie wir sind. Menschen werden für uns interessant, wenn sie uns ähnlich sind, wenn wir ihnen etwas «anheften» können, das uns vertraut ist. Dieses «Anheften» geschieht durch Projektion. Wir werfen etwas auf ihn – nämlich das, was wir glauben, was dieser Mensch sei. Es ist das Bild, das wir uns von ihm machen, und je mehr sein Verhalten zu diesem Bild paßt, um so mehr glauben wir, ihn zu kennen, und um so vertrauter und näher wird uns dieser Mensch. Doch woher kommt dieses Bild?

Als vom Ganzen getrennte, unheile Menschen sucht die Kraft Neptuns in uns stets unsere andere Hälfte, das, was uns zum Gefühl der Ganzheit verhilft. Neptun symbolisiert auch unser Unbewußtes, er steht für Träume, Spiegelungen und Illusionen. Die neptunische Energie in uns weiß um unsere Ganzheit, und sie weiß auch, was uns fehlt, damit wir heil werden. Dieses Fehlende vermittelt sie uns durch Bilder, Ahnungen und Intuition. Im Grunde will dieses Fehlende in unser Bild von uns selbst, in unser Selbst-Bewußtsein aufgenommen werden. Doch der Weg dorthin führt über den Mechanismus der Projektion. Wir werfen unbewußt das geahnte Bild auf unser Gegenüber, um es dann in der Beziehung zu ihm in unser Bewußtsein integrieren zu können.

Ist ein Mensch zum Träger eines unserer Bilder geworden, löst er starke Gefühle in uns aus – positive wie negative. Diese Gefühle lassen sich nicht begründen, sie sind eben einfach da. Mit den Menschen, auf die wir positive Bilder projiziert haben, haben wir in der Regel weniger Probleme, denn wir mögen oder bewundern sie und sind gern mit ihnen zusammen. Menschen, die negative Bilder tragen, lehnen wir ab, wir hassen sie, können sie nicht ausstehen, sie gehen uns auf die Nerven oder wir verachten sie. Mit ihnen wollen wir so wenig wie möglich zu tun haben. Und gerade ihnen können wir im Berufsleben nicht entgehen.

Sowohl die Projektion positiver als auch negativer Bilder beruht jedoch darauf, daß wir die hierin enthaltenen Eigenschaften und Seinsweisen *an uns selbst nicht zulassen*. Hätten wir das getan, gäbe es nichts davon im Unbewußten und könnte also auch kein Bild dessen entstehen, was uns fehlt.

Die Beziehungen, die wir mit den Menschen unseres beruflichen Lebens führen (müssen), sind somit ein guter Gradmesser für den tatsächlichen Zustand unseres Selbst-Bewußtseins. Da wir immer von Menschen umgeben sind, die wir mögen und die wir nicht mögen, ist die Selbst-Erkenntnis, also die Rücknahme der Projektion, stets sowohl schmeichelhaft als auch niederschmetternd. Oder, um es etwas plakativer zu sagen: Wir sind schlechter und besser, als wir glauben.

Im Grunde können wir nichts anderes projizieren, als wir selbst sind. In unserem Unbewußten bestehen Bilder aus Verdrängtem, Bilder davon, wie wir nie sein wollten oder durften – und es bestehen Bilder unserer Möglichkeiten, also auch Vorahnungen des Wachstums, flüchtige Wahrnehmungen des Ziels, auf das wir zustreben. Neptuns Reich ist zeitlos, und so vermischen sich in unseren Projektionen Vergangenheit und Zukunft im Punkt der Gegenwart.

Wie können wir nun erkennen, ob es sich bei den Gefühlen in einer Begegnung um Projektion handelt oder nicht? Welcher Mensch ist uns Spiegel? Und – wie haben wir das Bild zu verstehen, das wir im Spiegel des anderen wahrnehmen?

Zum einen steht hier die grundsätzliche Aussage, daß jeder Mensch, dem wir begegnen, Projektion ist. Diese neptunische Sichtweise beruht auf dem Standpunkt, daß alle Trennung letztendlich Illusion ist. Wollten wir uns jedoch in jedem Menschen, der uns über den Weg läuft, wiederzuerkennen versuchen, würden wir bald ziemlich verwirrt sein. Zudem hilft uns im beruflichen Alltag eine solche Einstellung selten weiter, denn sie kann unser Handeln lähmen und unsere Existenz als Individuum in Frage stellen. Die Spiegelung des Universums durch den anderen gehört in den Bereich des spirituellen Weges, den jemand gehen mag, und dieser Weg schließt dann auch unser Alltagsgeschehen mit ein. In der konkreten und alltäglichen Begegnung sind unter dem Aspekt der Projektion die Menschen am interessantesten, welche die intensivsten Gefühle in uns wecken. Zu ihnen zieht uns etwas hin, an sie heften sich unsere inneren Energien und weisen uns darauf hin, daß diese Menschen für uns etwas repräsentieren, das uns in unserem Bewußtsein über uns selbst fehlt.

«Ich bin aber doch völlig anders als X» – dieser verwunderte oder empörte Ausruf kommt oft, wenn sich jemand einen anderen einmal unter dem Aspekt betrachten soll, daß dieser ihm etwas von ihm selbst spiegelt. Eben. Weil wir glauben, *so* nicht zu sein (weil wir glauben, es nicht zu dürfen, zu sollen, zu wollen oder zu können), es in einem unentdeckten Winkel unserer Seele aber sind, ziehen wir den anderen an und verschaffen uns so auf unbewußte Weise das Gefühl der Ganzheit (= Vollständigkeit!) in unserem Leben.

Die Projektion von Bildern hat jedoch zur Folge, daß wir nicht der klaren Wahrheit begegnen, sondern daß sich die unbewußte Eigenschaft merkwürdig verzerrt zeigt und oft derart verkleidet daherkommt, daß wir einige Feinarbeit leisten müssen, um sie in ihrer Wahrheit zu erkennen. Neptun spiegelt nicht nur, er täuscht auch und spricht in symbolischen Bildern, wie wir es auch aus unseren Träumen und Phantasien kennen. Wenn wir jedoch die Bilder erkennen, die wir auf unser Gegenüber projizieren und dabei gleichzeitig erkennen, *daß* wir projizieren, geschieht etwas Merkwürdiges: Unsere gefühlsmäßige Fixierung an den anderen verliert, wir selbst jedoch gewinnen an Kraft und können plötzlich Wege gehen, die wir uns selbst nie zugetraut haben.

Die Rücknahme der Projektion ist zwar zuerst oft unangenehm – das ist sie jedoch nur, weil sie uns aus unserem gewohnten Bild von uns selbst herausholt und etwas in uns *verändert*. Sie bereichert uns jedoch auch auf eine Weise, die von Äußerlichkeiten unabhängig ist. Da wir hinter den ganzen Spiegelungen letztendlich uns selbst begegnen, lang vermißten und ersehnten Teilen unserer Seele, kehrt sich das anfangs bestehende Gefühl der Angst in Fülle, Vertrauen und inneren Frieden um. Wir wachsen und können die Beziehungen zu anderen auf eine befriedigendere Weise gestalten.

c. Durch den Spiegel gehen

Aus dem Gesagten ergibt sich, daß die Gefühle, die wir unseren Kollegen und Vorgesetzten, aber möglicherweise auch bestimmten Kunden oder Klienten gegenüber hegen, sehr wertvoll sind, um uns selbst besser kennenzulernen. Diese Gefühle weisen uns auf etwas hin, sie zeigen direkt auf einen wunden Punkt, auf den Bereich unserer Seele, der uns zu Bewußtsein kommen will. Hinter jedem Gefühl, das wir für einen anderen hegen, liegt etwas anderes, nämlich ein Entwicklungswunsch unserer Seele. Geben wir dem nach und folgen ihm, gestalten sich auch unsere Beziehungen dynamischer. Unser Gegenüber wird von Bildern befreit, mit denen wir den anderen unbewußt fixieren, und dadurch wird jede Beziehung – sei sie durch Zu- oder Abneigung bestimmt – entlastet. Sie wird frei von Ansprüchen und Erwartungen und dadurch im Grunde erst zu einer echten Begegnung. Die Rücknahme von Projektionen befähigt uns somit zum Wachstum innerhalb unserer Arbeit. Und sie bringt uns die gesamte Thematik des sechsten Hauses (s. Kapitel I) näher und befähigt uns zunehmend zu unserem eigentlichen Werk.

Wie gehen wir durch den Spiegel, der offensichtlich zwischen uns und den anderen steht? Die bewußte und analytische Arbeit hieran kann uns zwar oft weiterbringen, sie ist aber noch öfter der Faktor, welcher uns am Schritt durch den Spiegel hindern will. Um über unser Gefühl einen Zugang zu finden, hat sich folgende innere Übung bewährt:

Sie haben beispielsweise einen Kollegen oder eine Kollegin, den/die Sie nicht ertragen können. Nehmen Sie sich in einer stillen Stunde einmal die Zeit, sich Ihre Gefühle diesem Menschen gegenüber klarzumachen. Sie müssen nicht schreien, schimpfen oder toben, sondern einfach nur diese Gefühle fühlen, in ihrer ganzen Breite und Intensität. Sie brauchen sie auch niemandem mitzuteilen, sie fühlen diese Gefühle einfach nur für sich. Wenn dieses Gefühl nun intensiv vorhanden ist, versuchen Sie, es in eine relativ kurze Aussage zu packen, wie beispielsweise: «Du bist so ein widerwärtiger Angeber!» oder «Du jammerst ständig nur herum!» oder «Du behandelst mich wie den letzten Dreck!» Diese Aussage soll so weit wie möglich den Kern treffen, den Grund, warum Ihnen dieser Mensch so zuwider ist.

Haben Sie nun Ihren Satz gefunden, stellen Sie sich vor, daß in Ihnen eine Stimme oder innere Person ist, die genau diesen Satz *zu Ihnen* sagt, mit den gleichen Gefühlen und der gleichen Intensität. – Wer spricht da zum wem?

In den meisten Fällen springt durch diese Übung die vormals äußere Auseinandersetzung um in einen inneren Dialog, und der Teil von uns, der diesen Satz zu uns selbst sagt, gewinnt plötzlich ein Gesicht. Gleichzeitig geraten die betreffenden Gefühle in einen anderen Kontext, nämlich in den Kontext unserer Persönlichkeit mit ihrer Geschichte. Sie lösen sich vollkommen vom äußeren Geschehen, da ihr ursächlicher (innerer) Konflikt nun offenbar und bewußt wird.

So kann vielleicht durch den Satz «Du behandelst mich wie den letzten Dreck!» der Teil unserer Persönlichkeit sprechen, der stets sehr sensibel und empfindsam ist. Bewußt verachten wir jedoch möglicherweise «Empfindlichkeiten» und hängen dem Ideal der Coolness an – außer vielleicht, wenn wir jemanden «rumkriegen» wollen… Der Satz stammt oft von einem mißachteten Teil unserer Persönlichkeit, der seine wahren Wünsche hinter der Ablehnung unserer nach außen gezeigten Rolle verbirgt. Jetzt ist es aber möglich, mit diesem Teil in Beziehung zu treten, um ihn kennenzulernen und bewußt in unser Leben zu integrieren. Das unbewußte Ausagieren über äußere Personen wird somit zunehmend unnötiger, und der innere statische Zustand wird zu einem belebenden Prozeß.

Diese Übung funktioniert ebenso bei positiven Projektionen, also mit unseren Gefühlen gegenüber Menschen, die wir nahezu anbeten oder bewundern, die uns Vorbilder sind oder die wir lieben. Hier mag der Satz vielleicht lauten: «Du bist immer so geduldig!» oder «Du respektierst mich immer!» oder «Du verlierst nie den Mut!» Hören wir diesen Satz wie von innen zu uns selbst gesprochen, stellt sich der gleiche Effekt ein – ein Dialog zwischen zwei Seiten unserer Persönlichkeit entsteht. Dabei mag plötzlich eine innere Person Aspekte von uns selbst in ein positives Licht rücken, die wir bisher nie beachtet und schon gar nicht als Talent wahrgenommen und bewußt eingesetzt haben.

Wir werden durch diese Übung in die Lage versetzt, zu uns selbst Beziehung aufzunehmen und zwar an den Stellen, an denen uns das Fehlen der Beziehung schwächt. Durch die Rücknahme von Projektionen werden die Urteile und Meinungen, die wir unbewußt über uns selbst haben, offenbar und relativiert – wenn nicht sogar völlig umgekehrt. Wenn wir auf diese Weise mit uns selbst in Beziehung treten, gilt es vor allem, das Feld zu sondieren. Der projizierte Teil hat nicht immer automatisch recht, aber er hat das Recht zu sprechen, gehört und integriert zu werden, denn er gehört zu uns und nimmt ohnehin Einfluß auf unser Leben. Treten wir bewußt in einen inneren Dialog, überraschen wir uns oft selbst, denn selten steckt das dahinter, was vordergründig angenommen wird. Auffallend ist, daß die «Innensituation» der «Außensituation» meist nur dadurch gleicht, daß in ihr die gleichen Gefühle transportiert werden. Und selten ist es so schrecklich oder so wunderbar, wie wir glauben, sondern einfach bereichernd und erfüllend für uns. Wir gewinnen an Integrität und an Verständnis für uns selbst, können den Ablauf bestimmter Mechanismen erkennen und nun bewußt Veränderungen anstreben.

d. Auf der anderen Seite

Jegliche Projektion überträgt Energie, die uns eigentlich selbst inne ist, nach außen. Jegliche Rücknahme der Projektion lokalisiert diese Energie wieder innen, wo sie nun zu unserer Verfügung steht. Die Arbeit an den eigenen Projektionen aktiviert unsere Beziehungsfähigkeit, sowohl innen wie außen, und wendet sich somit der in der Astrologie durch den Planeten Venus symbolisierten Kraft zu. Venus herrscht im Tierkreis über zwei Zeichen: Waage und Stier. Betrifft die Energie der Waage die Fähigkeit, Kontakt aufzunehmen, in Beziehung zu treten und auszugleichen, so betrifft die Energie des Stiers unsere Fähigkeit, zu gewichten und zu bewerten.

Die Stierqualität hat einen wesentlichen Bezug zu unserem Selbstwertgefühl, zu dem, was uns persönlich Sicherheit verschafft, was unsere persönlichen Basiswerte sind, nach denen wir im konkreten Leben vorgehen wollen. Zum einen sieht man hier sehr schön, wie das Gefühl von eigenem Wert und die Beziehung zum anderen zusammenhängen, zum anderen schlagen wir, indem wir die Venus innerlich aktivieren, zwei Fliegen mit einer Klappe: Wir entlasten unsere Beziehungen und gewinnen innerlich an Gewicht. Und welches Gewicht wir uns selbst geben, hat wiederum einen wesentlichen Einfluß darauf, wie wir mit dem Thema des dritten Abschnittes dieses Kapitels (Geld und Wert) umgehen.

Projektionen sind sehr individuell und hängen eng mit unserer persönlichen Geschichte und den Regeln, denen wir in unserer Kindheit begegnet sind, zusammen. Dennoch läßt sich im Horoskop unsere eigene, grundsätzliche Haltung gegenüber der Außenwelt ablesen. Unser persönlichster Standpunkt ist der Aszendent, hier sind wir uns selbst am nächsten. Der Deszendent (DC), die Spitze des siebten Hauses, markiert die Stelle, die von unserem Selbstverständnis am weitesten entfernt ist. Dieser Qualität begegnen wir im Außen, wir suchen sie dort unbewußt, um uns ganz zu fühlen.

Der Deszendent kann als der Filter angesehen werden, durch den wir den anderen betrachten, weil wir davon überzeugt sind, so nicht zu sein. Jedoch symbolisiert das Mandala des Horoskops eigentlich unsere Ganzheit, und um sie erkennen zu können, sieht jeder Mensch in seinen persönlichen

Spiegel. Der Deszendent zeigt uns die Beschaffenheit unseres Spiegels, zeigt uns das, was allen Etiketten, die wir anderen anheften, gemein ist. Erkennen wir hier nach und nach unser eigenes Defizit und beginnen wir, diese Eigenschaft bewußt und aktiv zu leben, bleibt auch unsere innere Venusqualität davon nicht unberührt.

Befindet sich der DC im Widder (AC Waage), regt uns nichts so sehr auf wie egoistische Kollegen, die nur stur ihren eigenen Streifen fahren, ohne nach rechts und links zu sehen. Wir bewundern Menschen, die Mut an den Tag legen und die wissen, was sie wollen. Wir selbst kennen zwar unseren Wankelmut, sind aber blind für unsere eigene aggressive, durchdringende und kämpferische Kraft.

Befindet sich der DC im Stier (AC Skorpion), ärgern wir uns über die ganzen «Statusprotzer» in unserer Umgebung, die sich nur über das Haben definieren. Wir bewundern Menschen, die es wirklich zu etwas gebracht haben und einen eigenen Stil und Qualitätsbewußtsein zeigen. Wir selbst sehen uns zwar kraftvoll, leidenschaftlich und mächtig, sind jedoch blind für unsere eigenen Talente und deren Wert.

Befindet sich der DC in den Zwillingen (AC Schütze), nerven uns die Quasselstrippen, die Rationalisten und die Besserwisser, die doch nur an der Oberfläche schwimmen. Wir bewundern an anderen deren Intelligenz und ihre Fähigkeit, zu vermitteln. Wir selbst verstehen zwar vieles in einem größeren Zusammenhang, sind jedoch blind für die Seite in uns, die das auch in ganz einfachen Worten vermitteln könnte.

Befindet sich der DC im Krebs (AC Steinbock), können wir anderer Leute Empfindlichkeiten und Launen kaum ertragen. Ihre kindische Art macht uns ziemlich zu schaffen. Wir bewundern jene, die zu echter Nähe und Intimität fähig sind und sich ihrem Gegenüber stets authentisch und menschlich zeigen. Wir selbst kennen zwar unsere Zähigkeit, sind jedoch blind für unsere Bedürftigkeit.

Befindet sich der DC im Löwen (AC Wassermann), scheinen wir umringt von Selbstdarstellern, Egozentrikern und «Stars», die jeden anderen ungefragt zu ihrem Publikum machen. Menschen, die eine in sich ruhende Herzlichkeit ausstrahlen und ihr Leben selbst in die Hand nehmen, finden unsere Bewunderung. Wir selbst haben zwar jede Menge Ideen, sind jedoch blind für unser inneres Zentrum, aus dem heraus wir entsprechend handeln könnten.

Befindet sich der DC in der Jungfrau (AC Fische), fürchten wir uns vor all den Nörglern, Kritikern und Kleinkarierten, die vor lauter Bäumen den Wald nicht sehen können. Menschen, die auf gesunde und umsichtige Weise vorgehen, um für sich selbst zu sorgen, schenken wir unser Vertrauen. Wir selbst haben hinter unserer Angst viele Träume und Sehnsüchte, sind jedoch blind für unsere Fähigkeit, diese in kleinen Schritten geduldig zu verwirklichen.

Befindet sich der DC in der Waage (AC Widder), kriegen wir beim Anblick all der schönen Schmetterlinge um uns herum oft fast zuviel. Ihre Oberflächlichkeit und ihr Opportunismus machen uns manchmal rasend. Wir bewundern Menschen, die auf elegante und strategische Weise vorgehen, um sich im Einvernehmen mit anderen durchzusetzen. Wir selbst stürmen zwar oft vorwärts mit dem Mut eines Kriegers, sind jedoch blind dafür, wo wir eigentlich ankommen wollen.

Befindet sich der DC im Skorpion (AC Stier), leiden wir unter den Dominanzansprüchen der anderen. Wir hassen ihre Manipulationsversuche, ihren Dogmatismus und die Macht, die sie über uns ausüben wollen. Wir bewundern Menschen, die autonom ihren eigenen Weg gehen und sich auch nicht vor Extremsituationen fürchten. Wir selbst stehen zwar auf sicherem Boden, sind jedoch blind für unsere Fähigkeit, das Terrain zu wechseln.

Befindet sich der DC im Schützen (AC Zwillinge), sind all die Großspurigen uns ein wahres Greuel. Wir scheinen von jenen umzingelt zu sein, die sich für großartig halten und uns ständig belehren wollen. Wir bewundern Menschen, die Zusammenhänge begreifen und von ihrer Sicht der Welt erfolgreich getragen werden. Wir selbst informieren uns zwar ständig über alles und jeden, sind jedoch blind für dessen Bedeutung.

Befindet sich der DC im Steinbock (AC Krebs), quälen uns stets strenge, fordernde und urteilende Menschen. Es scheint, als ob es niemanden gibt, der anders ist als unsere Eltern oder vergleichbare Autoritäten unserer Kindheit. Menschen, die kompetent sind und sich nicht beirren lassen, die zu wissen scheinen, was richtig und was falsch ist, bewundern wir und möchten ihre Anerkennung. Wir selbst kennen zwar unsere Bedürfnisse und Gefühle, sind jedoch blind für unsere Fähigkeit, ihnen entsprechend unser Leben zu strukturieren.

Befindet sich der DC im Wassermann (AC Löwe), scheint uns alle Welt verrückt. Jeder spinnt und hält sich für etwas Besonderes, und niemand scheint uns Aufmerksamkeit schenken zu wollen. Wir bewundern Menschen, die aus der Masse herausragen und frei ihren eigenen Ideen folgen. Wir selbst spüren zwar einen enormen Drang, uns auszudrücken, sind jedoch blind für unsere eigenen originellen Einfälle, da sie stets jenseits der Norm liegen.

Befindet sich der DC in den Fischen (AC Jungfrau), können wir den Eindruck gewinnen, noch nie einem ehrlichen Menschen begegnet zu sein. Jeder Mensch entpuppt sich irgendwann als ein Lügner, Täuscher oder Schwächling. Wir bewundern Menschen, die wahrhaftig sind, die voller Gelassenheit gesellschaftliche Konventionen überschreiten und ihren Träumen treu bleiben. Wir selbst feilen zwar an den konkreten Details unseres Lebens, sind jedoch blind für das unsichtbare Wirken, in dem alle aufgehoben sind.

3. Geld und Wert

Im Gegensatz zu dem Thema Kollegen wird über das Thema Geld in Kollegenkreisen am wenigsten geredet – höchstens über das Geld der anderen, was aber dann wieder eher unter das Thema Kollegen fällt... Was jemand hat oder nicht hat, ist ein Tabuthema, und im Grunde ist das auch recht sinnvoll, denn das Tabu verhindert Neid und Mißgunst untereinander. Es ist jedoch menschlich, zeigen zu wollen, was man hat, und sich mit anderen zu vergleichen. Sich miteinander zu vergleichen ist eigentlich etwas völlig Neutrales, da das Erkennen von Unterschieden der Begegnung förderlich sein könnte. Leider folgt jedoch bald nach dem Vergleich das Urteil und nach dem Urteil der Angriff auf dasselbe. Und leider beschränkt sich das Vergleichen in unserer konsumorientierten Gesellschaft zumeist nur auf Dinge, die jemand hat oder nicht hat.

So wird zwar nicht über Geld geredet, jedoch versucht jede/r, sich so darzustellen, als hätte er/sie mehr als tatsächlich – und versucht zu verbergen, wieviel oder wenig er/sie wirklich hat. Nichts zu haben kommt dem Urteil «Versager» gleich, und wer viel hat, wird als «Gewinner» bezeichnet. Die kollektive Meinung sieht den materiellen Besitz als den höchsten Wert, und wer im Wettlauf um Dinge vorn liegt, der/die wird bewundert und als Vorbild für ein erfolgreiches Leben angesehen. Aber wir alle kennen Geschichten, die beweisen, daß Geld nicht glücklich oder gar unglücklich macht. Was sollen wir nun tun? Sollen wir danach streben oder nicht? Und inwieweit sollen wir die Gestaltung unseres beruflichen Weges vom Geld abhängig machen?

Geld an sich ist lediglich ein Symbol. Es steht für die Möglichkeit, sich Dinge erwerben zu können, und das funktioniert mittels Geld auch nur deswegen, weil alle an seinen Wert glauben. Geld ist ein allgemein akzeptiertes Wertersatzmittel, ein Bild für Potenz. Geld an sich ist nahezu wertlos. Seinen

Wert erhält es dadurch, daß es uns den Zugang zu und die Inbesitznahme von irdischen Gütern, von Erde, von Welt ermöglicht. Auch hinter der Machtausübung, die mittels Geld möglich ist, steckt letztendlich der Traum von der Herrschaft über die Welt – sei es die eigene kleine oder die große Welt.

a. Haben

Das Ursprünglichste, das ein Mensch besitzt, ist er selbst. In unserer Entwicklung als Säugling ist der Moment, in dem wir unseren Körper als unser ureigenstes Refugium entdecken, auch der Moment, in dem wir erkennen, daß wir etwas haben. Der Besitz eines Körpers ermöglicht es uns, in der irdischen Welt zu existieren. Unser Körper ist Wohnstatt unseres Seins, er ist das Außen für das Innen, sein Ausdruck und sein Spiegel. Somit haben wir nicht nur einen Körper, sondern wir *sind* unser Körper. Körperliche Existenz ermöglicht uns das Leben in Raum und Zeit, sie ermöglicht uns zugleich, uns selbst in dieser Dimension des Daseins zu entwickeln. Haben und Sein sind somit zwar unterschiedlich, aber nicht gegensätzlich, sondern sich bedingend und voneinander abhängig. Und im Grunde haben wir nie mehr als unseren ursprünglichen Besitz – uns selbst, so, wie wir sind.

Wir halten diese Existenz aufrecht durch den Austausch mit der Welt «da draußen», und zwar auf allen Ebenen. Wenn der körperliche Austausch (essen – verdauen – ausscheiden), der seelische (fühlen – reagieren – geben) und der geistige (wahrnehmen – verstehen – äußern) fließen, fühlen wir uns sicher und voll und ganz auf der Erde verwurzelt. Da wir Wesen sind, die sich entwickeln, sammeln wir im Laufe unseres Lebens auf allen Ebenen uns selbst an – wir wachsen der Struktur entgegen, die uns entspricht. Die Integrität Saturns ist die entwickelte Stufe, sich selbst zu haben, und diese Stufe entsteht durch die Auseinandersetzung mit unterschiedlichen Wertvorstellungen.

Das ursprüngliche Haben wird von Beginn unseres Lebens an in Frage gestellt, weil wir mit jedem Menschen auf ein anderes Wertsystem treffen. Sich seiner selbst sicher zu sein ist somit ein stets schwankender und dynamischer Prozeß. Wir werden durch die Existenz anderer verunsichert und gewinnen durch einen Reifungsakt die Sicherheit zurück. Passen wir uns einem Wertsystem an, das unserer Realität nicht gerecht wird, verlieren wir ein Stück von uns selbst – wir haben weniger von uns und mehr vom Gefühl des Verlustes. Wird beispielsweise ein Junge in eine Familie geboren, die ein Mädchen erwartet und erhofft hat, da sie weibliches Leben für wertvoller erachtet, trifft er auf ein Wertsystem, das seiner konkreten Existenz nicht gerecht wird. Das Kind wird sich selbstverständlich in dieses Wertsystem fügen und beispielsweise weiblich definierten Zielen folgen oder ein weiblich geprägtes Denken an den Tag legen – es wird jedoch mit einem chronischen und unbewußten Gefühl des Verlusts aufwachsen, das später möglicherweise nur noch als eine ungerichtete Sehnsucht oder Angst fühlbar ist.

Das Gefühl, sich selbst verloren zu haben, erscheint in unserem Bewußtsein als der Glaube an unseren minderen Wert. Minderwertigkeitsgefühle oder ein mangelndes Selbstwertgefühl sind Symptome dafür, daß wir uns nicht vollständig haben, daß wir einem Wertsystem anhängen, daß unserer körperlichen, seelischen und geistigen Realität nicht gerecht wird. Um es gleich zu sagen: Kein allgemein gültiges Wertsystem tut das. Und somit hat sich jeder Mann und jede Frau ein Stück verloren, hat sich nicht selbst und sucht diesen Verlust auszugleichen und das Gefühl von Mangel zu beheben.

Das populärste Mittel dafür ist Konsum, wozu wir jedoch Geld benötigen. In diesem Kreislauf ist Arbeit oft das Mittel zum Mittel zum Mittel... Arbeit ist nötig, weil Geld nötig ist, Geld ist nötig, weil Konsum nötig ist, Konsum ist nötig, weil ein unbewußtes Gefühl von Mangel herrscht, das recht einfach durch Werbebilder aktiviert werden kann, aber niemals durch äußere Dinge gestillt wird. Also scheint es (der Konsum) nicht gereicht zu haben, somit wird mehr (oder besser bezahlte) Arbeit nötig, weil mehr Geld nötig ist, weil mehr (oder anderer) Konsum nötig ist, weil das Gefühl des Mangels immer noch nicht behoben ist.

Wir können sehr lange wie ein Hamster im Rad des Konsums laufen und uns halb zu Tode arbeiten, bis uns irgendein Leid zwingt, innezuhalten. Dann fragen wir vielleicht endlich einmal: Was ist das wert, das ich *tatsächlich habe/bin*? Und: Was von mir gehört denn (noch) tatsächlich mir selbst?

Unsere Seele bestimmt darüber, wie wir uns fühlen. Für unsere Seele ist Ersatz jedoch bedeutungslos, deshalb bedeutet ihr Geld auch nichts. Außerdem stuft sie innerlich ab nach der Dringlichkeit und Wichtigkeit der Bedürfnisse. Daher bedeuten ihr wertvolle Dinge nichts, wenn wir unbewußt unseren Körper mißachten und beispielsweise auf der Fitnesswelle reiten, um ihn in ein bestimmtes Bild zu pressen, auf der Diätenwelle reiten, um ihm seine lästerlichen Bedürfnisse auszutreiben, auf der Modewelle reiten und ihn zum Kleiderständer für fremde Ideen zu benutzen oder ganz allgemein einem Denken folgen, das unsere geschlechtliche Identität und Unterschiedlichkeit nicht beachtet.

Aus der Sicht unserer Seele ist das dringlichste Grundbedürfnis, Sein und Haben im Einklang miteinander zu leben, also den Körper als ihren Freund zu erfahren und sich seiner als ihrem ureigensten Instrument bedienen zu können. Erst dann haben wir ein sicheres Gefühl von Wert, das auf der Realität unserer einfachen Existenz beruht. Und erst dann können wir mit unserem Bedürfnis nach Geld auf eine uns zuträgliche Weise umgehen. Der Vergleich mit unseren Kollegen, Freunden oder generell anderen Menschen bereichert und inspiriert uns dann durch die Unterschiedlichkeit aller Menschen. Wir sind jedoch nicht mehr gezwungen, unseren scheinbar minderen Wert durch das Streben nach Geld und äußeren Besitz zu kompensieren. Die Kraft und Zeit, die wir dadurch gewinnen, lassen uns auf das aufmerksam werden, was unsere Seele an Gaben für uns bereithält.

b. Talente

Viele Menschen halten sich für untalentiert. Unter Talent wird oft eine besondere Begabung verstanden, die um so mehr zur Berufung wird, je besonderer sie ist (s. Kapitel II/3). Das Wort «Talent» stammt vom griechischen «tálanton» ab und bedeutet ursprünglich «Waage, das Gewogene, bestimmtes Gewicht». Es war die offizielle Handelsbezeichung eines bestimmten Gewichtes und einer diesem Gewicht entsprechenden Geldsumme. Im Neuen Testament erscheint es mit der Bedeutung «anvertrautes Vermögen, anvertrautes Gut», woraus sich dann die ins Geistige übertragene Bedeutung «die (einem von Gott anvertraute) geistige Anlage» entwickelte[7].

Unser Talent ist demnach das Gewicht dessen, was uns (von Gott oder der Kraft, an die wir glauben) mit unserer Geburt ins irdische Leben anvertraut wurde. Solange wir jedoch dieses so wichtige in uns nach einem äußeren Wertsystem gewichten, finden wir zu unseren echten Talenten nur schwer Zugang.

Unsere Kultur hält zum Beispiel ganz andere Dinge oder Eigenschaften für wichtig und wertvoll als die Kultur der Antike oder der Renaissance, und auch andere als der asiatische, afrikanische oder australische Kulturraum. Definieren wir unseren Wert ausschließlich in den Zusammenhängen der gesellschaftlichen bzw. sozialen Gegenwart, müssen wir zwangsläufig ein Stück unserer Menschlichkeit zurücklassen und minderbewerten. Was uns mitgegeben wurde und unser seelisches Gewicht ausmacht, ist vollkommen losgelöst von menschlichen Bewertungen. Man könnte auch sagen: Die Natur (=unsere eigene Seele) ist unmoralisch und unzivilisiert. Uns entstehen berufliche Probleme stets dadurch, daß wir unser inneres Land äußeren Vorgaben entsprechend kultivieren müssen, um in der Gesellschaft, in der wir leben, einen Platz zu finden.

7 Duden Etymologie, Herkunftswörterbuch der deutschen Sprache

Wenn wir unsere Talente kultivieren können, empfinden wir das als angenehm, wir sind ausgeglichen und mit uns in Frieden. Unser Körper wird dadurch zum Ausdrucksmittel unserer Seele, und unser Leben ist Ausdruck dessen, was uns wichtig ist. Dabei sind unsere Talente nicht unbedingt besondere Begabungen, sondern eher *Vorlieben der Seele*, also alles, wozu wir instinktiv und natürlicherweise neigen. Mag das kollektive Urteil das, dem wir uns zuneigen, auch für unwichtig oder wertlos erachten – für uns selbst und unsere innere Harmonie ist es wichtig, da es über unser Leben bestimmt.

Je mehr wir diese inneren Neigungen in ihrer Ursprünglichkeit erkennen und ihnen Wert zusprechen, um so mehr fühlen wir uns gewichtig und wertvoll – und dieses Gefühl entsteht aus uns selbst und ist unabhängig von materiellem Besitz. Ein gutes Selbstwertgefühl entsteht aus dem Bewußtsein und der Anerkennung der Vorlieben unserer Seele[8]. Das Talent im üblichen Sinne der besonderen Begabung entsteht somit eigentlich auf vollkommen natürliche Weise und mehr nebenbei, denn wenn wir dem folgen, was wir lieben, lernen und können wir hier auch am meisten. Und um diesen Weg zu gehen, ist es nie zu spät.

Wenn jemand also sagt, er oder sie sei untalentiert, sagt er oder sie damit eigentlich: «Ich habe keine Seele» – und das stimmt nicht, denn dieser Mensch lebt ja. Dahinter steht die unbewußte Aussage: «In meiner Seele sind Schwerpunkte und Gewichtungen, die allgemein nicht für wichtig gehalten werden. Deshalb nehme ich sie auch nicht wichtig, weil ich mehr den anderen glaube als mir selbst. Ich nehme mich selbst nicht wichtig.» Auch in bezug auf die eigenen Talente stehen wir wieder vor der Auseinandersetzung mit den The-

8 Vor einiger Zeit las ich in einer Tageszeitung, daß irgendein wichtiger Politiker es bedauerte (!), daß die jungen Leute von heute ihren Beruf eher ihren Neigungen entsprechend auswählen, anstatt sich an den Bedürfnissen des Marktes zu orientieren. So etwas sagt Saturn – vor seiner Verwandlung (s. Kapitel IV).

men Saturns, mit seiner Wandlung vom Repräsentanten kollektiver Meinungen zur Kraft der inneren Autorität. Nun mag sich manche/r fragen: Hat das alles denn überhaupt noch etwas mit Geld zu tun? Es hat.

Das Gewicht, das wir uns selbst geben, bestimmt wesentlich über unser Selbstwertgefühl und über unsere innere Stabilität. Bei den bisherigen Ausführungen zum Thema Geld ging es um verschiedene Facetten des Stierprinzips und um dessen Kompensation bei mangelnder innerer Sicherheit. Mit Venus als der Herrscherin über Stier und Waage steht unser Selbstwertgefühl in direktem Zusammenhang damit, wie wir anderen gegenübertreten. Im Beruf bestimmt die Art und Weise, wie wir anderen gegenübertreten, wesentlich über unsere Zufriedenheit und unseren Erfolg. Erfolg macht erfolgreich, lautet ein geflügeltes Wort. Wenn wir echte Sicherheit ausstrahlen, werden wir von anderen respektiert und wird uns von anderen auch etwas zugetraut. Wir können besser unsere Grenzen ziehen und uns vor einem Verhalten schützen, das uns von unserer Seele entfremdet – sei es auch noch so gut bezahlt. Wir können jedoch auch nicht mehr vor uns selbst davonlaufen. Das Gefühl der inneren Stabilität und des eigenen Wertes gibt uns auch die Kraft, einen unteren und schlecht bezahlten Platz aufzugeben – an dem wir manchmal nur deswegen festhalten, weil wir ihn für den sichersten halten.

c. Bezahlung oder Entschädigung?

Viele können sich an dem Geld, das sie verdienen, nicht freuen. Sie empfinden es eher als eine Entschädigung für verkaufte Zeit oder für die Überwindung von Abneigungen denn als eine Gegenleistung für die Tatsache, daß sie ihre Fähigkeiten zur Verfügung stellen. Mit dem Argument, daß sie ja Geld dafür bekommen, rechtfertigen viele vor sich selbst, daß sie in ihrer Arbeit Dinge tun, die ihnen nicht liegen, die sie nicht interessieren, sie nicht ausfüllen oder die ihnen gar zuwider sind. Diese Menschen leiden dann zum einen an dem chronischen Gefühl, käuflich zu sein, und zum anderen daran, daß sie selbst ihren Talenten (Neigungen!) nicht genügend Gewicht beimessen. Unbewußt setzen wir dann «nicht genügend Gewicht» mit «nicht genug Geld» gleich und erhoffen uns durch Gehaltserhöhungen Zufriedenheit – was jedoch auf Dauer nicht funktioniert.

Im Grunde läuft auf diese Weise das Tauschgeschäft, das die Berufstätigkeit ja letztendlich ist, auf schiefen oder verdrehten Ebenen. Wir geben nicht, was wir könnten und erhalten nicht, was wir wollen. Das Medium «Geld» abstrahiert diesen Prozeß sehr, so daß der Grund unserer Unzufriedenheit nur schwierig auszumachen ist. Es ist jedoch für unsere Seele ein Unterschied, ob wir eine bestimmte Summe Geld für eine Leistung erhalten haben, die wir lieben und gern tun, oder für eine Leistung, zu der wir uns zwingen und überwinden mußten. Mag der Geldbetrag auch der gleiche sein, seine Qualität ist es nicht. Im ersten Fall geben und nehmen wir gern, im zweiten nicht. Im ersten Fall findet ein tatsächlicher Austausch zwischen uns und der Welt statt, im zweiten lediglich ein funktionaler Austausch.

Im Kapitel über das sechste Haus wurde deutlich, daß Arbeit uns zum siebten Haus hinführen will. Wenn wir in unserer Arbeit unsere Seele nicht mitnehmen können, kommen wir auch nicht im siebten Haus an. Folgen wir unseren Talenten, geben wir tatsächlich von uns selbst und können dann auch das nehmen, was der andere uns gibt. Das Geld wird damit zu einem Symbol für fließende Beziehungen und bestehende Verbindungen – zu einem Symbol und nicht zu dessen Ersatz!

Sind wir mit unserer Arbeit unzufrieden, ist die häufigste Annahme für den Grund unserer Unzufriedenheit, daß wir nicht genügend gefördert, respektiert, anerkannt oder bezahlt werden. Das grundlegende Gefühl ist: Von außen kommt zu wenig. Dem gegenüber steht jedoch die seelische Tatsache, daß wir nicht geben können, was wir geben wollen und könnten. Unser inneres Potential findet keinen Abnehmer, es staut sich und beginnt irgendwann zu gären. Es mag auf diesem Standpunkt immer noch Tatsache sein, daß von außen zu wenig kommt, das Leid entsteht jedoch durch die Unterdrückung des Fließens von innen nach außen, von uns zu den anderen.

Erkennen wir das, hat sich zwar äußerlich (noch) nichts geändert, jedoch stehen wir nun bei uns selbst und auf einer aktiven und liebenden Seite. Wir wechseln innerlich von einer Haltung des Erwartens in eine Haltung der Aktivität. Denn wenn wir erkennen, daß wir mehr oder anders als momentan geben könnten, erkennen wir auch unsere Kraft und unsere Liebe. Dies befähigt uns zur Investition in uns selbst, zu einer Einstellung, die das Gelingen unserer Berufstätigkeit von äußeren Förderungen unabhängig macht. Und oftmals kommen sie gerade dann – wie der Zufall es so will. Geben wir uns selbst eigenverantwortlich mehr Gewicht, verändert sich auch das energetische Muster, in dem wir leben. Diese Veränderung zieht Ereignisse nach sich, die vorher nicht geschehen konnten, da unser «innerer Sender» anders eingestellt war.

Die meisten von uns sind in dem Geiste aufgewachsen, daß Liebe und Arbeit nicht zusammenhängen. In schweren Zeiten – und die sind immer – wird nach dem Nutzen entschieden und auf persönliche Vorlieben keine Rücksicht genommen. Die Kraft der Venus wird beim Thema Arbeit oft selbstverständlich ausgeschlossen, als ginge es dabei nicht auch um Genuß, Liebe und die Begegnung mit anderen. Geld wird damit auch zur Entschädigung für den Un-Frieden, den eine rein nutzenorientierte Berufstätigkeit in jedem auslöst. Und oft wird mehr Geld benötigt, um in der Freizeit der Hobby-Venus zu frönen, die derart unterbewertet jedoch zu einem luxuriösen und kosmetischen Wesen mutiert und immer teurer wird. Für viele ist die Freizeit eine teure Geliebte, für die zudem noch wenig Zeit bleibt, da man ihretwegen ja viel arbeiten muß, um viel Geld zu verdienen... Dürfte die «Geliebte» im Berufsleben mitreden, könnten wir ungesunde Trennungen aufheben und unsere inneren Kräfte miteinander in eine fließende Beziehung bringen.

d. Verbotene Liebe

Die Kraft der Venus ist zu komplex, als daß ich sie hier in einem kurzen Abriß in den Zeichen oder Häusern darstellen möchte. Zudem ist ihre Auswirkung bei Männern und Frauen recht unterschiedlich. Sie ist jedoch bei allen die Kraft, eine Wahl zu treffen, uns mit uns selbst und den anderen in Ausgleich zu bringen und zu verbinden. Sie bringt mehr echten Genuß in unser Leben und ist die Kraft, mit der wir erkennen, was für uns persönlich gut oder weniger gut ist. Um mit ihr in Kontakt zu kommen, sind uns unsere Beziehungen zu anderen Menschen sehr hilfreich, vor allem, wenn wir sie unter dem Aspekt der Anziehung und Projektion betrachten.

Ein bewußter Umgang mit unserem Körper, eine regelmäßige Sammlung und Konzentration auf unser Erde-Sein bietet uns auch einen ganz ursprünglichen Zugang zu innerer Sicherheit und Ausgewogenheit. Die Liebe ist ein Kind der Freiheit, wie im Mythos auch Venus-Aphrodite aus den Geschlechtsteilen (der Potenz) des Uranus entstanden ist. So kann es hilfreich sein, wenn wir uns in stillen Momenten einmal von den Erwartungen befreien, die wir an uns selbst haben, und fließen lassen, was fließen will.

Sind wir uns unserer venusischen Seite bewußt, verringern wir den Einfluß kollektiver Meinungen auf unser Verhalten. Da wir auf diese Weise mit unserem beruflichen Verhalten aus der Herde ausscheren können, richten sich viele «Bremser» Saturns gegen ein Vorgehen, das auf der Liebe basiert und der Menschlichkeit Wert beimißt. Im folgenden möchte ich einige dieser bremsenden Argumente, mit denen wir, wenn wir uns wichtig nehmen, konfrontiert werden können, aufführen und kommentieren:

- «Wenn das jeder machen würde»

Tut er/sie aber nicht. Menschen sind Individuen, und was sie tun, beruht auf ihrer individuellen Wahl. Zudem würde es im Berufsleben vermutlich etwas freundlicher aussehen, wenn ein paar mehr Menschen das oder etwas Ähnliches machen würden, von dem uns da gerade abgeraten wird.

- «So etwas Egoistisches»

Liebe ist eine Entscheidung. Die Zuwendung zu etwas beinhaltet stets die Abwendung von etwas anderem. Der Vorwurf des Egoismus kommt meist von denen, von denen wir im Begriff sind, uns abzuwenden. Wir werden lernen müssen, mit diesem Vorwurf zu leben, der uns jedoch meist aus der Vergangenheit hinterhergerufen wird. Alles fließt – auch im Berufsleben. Im übrigen haben wir die Polarität nicht erfunden, sondern als Attribut irdischen Seins vorgefunden.

- «Das kannst du nicht»

Eben. Weil wir es aber lieben, wollen wir es lernen, denn es hat in uns zuwenig Gewicht. Wenn wir etwas nicht können, das uns nichts bedeutet, bemerken wir das gar nicht – es gehört nicht zu unserer Welt. Da wir jedoch das Fehlen von etwas Bestimmtem bemerken, investieren wir hier in uns selbst, bis wir können und wieder im Gleichgewicht sind.

- «Wie soll das weitergehen?»

Die Venus als Herrscherin über die Waage steht im luftigen Dreieck in Verbindung mit den Zeichen Zwillinge und Wassermann. Wenden wir uns also der Liebe zu, rückt auch die Welt der Ideen und plötzlichen Einfälle näher. Diese Welt ist jedoch jenen fern, welche die besagte Frage stellen, denn sie fragen, weil sie keinen vorgefertigten Weg mehr erkennen (Saturn). Uns bleibt hier nur das Vertrauen, daß Liebe erfinderisch macht. Außerdem befähigt uns die Kraft der Venus zu strategischem Verhalten, und es ist nicht die schlechteste Strategie, auf diese Frage nicht zu antworten…

- «Das will doch keiner wissen/haben/kaufen/machen»

Hier betätigen sich die Repräsentanten der kollektiven Meinung, die eben noch die obige Frage gestellt haben, plötzlich als Seher. Außerdem ist das ein direkter Angriff auf unseren eigenen Wert, denn wir werden selbst damit als «keiner» hingestellt. Liebe führt uns zu Verbindungen, und in jedem Beruf bzw. in jeder Branche sind Menschen durch geistige Gemeinsamkeit (Luftdreieck!) verbunden. Haben wir die Stier-Seite der Venus (Realismus, konkrete Grundlagen) nicht außer acht gelassen, sollte uns dieses Argument nur kurzfristig aus dem Gleichgewicht bringen.

- «Und wieviel bringt das?»

In der Regel sollen wir hierauf mit einer Zahl antworten, denn man fragt nach Geld, um berechnen zu können, ob sich der Aufwand «lohnt». Wenn wir unser Berufsleben jedoch nach dem ausrichten, was wir lieben, gelten für uns ganz andere Werte. Antworten wir auf diese Frage, schrumpft das, was wir tun, zu einer kleinen Zahl zusammen, die alles abschneidet, was unserer Seele Gewicht gibt – selbst, wenn diese Zahl beeindruckend ist. Es kommt darauf an, in welchem Verhältnis wir zu dem/der Fragenden stehen, ob wir ihm/ihr von einer anderen Sicht berichten oder klarmachen, daß unsere finanziellen Verhältnisse ihn/sie nichts angehen.

Es gibt sicherlich noch eine ganze Reihe weiterer Bremser, die alle den Zweck haben, daß wir in dem Bestehenden verharren. Wenn wir uns beruflich verändern wollen oder am Beginn unseres Berufslebens unsere Wahl treffen, wird uns stets nahegelegt, unsere Neigungen der bestehenden Struktur unterzuordnen, also das zu tun, was der Arbeitsmarkt erfordert und zuläßt. Die Kraft der Venus befähigt uns auch hier, abzuwägen, denn es ist auch ein Zeichen von mangelnder innerer Sicherheit, nur auf den eigenen Vorlieben zu beharren und die eigene Existenz nicht im Rahmen der Gesellschaft zu betrachten. Wenn wir den Häusern, über welche die Zeichen Stier und Waage herrschen, bei unseren beruflichen Entscheidungen Raum und Gewicht geben, berücksichtigen wir sowohl das, was uns persönlich wichtig ist, das Gefühl von eigenem Wert vermittelt und uns innere Stabilität verschafft, als auch das, was wir lieben und was wir mittels unserer Arbeit den anderen Menschen geben wollen. Wir gehen mit Liebe vor, sowohl zu uns selbst als zu anderen, und diese Kraft gibt uns die Fähigkeit, die saturnischen Prüfungen zu bestehen.

Wenn wir dem folgen, was wir lieben, machen wir das, was wir machen, auch gut, denn wenn wir es nicht gut machen, fühlen wir uns persönlich unzufrieden und unwohl. Um es gut machen zu können, lernen wir so lange, bis wir es können. Da wir es lieben, lernen wir auch dann weiter, wenn wir schon einiges können – und das ist der Weg vom Können zu Kunst und Qualität, zwei weiteren Venus-Entsprechungen. Und diese Eigenschaften werden in der Regel auch gut bezahlt…

Wir sind auf eine sehr individuelle und persönliche Weise zu Risiken fähig und gerade dort, wo wir lieben, auch zu außergewöhnlichen Leistungen bereit. Aus der Sicht der Vergangenheit (Saturn) ist Liebe immer ein Risiko, wie jedes neue Leben. Es ist jedoch ein Irrtum zu glauben, daß wir Risiken im Arbeitsleben ausschalten können, wenn wir unsere Liebe dem Nutzen opfern. Im Grunde ist eher das Gegenteil der Fall, denn wenn wir unserer Venus-Kraft inne sind, sind wir auch beweglich und innerlich sicher genug, um uns auf Veränderungen, die von außen kommen, einzustellen.

Kapitel IV
Arbeit und Herausforderungen

«Die beste Selbsthilfetechnik, die Sie anwenden können, ist die Kunst des Lachens. Das soll nicht heißen, daß alles, was passiert, nur noch lustig ist. Sie werden es zunächst wohl nicht leicht finden, die schnelle Auflösung der Ozonschicht mit einem Lachen abzutun und über die petrochemischen Stoffe, die sie mit jedem Glas Wasser zu sich nehmen, zu kichern. Und (um ganz ehrlich zu sein) sogar wir finden die amerikanische Zentralbank nicht besonders lustig. Aber sich deprimieren zu lassen, führt auch nicht weiter.»

(Mission Control und Zoev Jho, E.T. 101)

Im letzten Kapitel dieses Buches wollen wir uns mit dem befassen, was durch die Struktur und Veränderungen der Gesellschaft in unserer Arbeit an Herausforderungen auf uns zukommt. Hier sehen wir uns als einen Menschen der Gesellschaft, des öffentlichen Lebens, der dazu aufgerufen ist, seine eigene, innere Autorität zu entwickeln. So befaßt sich der Abschnitt 1 im wesentlichen mit der Energie Saturns und mit den häufig einschränkenden Situationen, die er uns in unserem Arbeitsleben beschert. Wenn wir Saturns Energie jedoch verstehen und ihre Herausforderung annehmen, kommen wir zu ganz überraschenden Ergebnissen.

Im zweiten Abschnitt befasse ich mich mit den Herausforderungen, die der Wandel der Zeit an uns persönlich stellt. Wir können berufliche Erfahrungen nutzen, um mit der Zeit zu gehen, sowohl mit unseren individuellen Rhythmen als auch mit kollektiven Veränderungen. Die Zeichen der kollektiven Veränderungen deuten auf Individualität und Eigenständigkeit, jedoch müssen wir hierzu unserer Sonnenkraft habhaft sein. Die Reifung an saturnischen Prozessen kann uns paradoxerweise zu unserer Sonne hinführen und uns die Kraft geben, im eigenen Auftrag zu handeln.

Im letzten Abschnitt stehen die Herausforderungen im Vordergrund, die durch unsere gesellschaftliche Situation entstehen. Die transsaturnischen Kräfte von Uranus, Neptun und Pluto formen das Gesicht der Erde, indem sie durch einzelne Personen wirken. Im Berufsleben erfahren wir das durch schicksalhafte Prozesse, die uns in politischer oder wirtschaftlicher Hinsicht persönlich treffen und mit denen wir uns demzufolge auseinandersetzen *müssen*. Hier geht es um die Erfahrung, Teil eines Ganzen zu sein. Mögen sich kollektive Ereignisse in ihrem Erscheinen auch wenig um den einzelnen scheren, so ist doch jede/r einzelne durch persönliche Betroffenheit von ihnen letztendlich dazu aufgerufen, über sich selbst hinauszuwachsen. Hierdurch gewinnt unser beruflicher Alltag an Größe und Bedeutung und kann eine Bühne sein, auf der wir lernen, wer oder was wir wirklich sind.

1. Hierarchie und Autorität

In den vorangehenden Kapiteln wurde immer wieder auf das Steinbock-Prinzip nebst seinem Repräsentanten Saturn hingewiesen. Saturn ist als Herrscher über den irdischen Raum und die irdische Zeit jene Energie, die über die Erfüllung unseres Schicksals wacht. Seine Lektionen sind zunächst oft unangenehm, weil wir sie im Zusammenhang mit Strenge, Verzicht, Forderungen und Urteilen erfahren. Saturn ist jedoch nur so lange belastend, wie wir ihn als der Weisheit letzter Schluß betrachten.

Im Tierkreis folgen auf das Zeichen des Steinbocks der Wassermann und die Fische, Zeichen, denen überpersönliche oder spirituelle Energien zugeordnet werden. Diese Qualitäten sind vielen Menschen angenehmer, und sie versuchen, in ihrer seelischen Entwicklung direkt dorthin zu gelangen, ohne den mühsamen Umweg über die irdische Welt der Dinge, des Zeitverlaufs, der Langsamkeit und der Urteile zu nehmen. Viele nennen das «esoterisch», flüchten jedoch in Wahrheit vor der diesseitigen Welt und berücksichtigen nicht, daß der Weg in die Freiheit des Wassermanns durch die Tür Saturns hindurchführt – einen anderen Weg gibt es nicht.

Das Berufsleben ist natürlicherweise ein Domäne Saturns, wir begegnen hier seiner Qualität auf Schritt und Tritt, denn alles, was wir beruflich tun, findet eine Beurteilung, sei es durch unsere Vorgesetzten oder durch die Öffentlichkeit. Diese Beurteilung konfrontiert uns mit dem, was machbar ist, und zeigt uns auf manchmal schmerzliche Weise die augenblickliche Realität.

Die Energie Saturns ist im Grunde jedoch lediglich die Kraft, die Dauer und Struktur schaffen kann, sie ist die Fähigkeit, zu formen und zu stabilisieren. Diese Kraft ist wichtig und lebensnotwendig, denn ohne sie kommen wir auf der Erde überhaupt nicht zurecht. Diese Kraft will jedoch über sich selbst hinausführen, um dem zyklischen und rhythmischen Leben zu dienen. Unser Körper gibt uns ein schönes Bild dafür, denn hier regiert Saturn vor allem über das Skelett und die Haut und verleiht uns die Form unserer Menschlichkeit. Hätten wir keine Knochen und keine äußere Hülle, wären wir nur ein amorpher Haufen Fleisch oder gar Brei – formlos, instabil, undefinierbar. Saturn richtet uns auf, er verleiht uns die Härte und Ausdauer, der Erdanziehungskraft entgegenzuwirken, uns zu erheben und unseren Kopf dem Himmel entgegenzustrecken. Er bringt uns näher an die Sonne und verbindet uns gleichzeitig mit der Erde, denn die Verlängerung unseres individuellen Zenits über unserem Kopf durch die Achse unseres Körpers führt direkt in den Mittelpunkt der Erde. Die Reduktion unseres Gewichtes auf zwei Beine macht die Last für unsere Füße zwar schwerer, die Verbindung zur Erde jedoch auch intensiver – Preis, Geschenk und Ausgleich für die Nähe zur Sonne.

Als der Mensch sich seinerzeit aufrichtete, war das mit Sicherheit ziemlich anstrengend, hat vermutlich bis zum sicheren Gang enorm lange gedauert und forderte den Verzicht auf die bisherige Bequemlichkeit. Es war jedoch eine zwingende Entwicklung, von den Kräften des Lebens gesteuert und von der Kraft Saturns in die Realität transportiert. Aber wie mag das damals gewesen sein, als die ersten Schritte nach mühsamen Versuchen, Fehlschlägen und Anläufen endlich gelangen! Wir alle machen im Laufe unserer Entwicklung als Kleinkind diesen evolutionären Schritt noch einmal durch, können uns jedoch leider nicht mehr daran erinnern.

Wenn wir jedoch einmal ein Kind beobachten, das laufen lernt und gerade die ersten Schritte – allein! – hinter sich gebracht hat, sehen wir auch Saturns Lohn: Der Triumph und die Freude auf dem Gesicht des Kindes sind unübersehbar. Es hat eine bisher unerreichbare Dimension endlich erreicht. Gab es vorher neben dem «rundum» nur ein vorne und hinten, gibt es nun auch ein oben und unten in seiner Welt.

a. Laufen lernen

Wir sind von Beginn unseres Lebens an Hierarchien gewöhnt. Diese Hierarchien sind zunächst natürlich und vom Ablauf der Zeit bestimmt. Die, die vor uns schon da waren, sind naturgemäß größer, älter, können mehr und haben mehr Rechte und Pflichten. Sie sind kompetenter und daher auch berechtigter, zu delegieren. Wir können hier nur im Verlauf der Natur aufsteigen, also niemals z.B. unsere Eltern überrunden – sie bleiben immer älter und uns zeitlich ein Stück voraus. Wir sind ihnen gegenüber um ein Stück Zukunft voraus, und genau mit diesem Stück Zukunft treten wir in die Hierarchie des Berufslebens ein. Wir wechseln mit diesem Schritt von «groß» nach «klein», denn waren wir vorher noch das Kind, das schon so groß geworden ist, daß es arbeiten geht, sind wir nun der/die Kleine, in der Hierarchie der Branche ganz unten und ahnungslos. Über uns lastet das Gewicht all derer, die mehr wissen, können, dürfen, verdienen, und unter uns ist erst einmal nichts als der nackte Boden.

Auch hier müssen wir erneut lernen, uns aufzurichten, der Notwendigkeit der Zeit zu folgen, uns anzustrengen, um irgendwann in der Lage zu sein, Treppen zu *steigen*, anstatt sie hinaufzukrabbeln. Die schwerste Last, die wir im Berufsleben tragen, ist die Last der Demütigungen und des verlangten Gehorsams. Wir spüren in einem zeitlosen Raum unserer Seele, daß Hierarchie und abstufende Bewertung nicht richtig, d.h. nicht endgültig sind, begegnen ihnen aber allerorten und streben nach Ausgleich, Gleichheit und Berichtigung dieses eigenartigen Phänomens.

Sich falsch zu fühlen geht mit der Welt Saturns einher, dieses Gefühl entspringt jedoch dem neptunischen Winkel unserer Seele, in dem das Wissen um Einheit und Unterschiedslosigkeit ruht. Dieses «sich falsch fühlen» treibt uns zur Leistung an, zu Anstrengungen und diversen Gehversuchen und Ausdauertrainings. Es steckt hinter unserem Wunsch, es im Beruf zu etwas zu bringen, es steckt hinter unserem Zorn auf unseren Chef und hinter unserem Beschluß, es ihm irgendwann zu zeigen. Es steckt auch hinter unserer Angst vor der Chefin und der Hoffnung, daß sie uns nichts tut, wenn wir gut genug sind und keine Fehler machen.

Die Normen, die wir im Beruf lernen, sind Regeln darüber, was von uns erwartet wird. Erfüllen wir die Erwartungen, werden wir nicht bestraft, erfüllen wir sie nicht, werden wir verurteilt. Erfüllen wir mehr als die Erwartungen, werden wir belohnt und dürfen eine Treppe höher steigen. Vor-Leistung unter Verzicht auf den Lohn, der eigentlich dieser Leistung zustände, ist ein Mittel, um aufzusteigen. Damit demonstrieren wir, was möglich wäre, wenn man uns nur ließe. Vorleistung ist eine Gratwanderung, denn leisten wir zu weit vor, müssen wir uns unter Umständen den Vorwurf anhören, unsere Kompetenzen überschritten zu haben. Wir müssen also unterbezahlt vorleisten *und* um die Erlaubnis dazu bitten, damit weder wir noch unser/e Vorgesetzte/r in Teufels Küche kommen. Als wenn wir auf diese Weise da nicht schon wären…

Saturn wird als der Herr dieser Welt auch gern mit dem Teufel gleichgesetzt, der uns in seiner Hölle schmoren läßt, jedoch auch mit Luzifer, dem Lichtbringer, der die andere Seite Saturns repräsentiert. Bevor Uranus entdeckt wurde, herrschte Saturn nicht nur über das Zeichen Steinbock, sondern auch über das Zeichen Wassermann, und diese Doppelherrschaft verdeutlicht noch einmal seine zwei Gesichter. Die

Konflikte, Schwierigkeiten, Mühen und Qualen, die wir im Berufsleben im Zusammenhang mit der dort herrschenden Hierarchie erfahren, konfrontieren uns stets mit der Welt Saturns, mit seiner Qualität in unserem Inneren und seiner Spiegelung in unserer Außenwelt.

Mögen wir Schwierigkeiten mit gleichrangigen Kollegen zwar auch lästig finden, gegen Konflikte mit Vorgesetzten oder dem System an sich nehmen sie sich jedoch oft winzig aus. Denn hier werden wir in einem Teil unserer Seele angesprochen, der uns aufrichtet, der uns zu unserer Menschlichkeit verhilft und der uns unsere Form geben kann. Dieser Teil ist auch seelisch überlebenswichtig, daher erfahren wir Krisen mit dem hierarchischen Gefälle als existentiell und können ihnen auf schicksalhafte Weise nicht entgehen. Da hier Saturn im Spiel ist, müssen wir lernen, sie zu bestehen. Saturn präsentiert uns regelmäßig seine Bilanz, im Grunde fragt er jedoch nach, wieviel Kompetenz wir uns über unser Leben erworben haben – inwieweit wir die Hand loslassen können, die uns beim Laufenlernen hilft.

b. Kompetenz

Unsere berufliche Entwicklung geschieht stets unter der Führung eines anderen Menschen, der oder die uns als Vorbild oder einfach nur als ein Muster dessen, was man wissen/können muß, dient. In der Schule sind es die LehrerInnen, an der Universität die DozentInnen, ProfessorInnen oder höheren Semester, in der Lehre die AusbildungsleiterInnen, die bereits Ausgebildeten oder die Auszubildenden eines höheren Lehrjahres. Hinzu kommen noch unsere persönlichen Vorbilder, ob Vater oder Mutter, ob Freunde, Bekannte, Figuren aus der Literatur oder aus dem öffentlichen Leben.

Wir tragen in uns selbst ein Bild von dem, was wir *werden* wollen, und nur ein kleiner Ausschnitt davon ist uns tatsächlich bewußt. Indem wir der Verwirklichung dieses Bildes entgegenstreben, erwerben wir mehr Fähigkeiten und mehr

Kompetenz. Wir bleiben auch innerlich nicht ewig auf der Stufe des ersten Lehrjahres/Semesters stehen, sondern steigen im Bewußtsein unserer Fähigkeiten auf und wachsen.

Der Erwerb von Kompetenz hat jedoch einen Haken: Je größer wir werden, um so kleiner werden jene, welche wir bewundert oder gefürchtet haben. Die äußere Autoritätsperson relativiert sich, indem wir am eigenen Leibe die einst so ferne Dimension erfahren. Aus einem näheren Standpunkt sehen wir, wie es wirklich dort (oben) ist. Und es besteht die ernstzunehmende Gefahr, zu erkennen, daß wir, an welcher Spitze auch immer, stets auf dasselbe treffen: einen Menschen, nicht mehr und nicht weniger.

Das Bedürfnis nach einem «Meister» hindert viele daran, sich im Beruf ihrer eigenen Fähigkeiten bewußt zu werden. Wir wollen dann gar nicht aufsteigen und sind ganz froh, daß «die da oben» ihre mühsame Arbeit tun, und wir «hier unten» unser friedliches Dasein fristen können. Wir glauben daran, daß es jemanden gibt, der weiß, was richtig und was falsch ist. Diese Sichtweise ist weit verbreitet und entspringt dem Glauben, daß die materielle Welt tatsächlich die letztgültige Realität ist. Es gibt ein Oben und ein Unten und dazwischen viele Stufen. Die oben wissen oder sollten es zumindest, was gemacht werden muß, die unten machen dann, was ihnen gesagt wird. Je mehr wir eigene Kompetenz erwerben und Zugang zu den verschiedenen Ebenen der Macht erhalten, um so mehr wackelt der Glaube an die Stabilität und Güte der menschengemachten Ordnung. Manche glauben dann, daß es auf der nächsten Stufe aber besser wird. Da sie immer mehr erwarten, aber stets lediglich auf Menschen treffen, kann der Eindruck entstehen, daß auf höchster Ebene der beruflichen Hierarchie auch die Dümmsten sitzen...

Der Erwerb von beruflicher Kompetenz ist ein Mittel, die Illusion «Hierarchie» zu durchschauen. Hierarchie ist zwar erfahrbare Realität, bedeutet jedoch eigentlich nur eine Abfolge in der Zeit und eine Abstufung im Raum. Die Bewertung in früher/oben = gut und später/unten = schlecht ist jedoch unrealistisch. Denn wenn wir im Berufsleben aufsteigen, machen wir oft genau die umgekehrte Erfahrung und stehen vor der Erkenntnis, daß die Alten oben keine Ahnung haben, während die Jungen unten Bescheid wissen.

Hier zeigt sich die wassermännische Seite Saturns, denn durch die paradoxe Umkehr dessen, was wir bisher geglaubt haben, bringt uns Luzifer das Licht. Wir erfahren, daß eigentlich keiner richtig Bescheid weiß, und wenn wir an einen Meister oder eine Meisterin glauben, dann waren wir noch nicht nahe genug dran, um deren Menschlichkeit zu erkennen. Erkennen wir die menschliche Fehlbarkeit von Autoritäten (ohne es ihnen übelzunehmen – denn wenn wir das tun, glauben wir ja immer noch, daß sie anders könnten, wenn sie nur wollten...), gibt es drei Möglichkeiten: Entweder beschließen wir, besser zu werden, oder wir resignieren verzweifelt angesichts des Zustandes der Welt, oder wir revidieren unsere Ideale.

Das Licht, das uns Luzifer bringt, beleuchtet eine erschrekkende Tatsache: Es gibt keine äußeren Autoritäten, sondern wir selbst sind es, die einen anderen zur Autorität machen. Ein Beispiel aus der Welt des Schauspiels mag dies verdeutlichen: Hat der König seinen Auftritt, sind es die anderen Schauspieler, die durch unterwürfiges Verhalten dem Publikum verdeutlichen, daß der, der gerade die Bühne betritt, wichtig ist und Macht hat. Erst in diesem Rahmen wirkt das herrische oder dominante Verhalten des Königs stimmig. Ändern die anderen ihr Verhalten, wirkt der König möglicherweise lächerlich. Würde er herrschaftlich die Bühne betreten, ohne daß ihn jemand registriert und auf ihn reagiert, würde das Publikum irgendwann lachen. Würde er herrschaftlich die Bühne betreten, und alle anderen Schauspieler lachten über ihn, täte er dem Publikum vermutlich leid und sie hätten den Impuls, ihn zu beschützen. Seine autoritäre Wirkung beruht einzig und allein auf dem Echo, das ihm entgegengebracht wird.

Der Erwerb von beruflicher Kompetenz ist ein Vehikel, das uns ermöglicht, unser unterwürfiges Verhalten zu ändern, denn über die Leistung erlangen wir die Möglichkeit, uns mit denen gleichrangig zu fühlen, die wir als überlegen empfinden. Wir wagen es meist erst nach dem Beweis unserer eigenen Kompetenz, Autoritäten auch ein anderes Echo als das der Unterordnung entgegenzubringen.

Die schwierigste Lektion Saturns ist jene, mit der er uns über sich selbst hinausführen will. Obwohl Menschen für Gleichberechtigung auf die Barrikaden gehen, können sie die Abwesenheit eines «Königs» nur schwer ertragen und suchen sich, sobald sie den einen gestürzt haben, sofort einen neuen. Sobald wir beruflich ein Treppchen höher gestiegen sind und die alten Autoritäten zu ihrer natürlichen Größe geschrumpft sind, blicken wir wieder auf die «über» uns, weil wir mit dem Gedanken nicht leben können, daß es über uns niemanden gibt.

Im Grunde ist dieses ganze Thema nicht beruflicher Natur, sondern menschlich-existentiell, unser Berufsleben ist jedoch die ideale Bühne für diesen Bereich unserer Entwicklung. Solange wir jedoch stets den einen König durch einen anderen ersetzen, öffnet Saturn seine Tür zum Zeichen Wassermann nicht – werden wir also Freiheit, Gleichheit und Individualität nicht erreichen.

Jeder berufliche Aufstieg und alle Leistungen, die wir im Berufsleben vollbringen, haben zum natürlichen Ziel, daß wir erkennen, daß es in unserem Leben keine andere verläßliche Autorität gibt als uns selbst. Dieses Ziel ist uns nicht bewußt, und wir können es uns auch nicht setzen, denn es ist der saturnischen Energie immanent. Es ist einfach Faktum und repräsentiert die Folge-Richtigkeit der Achse Steinbock/Krebs oder Saturn/Mond.

Saturn findet seine Erfüllung in der Mondenergie (bei Nacht sind alle Katzen grau...), und diese findet wiederum ihre Erfüllung in der saturnischen Formkraft. Erkennen wir, daß «der Kaiser gar nichts an hat»[9], daß er also nackt und ein geborener Mensch ist, wie jeder andere ein Kind der Erde, bleibt uns nichts anderes übrig, als zu uns selbst zu stehen – zu dem, was wir aufgrund unserer inneren Beschaffenheit und unserer Erfahrungen *sind*. Dies ist die Chance (Wassermann), die uns Saturn im Berufsleben durch die Konfrontation mit Hierarchien, die Forderung nach Leistung und die Möglichkeit zum Erwerb von Kompetenz gibt. Zum einen öffnet er so die Tür zum Zeichen Wassermann und bereitet uns den Weg zu echter Gleichberechtigung und Individualität, zum anderen führt er auch zu seinem Gegenzeichen Krebs und bringt uns in Verbindung mit der geschaffenen Natur und der instinktiven Sicherheit unserer Gefühle.

Natürlich hat das seinen Preis, denn wir stehen nun wirklich allein da und müssen erkennen, daß uns die Verantwortung für unser Leben selbst obliegt. War der Sturz des Königs der erste Teil von Saturns schwieriger Lektion, ist die Übernahme von Eigenverantwortung der zweite. Nehmen wir hierfür das Bild, durch eine Tür zu gehen. Mit dem ersten Schritt strecken wir das Bein vor in eine neue Welt, mit dem zweiten Schritt lassen wir die alte Welt hinter uns. Saturns Tür schließt sich nach dem zweiten Schritt hinter uns. Erkennen wir die natürliche Gleichrangigkeit aller Menschen (und letztendlich alles Seienden) und gestalten unser Leben und unseren Beruf in eigener Verantwortung, ist das ein innerer Entwicklungsschritt, *der nicht mehr rückgängig zu machen ist*. Wir verlassen die Welt des Allgemeingültigen und sind auf uns allein gestellt.

9 Ich beziehe mich hier auf das Märchen «Des Kaisers neue Kleider» von Hans Christian Andersen. In diesem Märchen glauben alle Menschen, daß der Kaiser ihnen seinen Prunk und seine Pracht vorführt und trauen sich nicht zu sagen, was sie tatsächlich sehen (daß er nackt ist), um sich nicht «als ihres Amtes unwürdig» zu zeigen. Nur ein Kind (Mond, die Unschuld der Seele) erkennt und spricht aus, daß er doch gar nichts anhat.

Unbewußt ahnen wir das und fürchten uns vor dem Schritt ins scheinbare Nichts einer hierarchielosen Welt. Das Gefühl, im Universum aufgehoben zu sein, und das bewußte Vertrauen in unser Schicksal sind Geschenke des Wassermanns, aber solange wir in seiner Welt noch nicht mit uns experimentieren, können wir sie nicht in Empfang nehmen. Wo Vertrauen wachsen könnte, ist – noch – Angst vor dem Nichts. Aus diesem Grunde bleiben viele Menschen im Berufsleben quasi im Grätschschritt mitten im Durchgang stehen – ein Bein in der Welt des Wassermanns, das andere noch in der alten Welt Saturns. Ihr Leben ist dadurch gespalten in Dienstzeit (Beschränkung, Zwang, Pflicht, Unwillen und Unbehagen) und Freizeit (Gruppenerlebnisse, Lust, Abenteuer, Wechsel und Neuigkeiten).

c. Rebellion und Verantwortung

Würden wir die Tür durchschreiten, machten wir den Schritt vom Werden zum Sein. Stehen wir noch vor der Tür, fürchten wir das Sein als einen passiven Zustand, in dem nichts mehr passiert und alles nur noch anarchisch zugeht oder regungslos so bleibt, wie es ist. Dieses Vor-Urteil beruht auf mangelnder Erfahrung und auf der Sichtweise, die vor der Tür üblich ist: entweder – oder. *Sein* empfinden wir hier als Stillstand, und wir wenden alle Mühe auf, um das zu werden, was wir idealerweise sein wollen. Menschen, die nach Idealen streben, fürchten sich vor dem Sein. Das ist der Grund, warum Ideale stets unerreichbar sein *müssen* – so ist ihnen garantiert, daß sie stets *werden* können und sich nie der Realität des Seins stellen müssen.

Treten wir durch die Tür hindurch, machen wir die Erfahrung, daß das Werden dem Sein *innewohnt*, daß wir jedoch nach Gesetzen werden, die wir nicht gemacht haben – und daß wir werden, *indem* wir sind. Die uranische Welt ist paradox, ihre Stimmigkeit ist jedoch nur erfahrbar und nicht erklärbar. Aus diesem Grunde scheinen jenen vor der Tür alle dahinter ziemlich verrückt, und jene hinter der Tür sind von Rechtfertigungen (Saturn) befreit, weil sie um die Grenzen auf der anderen Seite wissen und die Erfahrung des Schwellenüberganges einschließlich seiner verändernden Wirkung hinter sich haben.

Im Berufsleben tritt uns Saturn in der Regel in unseren Erfahrungen mit Autoritäten entgegen, seien das nun Menschen oder von Menschen gemachte Regeln. Zudem bringt er uns Erfahrungen der Verweigerung, der Mühe, des zähen Flusses, der Prüfungen und Beurteilungen, der Einschränkung, der Strenge, Härte und Disziplin. Wenn wir mit diesen Erfahrungen im Sinne des III. Kapitels umgehen, also auch hier versuchen, projizierte Kraft zu erkennen und zurückzunehmen, werden wir kompetenter in bezug auf uns selbst. Und wir stehen irgendwann vor der Schwelle unserer Entwicklung, die uns die Tür zur individuellen und originellen Gestaltung unseres eigenen Berufsweges öffnet. Ohne die Kraft Saturns kann uns das nicht gelingen. Weder erreichen wir die Schwelle, noch haben wir die Fähigkeiten erlangt, als Individuum vor uns selbst zu bestehen. Die Herausforderung Saturns liegt im Verzicht auf den Glauben an Höher- und Minderwertiges, und er versucht uns diesen Verzicht durch den Kreislauf von Demütigung und Leistung abzuringen. Denn freiwillig geben wir diesen Glauben in der Regel nicht her…

Die akrobatische Leistung des Grätschschrittes ist für viele ein beruflicher Dauerzustand. Wir wissen, daß wir etwas können, und haben genügend Erfahrungen gemacht, die gezeigt haben, daß «die da oben» nicht so viel können, wie wir meinen, daß sie es sollten. Sobald eine Autoritätsperson eine Unfähigkeit, Fehlerhaftigkeit oder schlicht Menschlichkeit an den Tag legt, rückt sie in unserem inneren Bild etwas tiefer von ihrem Thron oder Gipfel herunter – oder rücken wir selbst hinauf? Wenn der Abstand zwischen oben und unten geringer wird, nehmen wir das dem anderen (ob er/sie nun oben oder unten ist) oft übel, denn durch die Annäherung aneinander wird offensichtlicher, daß der andere nicht so ist wie das Bild, das wir uns von ihm gemacht haben. Erkennen wir die Schwäche einer Autorität, wird uns quasi der Aufhänger weggenommen, an dem wir unsere Projektion der idealen Autorität aufhängen konnten. Das Verschwinden von Projektionsflächen ist im Grunde ein Kennzeichen dafür, daß sich die Tür öffnet. Aus Angst vor dem Überschreiten der Schwelle befassen wir uns jedoch erst einmal ausgiebig damit, die unfähigen Autoritäten anzugreifen, gegen ihre Vorschriften zu rebellieren und sie zu Veränderungen zu bewegen.

Im Grunde verlangen wir von ihnen, uns die Freiheit zu erlauben. Wenn wir im Beruf für Veränderungen streiten, sind wir tief innen davon überzeugt, daß uns jemand erlauben muß, beruflich das zu tun, was wir wollen. Aus Furcht vor den Konsequenzen, die sich aus der Beschaffenheit unserer eigenen Seele ergeben, spielen wir im Außen ein Wenn-Dann-Spiel. Wenn sich diese Regel ändern würde, dann könnten wir jenes... Wenn er/sie dieses machen würde, dann würden wir jenes... Auf diese Weise machen wir uns abhängig vom Verhalten anderer und übergeben die Verantwortung für die Erfüllung unserer Bedürfnisse auch anderen. Wir projizieren unsere saturnische Kraft nach außen, und wenn der «äußere Saturn» sich bezüglich der Erfüllung unserer Bedürfnisse als inkompetent erweist (was er/sie zwangsläufig sein *muß*), rebellieren wir dagegen und haben das erhebende Gefühl, etwas gegen den Mißstand auf der Welt getan zu haben. Vor der *wesentlichen* Tat drücken wir uns jedoch, denn das hieße, den zweiten Schritt zu tun, um den anstrengenden Grätschschritt zu beenden.

Die wesentliche Tat geschieht jenseits des Rebellentums. Wir machen einfach, was wir für richtig halten – unter Bereitschaft der Übernahme der Konsequenzen unseres Tuns. Im Berufsleben hat das fast zwingend zur Folge, daß wir erstens die bestehende Hierarchie in Frage stellen und zweitens für diese Hierarchie nicht mehr tauglich sind. Das ist die Gefahr der

Freiheit und Individualität. Wenn wir uns jedoch die Kraft Saturns durch entsprechende berufliche Erfahrungen zu eigen machen, wandelt sie sich von selbst zu einem Sprungbrett in eine andere Welt. Auch hier müssen wir, wie beim Wechsel vom familiären zum beruflichen System, lernen, den Rahmen weiterzustecken. Saturns Energie kommt uns zwar primär im beruflichen Umfeld entgegen, da hier auch der Schnittpunkt zwischen uns und der Gesellschaft oder Öffentlichkeit ist – diese Energie ist jedoch weniger an unserem beruflichen Aufstieg interessiert als an unserer Integrität als Mensch. Im Grunde will sie uns aus dem Rahmen, den unsere Mitgliedschaft an der Gesellschaft einschließlich ihrer Normen uns steckt, hinausführen in eine universelle Sicht der Realität.

Das Berufsleben selbst, die Arbeit innerhalb und für die Gesellschaft, hat somit zum Ziel, uns über menschliche Regeln – auf denen Beruf und Gesellschaft ja fußen – hinauszuführen. Indem wir hineingehen, gelangen wir darüber hinaus. Wir gelangen jedoch nirgendwo hin, wenn wir gar nicht erst in die Auseinandersetzung mit den allgemein gültigen Leistungsanforderungen, Hierarchien und Vorstellungen von Wert und Unwert hineingehen. Vielleicht können nach diesen Ausführungen nun einige die Energie Saturns in einem anderen Licht sehen. Mag sie uns auch im Berufsleben als das personifizierte Hindernis erscheinen – beschränkende Ereignisse und Situationen spiegeln uns jedoch letztendlich die Grenzen, die wir uns mit der Definition unserer selbst eigenhändig gesteckt haben.

Begreifen wir uns als ein Original im Universum, dessen irdisches Leben einen Anfang und ein Ende hat, wird es zunehmend relativ, ob wir mit unserem beruflichen Weg den üblichen Bewertungen gerecht werden oder nicht. Und vielleicht wagen wir es auch dann, die Hand loszulassen, an der wir bisher gelaufen sind – oder die Leine abzustreifen, die uns gebunden hat, um uns nun in unserem Vorgehen der Struktur unserer Seele zu unterstellen. So können wir unsere

Erfahrungen mit der Hierarchie verwenden, um zur Autorität über uns selbst zu gelangen – im Bewußtsein unserer Menschlichkeit, die Versuch und Irrtum, Fehler und Überraschungen, Enttäuschungen und Erfolge im Begriff «Leben» einschließt.

2. Achsensprünge

Hier ist es nun an der Zeit, wieder auf die Verbindung von Arbeit und Werk, auf das, was im ersten Kapitel besprochen wurde, zurückzukommen. Die Berufstätigkeit ist ein Feld, auf dem wir uns zu uns selbst entwickeln können. Sie stellt, wie wir nun gesehen haben, weit mehr dar als lediglich die Möglichkeit, unsere Brötchen zu verdienen. Wenn wir mit dem, was uns durch unsere Arbeit begegnet, bewußt und mit der Absicht, zu wachsen, umgehen, kann unser Berufsleben ein interessantes Gebiet der Selbsterfahrung werden. Für viele ist es schwierig, dieses zu bejahen, denn sie sehen ihr wahres Selbst stets jenseits von dem schnöden beruflichen Alltag mit all seinen Konflikten, seinen kleinen Routinearbeiten und seinen großen und kleinen Frustrationen. Die Suche nach oder Entdeckung des wahren Selbst ist dann auf Freizeitbeschäftigungen und teure Workshops beschränkt.

Ich will die Wirksamkeit solcher Veranstaltungen nicht in Frage stellen – unser beruflicher Alltag ist jedoch «live», er ist der Platz, an dem wir die meiste Zeit ganz konkret sind und in unserem realen Leben stehen. Und in diesem Zeitabschnitt wollen wir eigentlich uns selbst erfahren, wir wollen auch in ihm so leben, daß wir bei uns selbst sind und nicht neben uns stehen. Da wir durch unseren Beruf mit den Fragen unserer Existenz befaßt sind, hat alles, dem wir hier begegnen, zwingenden Charakter. Wagen wir Wachstum und Integrität, spüren wir dessen wohltuende und aufregende Auswirkungen sofort im täglichen Leben. Flüchten wir in Scheinlösungen und versuchen, mit dem Schicksal zu pokern, stehen auch die entsprechenden – meist unerwünschten – Konsequenzen direkt vor unserer Tür.

a. Den Standpunkt wechseln

Aus der Sicht des Schicksals ist Wachstum und Entwicklung unsere Aufgabe, *obwohl* wir berufstätig sind. Die menschliche Erfindung, jeden Tag für eine bestimmte Zeit irgendwo hinzugehen, um etwas Bestimmtes zu tun, um dafür eine bestimmte Anzahl eines bestimmten Wertes in Empfang zu nehmen, die damit einhergehende Regelmäßigkeit und Planbarkeit; kurzum, die Struktur der Gesellschaft, innerhalb derer wir leben und arbeiten – all das ist eine eingeschränkte und einschränkende Dimension, die unserer Seele gleichgültig und fremd ist. Sie will etwas werden, und die Zeit und der Raum, in dem wir dazu aufgerufen sind, zu dessen Verwirklichung beizutragen, können wir als eine Herausforderung an uns betrachten – und als das Klima, in dem das, was unsere Seele werden will, auf die wahrscheinlichste Art und Weise möglich sein wird.

Das, was unsere Seele werden will, ist ein spirituelles Ziel, und je mehr es uns zu Bewußtsein kommt, um so spiritueller werden wir selbst leben wollen. Spiritualität führt dazu, daß wir uns selbst ernst nehmen, und wenn wir das tun, wird unser Leben individueller. Es ist eine saturnische Folgerichtigkeit der Individualität, nicht mehr in vorgefertigte Muster zu passen. Mag die Gesellschaft – deren Absicht es stets ist, Bestehendes zu bewahren und nicht zu verändern – eine solche Entwicklung auch sorgenvoll oder gar ablehnend betrachten, aus der Sicht unseres persönlichen Schicksals wachsen wir und verwirklichen mehr und mehr unser Potential.

Wir wachsen alle in einem Geist auf, der uns unsere Fähigkeiten von außen nach innen betrachten läßt. Wir haben viel Aufmerksamkeit für Begabungen und Fähigkeiten, von denen wir wissen oder annehmen, daß sie von der Gesellschaft benötigt und honoriert werden. Diese Fähigkeiten machen wir dann in der Regel zur Basis unseres beruflichen Lebens. Es ist also die Außenwelt, die definiert, was wichtig an uns ist.

Je mehr wir uns auf den Weg zu uns selbst machen, um so mehr kehrt sich die Betrachtung unserer Fähigkeiten um. Wir legen weniger Wert darauf, was allgemein als wichtig angesehen wird, sondern wir erspüren die Dringlichkeit und Gewichtung unserer Seele. Wir gehen dazu über, unser Leben von innen nach außen zu gestalten, und kommen dadurch zwangsläufig mit den herrschenden Meinungen in Konflikt. Dieser Prozeß beschreibt eine Verlagerung der Einstellung unserer Arbeit gegenüber, sowohl unserer eigenen Einstellung als auch der Einstellung anderer.

Die Integration der saturnischen Kraft spielt hier eine wesentliche Schlüsselrolle. Sind wir so weit gewachsen, daß wir uns selbst als Autorität unseres Lebens sehen, verlagert sich unser Alltag vom «Arbeiten» auf «unser Werk tun». Diese Veränderung ist gleichbedeutend mit dem Schritt durch die besagte Tür, denn wenn wir unser Werk tun, ändert sich unsere gesamte Haltung dem Leben gegenüber. Wir sind im Lauf des allgemeinen Uhrwerks nun das Sandkorn – und niemand ist uns dafür dankbar, außer unsere eigene Seele und vielleicht ein paar Weggenossen. Wir können vorher Anerkennung, Bewunderung und Belobigungen erhalten haben – wenn wir zur Individualität heranreifen, werden wir unbequem für den üblichen Lauf der Dinge und von dem bewährten gesellschaftlichen Getriebe entweder zermalmt oder ausgespuckt. Warum ist das so?

Solange wir im üblichen Sinne einfach nur arbeiten, befinden wir uns im unserem inneren Energiegefüge auf der Achse Krebs/Steinbock. Diese Achse ist Grundlage aller hierarchischen Strukturen, sei es unsere eigene Familie, unsere Firma, die Gesellschaft oder seien es auch internationale Verbindungen. Es gibt Schwache und Starke, Schlechtere und Bessere, Formlose und Formende, Gehorchende und Befehlende und dergleichen mehr. So sehr man sich innerhalb dieser Achse auch anstrengt, stets gibt es etwas oder jemanden über einem. Selbst, wenn man die ganze Welt beherrschen sollte, ist man dazu von einem Gott als letzter Instanz ausersehen worden. Diese Achse ist wichtig, denn sie befähigt uns zum einen zum Überleben in Machtstrukturen, zum anderen ist sie die Kraft, mit der wir unserer Seele einen manifesten Ausdruck geben können – dies jedoch erst mittels der Integration Saturns.

Die Integration Saturns hat jedoch – wie im 1. Abschnitt ausgeführt – eine paradoxe Wirkung, denn sie findet ihre Erfüllung im Beschreiten der Welt jenseits Saturns. Beschreiten ist vielleicht das falsche Wort – bleiben wir im Bilde des Sandkorns im Uhrwerk, so hat der Vorgang, mit dem wir «die Mühle» verlassen, einen etwas explosiveren Charakter, ganz im uranischen Sinne. Wir fliegen raus, werden ausgespuckt oder springen selbst. Der Schritt von der Welt des Steinbocks in die Welt des Wassermanns ist kein Schritt, sondern immer ein Sprung. Es ist ein Sprung in unserem Bewußtsein, mit dem wir unserer Seele ein Stück näherkommen. Integrieren wir die Kraft Saturns, sehen wir in der Außenwelt niemanden mehr, der uns befehlen kann – obwohl es viele wollen und auch die Mittel dazu haben, uns für Ungehorsam zu bestrafen –, sondern wir sehen Mitmenschen. Gleichzeitig sind wir innerlich keine abhängigen und schwachen Kinder mehr, die einer starken Hand bedürfen, um geführt zu werden, sondern wir sind lebendige Individuen, die ihr Leben auf eigene Verantwortung kreativ selbst gestalten.

b. Ins Licht springen

Die Integration Saturns hat innere und äußere Konsequenzen. Unsere Wahrnehmung der Außenwelt wechselt von Über- und Untergeordneten zu Gleichberechtigten, von Steinbock zu Wassermann. Der Schwerpunkt unserer Innenwelt wechselt von Ausführen zu Gestalten, von Krebs zu Löwe. Die Achse der Veränderung der Häuser sechs und zwölf (s. Kapitel I/3) gewinnt eine andere Qualität. Wo im zwölften

Haus vorher Verzicht, Sehnsucht und Angst herrschten, sehen wir uns nun ein Stück der Ganzheit näher und sind um Vertrauen und die Hingabe an unser Schicksal bereichert. Im gleichen Zuge wechselt das Klima der Berufstätigkeit von dem der zermürbenden Servilität zum Werk des Dienstes an unserer Seele. Letztendlich ist es unsere Sonne, die durch den Sprung in eine andere Welt an Leuchtkraft gewinnt. Das Prinzip der organischen Organisation erfahren wir mehr und mehr als eine uns selbst innewohnende Kraft, wir entdecken, daß unser Selbst mehr ist als «Ich», und wir stehen dazu – wir werden selb-ständig.

In unserer Kultur ist die Art und Weise, wie «man» seine Sonnenkraft ausleben «sollte», weitgehend von patriarchalen Werten bestimmt. Leider sind auch viele öffentliche Konzepte zur Förderung von Frauen im Beruf nicht durch die Förderung weiblicher Werte motiviert, sondern geben lediglich den Frauen die zweifelhafte Chance, im Berufsleben «ihren Mann zu stehen». Sobald sich echte Weiblichkeit, oder neutraler gesprochen, die Yin-Seite der Welt im Berufsleben zeigt, wird sie oft mit dem gleichen Mißtrauen betrachtet, verspottet oder bekämpft wie vor Beginn des weiblichen Widerstandes. Ein Vorgehen, das am zyklischen Wachstum orientiert ist, das Spiritualität erkennen läßt und natürliche Prozesse im Dunklen reifen lassen kann, das Stillstand nicht als Rückschritt und Minderung nicht als Verlust betrachtet, ist immer noch eher im alternativen Randgruppenbereich der Arbeitswelt zu finden denn als gleichwertiges Pendant zu Konkurrenz und Machertum. All diese Mondentsprechungen haben in das konkrete Handeln der allgemeinen Arbeitswelt bisher noch recht wenig Einzug gehalten.

Springen wir innerlich von der Achse Krebs/Steinbock zur Achse Löwe/Wassermann, erfährt auch unser inneres Krebs-Prinzip eine Aufwertung und Befreiung aus der Schublade der allgemeinen Meinung. Der Mond, die geheimnisvolle Welt unserer Gefühle, Instinkte und Bedürfnisse, wird zu der

Energie, welche die Handlungskraft der Sonne *beauftragt*, zu tun. Wir reflektieren dann in der Innenschau die Wirkungen, welche unsere Taten auf uns selbst haben, um unser Verhalten im Sinne unseres Wohlbefindens auszurichten. Die Kreativität des Löwe-Prinzips ist das Schöpfertum in uns. Wir schöpfen stets neue Kraft und Richtung aus der Welt des Mondes, um das tun zu können, was unserem Innersten entspricht. Somit wird die Sonnenkraft zur Gestalterin unserer Seele – unser Handeln wird wahrhaft organisch.

Solange wir die saturnische Kraft noch in der Außenwelt belassen und glauben, da draußen gäbe es jemanden, der wüßte, was richtig und was falsch für uns wäre, ist die Kraft unserer Sonne von patriarchalen Werten beschränkt. Sie sind unser kulturelles Erbe oder auch die Last, die wir tragen – sowohl Männer als auch Frauen! Die Werte der Väter und Großväter, der wichtigen Männer und männlichen Götter bestimmen dann auf subtile und unbewußte Weise, wie wir beruflich vorgehen. Die unter Punkt c. folgende Tabelle stellt einen Versuch dar, die Kraft der Sonne in den verschiedenen Tierkreiszeichen in ihrer beschränkten und ihrer befreiten Form zu erfassen und diese beiden Entsprechungen einander gegenüberzustellen. Wenn wir im Berufsleben zu dem Verhalten, das Saturn integriert hat, übergehen, öffnet sich die innere Tür zum IV. Quadranten des Tierkreises – und wir können irgendwann in das selb-ständige Gestalten unseres beruflichen Weges und in die Verfolgung unseres Werkes springen. Die Kraft der Sonne wird somit unsere persönliche Art und Weise, unsere vielfältigen Fähigkeiten zu bündeln und in Handeln umzusetzen. Die Integration Saturns bewirkt eine höhere Schwingungsfrequenz all unserer Fähigkeiten oder Energien. Wir kommen dadurch in jedem Augenblick dem näher, das wir in unseren Freizeitaktivitäten oft so verzweifelt suchen: unserem persönlichen Leben.

Da die Sonne eine Energie repräsentiert, deren Ausleben durch unsere patriarchale Geschichte eher der Männerrolle zugestanden wird, sehen sich Frauen und auch Yin-betonte

Männer im Berufsleben womöglich mehr als «Opfer» oder EmpfängerInnen des aufgeführten blockierten Verhaltens. Wenn Sie eine Widder-Sonne haben, jedoch stets unter den Aggressionen Ihrer Kollegen oder Vorgesetzten leiden, sind diese Ihnen nur ein Spiegel (s. das Kapitel über Projektionen) Ihrer eigenen Sonnenkraft einschließlich der Blockade (Saturn), die Sie darüber liegen lassen. Der Weg der Integration Saturns führt auch hier durch ihn hindurch. Sie müssen sich also erst einmal mit der deformierten Seite des Widder-Prinzips auseinandersetzen und sich in ihrem eigenen Verhalten auch *nicht zu schade dafür sein*, um überhaupt der Kraft der Sonne – wenn auch kompensatorisch – selbst habhaft zu werden. Es ist wichtig, sie im aktiven Zustand zu leben, denn nur, wer sich bewegt (und sei es auch innerhalb eines vorgeschriebenen Rahmens), kann auch lernen zu springen.

c. Hell und dunkel

Bei den folgenden Ausführungen beschränke ich mich auf Erscheinungen der Sonnenzeichen, wie wir ihnen im Berufsleben häufig begegnen können. Natürlich ist damit das jeweilige Zeichen weder abgedeckt noch in seiner Komplexität erfaßt. Bevor wir dies jedoch zum Anlaß nehmen, die aufgeführte blockierte Variante unseres eigenen Sonnenzeichens rundheraus abzulehnen, sollten wir vielleicht einmal unsere Freunde fragen, ob da nicht etwas dran ist. Noch ergiebiger ist eine mögliche Antwort unserer Feinde, wenn wir sie tatsächlich fragen sollten... Wenn wir uns jedoch einmal überlegen, was wir wohl glauben, was unsere Feinde über uns denken, wird das dem blockierten Verhalten oftmals erstaunlich ähnlich sein. Wie auch immer wir mit den Aussagen zu der blockierten Seite vorgehen, die Auseinandersetzung damit ist ein erster Schritt zur Rücknahme der Projektion unserer von uns ungeliebten Seiten, und somit ein erster Schritt zur Integration der saturnischen Kraft, die letztendlich unsere schöpferische Sonne freigeben kann.

○ **Sonne im Widder** ♈	
Saturn außen = Sonne blockiert	**Saturn innen = Sonne schöpferisch**
Egoismus, Ellenbogenmentalität, Rücksichtslosigkeit, immer siegen wollen, Streitlust, Gewalt, kopflose Impulsivität, destruktive Aggression, Machismus, Heldentum, Kriegsspiele, kämpfen anstatt handeln	Mut zu Innovationen, Antriebsstärke, belebende Kraft, AnführerInnenschaft, ImpulsgeberIn, Entscheidungskraft, Geradlinigkeit, Einsatzbereitschaft, aus den eigenen Motiven schöpfen

○ **Sonne im Stier** ♉	
Saturn außen = Sonne blockiert	**Saturn innen = Sonne schöpferisch**
materialistische Orientierung, Statussymbolen folgend, raumgreifend bis verdrängend, Defensivität, hortend, unbeweglich, geldfixiert, ausgrenzendes Verhalten, haben anstatt handeln	Gründungsfähigkeit, Realitätssinn, Neuem den sicheren Boden bereiten, für dessen Verankerung sorgen, Grundlagen schaffen, Qualität erkennen, Einfachheit, Solidität anstreben, aus den eigenen Werten schöpfen

☉ Sonne in den Zwillingen ♊	
Saturn außen = Sonne blockiert	**Saturn innen = Sonne schöpferisch**
Rationalismus, kurzsichtige Profitorientierung, Windigkeit, betrügerische Tricks, Unzuverlässigkeit, Neugier, intellektuelle Kälte, pure Wissenschaftlichkeit, wissen/reden anstatt handeln	zweckorientiertes Handeln, Beweglichkeit, Vermittlung, Lernfähigkeit, Informationsabgabe, Kontakte schaffen, praktisches Geschick, Verständigung schaffen, aus der eigenen Intelligenz schöpfen

☉ Sonne im Krebs ♋	
Saturn außen = Sonne blockiert	**Saturn innen = Sonne schöpferisch**
sich um alles kümmern, alles hinnehmen, stets geben, im Verborgenen bleiben, Anpassung an Vorgegebenes, Widerstandslosigkeit, Fügsamkeit, Passivität, Unterordnung, ausweichen anstatt handeln	Authentizität, reifungsorientiert, natürlichen Zyklen folgend, Schutz gebend, Behutsamkeit, instinktsicheres Verhalten, Natürlichkeit, Menschlichkeit, reflektiertes Vorgehen, aus der eigenen Herkunft schöpfen

○ **Sonne im Löwen** ♌	
Saturn außen = Sonne blockiert	**Saturn innen = Sonne schöpferisch**
Geltungsdrang, Herrschsucht, Eitelkeit, Egozentrik, Selbstherrlichkeit, soziale Unsicherheit, Faulheit, «die Rosinen herauspicken», Neid, Rivalität, Angeberei, Selbstüberschätzung, dramatische Auftritte, darstellen anstatt handeln	organisierendes Verhalten, Eigenständigkeit, persönlicher Ausdruck, Willenskraft, zentrierende Ausstrahlung, kraftspendend, fähig zu sinnvoller Delegation, lebendiges, dem Prozeß folgendes Vorgehen, aus der eigenen Mitte schöpfen

○ **Sonne in der Jungfrau** ♍	
Saturn außen = Sonne blockiert	**Saturn innen = Sonne schöpferisch**
Pedanterie, Tathemmung durch destruktive Selbstzweifel, Perfektionismus, kleinliche Kurzsichtigkeit, Servilität, steriler Realismus, auf Fehler fixiert, ängstlich, sorgenvoller Pessimismus, verbitterte Verzichtshaltung, aufräumen anstatt handeln	umsichtiges Verhalten, geduldiges Vorgehen, dem Leben dienend, fruchtbare Korrekturen vornehmen, lebensfördernde Ordnungen hütend, gewollte Spezialisierung, Liebe zum Detail, würdevolle Bescheidenheit, aus der eigenen Vernunft schöpfen

○ Sonne in der Waage ♎	
Saturn außen = Sonne blockiert	**Saturn innen = Sonne schöpferisch**
verführen, opportunistisches Taktieren, auf Äußerlichkeiten fixiert, blenden und sich blenden lassen, kalte Neutralität, ständige Erotisierung, Schönheitszwang, genormte Ästhetik, Jugendlichkeitswahn, beschönigen anstatt handeln	verbindendes Vorgehen, sachliche Neutralität, diplomatisches Geschick, Flexibilität, dem eigenen Harmonieempfinden folgen, aktiv Ausgleich schaffen, Mut zur Liebe, aus dem eigenen Frieden schöpfen

○ Sonne im Skorpion ♏	
Saturn außen = Sonne blockiert	**Saturn innen = Sonne schöpferisch**
Machtstreben, Dominanz, manipulatives Vorgehen, ausbeuten oder sich ausbeuten lassen, extreme Polarisierung in Täter und Opfer, Verbindung durch Abhängigkeit, «Nullsummenspiele», untergehen anstatt handeln	unerschrockenes Verhalten, absoluter Einsatz, Bereitschaft zu extremen Wandlungen, geläuterter Wille, Selbst-Beherrschung, Eigenmacht, eigene Wege gehen, aus den kollektiven Tiefen schöpfen

○ **Sonne im Schützen** ♐	
Saturn außen = Sonne blockiert	**Saturn innen = Sonne schöpferisch**
Überheblichkeit, Besserwisserei, missionarische Intoleranz, auf Mehrung fixiert, Größenwahn, akademische Arroganz, nach «Höherem» streben, Realitätsferne, weltanschauliche Gleichmacherei, hoffen anstatt handeln	weises Vorgehen, sinnvoll organisieren, globales Handeln, Verbundenheiten erkennen, sich Fremdem öffnen, Herzensgröße zeigen, den eigenen Überzeugungen folgen, aus dem größeren Zusammenhang schöpfen

○ **Sonne im Steinbock** ♑	
Saturn außen = Sonne blockiert	**Saturn innen = Sonne schöpferisch**
berechenbares Verhalten, autoritäres Verhalten, Obrigkeitshörigkeit, Unbeweglichkeit, strafen und lohnen, starren Urteilen folgend, «richtig» sein wollen, Selbstgerechtigkeit, stets beenden wollen, regeln anstatt handeln	konzentriertes Vorgehen, folgerichtiges Verhalten, Leben als Richtlinie, sparsames und notwendiges Handeln, Endlichkeit als Kraftquelle, eigene Grenzen achten, Integrität zeigen, aus der eigenen Erfahrung schöpfen

○ Sonne im Wassermann ♒	
Saturn außen = Sonne blockiert	**Saturn innen = Sonne schöpferisch**
exzentrisches Verhalten, spöttische Kälte, berechenbare Unberechenbarkeit, aus Prinzip stören, zerstörerische Rebellion, irrelevantes Verhalten, Clownerei, verrückt werden/sein, Leben riskieren, auffallen anstatt handeln	geistesgegenwärtiges Verhalten, spontanes Handeln, Individualität zeigen, Inspiration zulassen, Krisen managen, einfallsreich vorgehen, Zufällen des Lebens folgen, frei von Verhaltensmustern sein, aus dem gemeinsamen Geist schöpfen

○ Sonne in den Fischen ♓	
Saturn außen = Sonne blockiert	**Saturn innen = Sonne schöpferisch**
Handlungsschwäche, betrügerisches Vorgehen, unklares Verhalten, durch Helfen schwächen, Märtyrertum, Wahnsinn, Isolation, extreme Passivität, vortäuschen von Aktivitäten, Gleichgültigkeit, Selbstaufgabe, phantasieren anstatt handeln	intuitives Vorgehen, aus der Stille Kraft schöpfen, Schwingungen folgen, den eigenen Ahnungen Ausdruck geben, vereinendes Handeln, Mitgeschöpflichkeit, durch Geschehenlassen wirken, aus der Weltseele schöpfen

3. Zeichen der Zeit

Jede Zeit hat ihre Zeichen, und wenn wir bereit sind, sie zu lesen, können wir auch mit den unangenehmen Situationen, die uns unser Schicksal aufbürdet, etwas anfangen. Das Zeichenlesen ist zwar in der Vergangenheit mit der Verdrängung der Astrologie und anderen Weisheitslehren ins Abseits geraten, feiert aber erfreulicherweise zum Ende dieses Jahrhunderts und Jahrtausends eine Auferstehung. Eine astrologische Betrachtung der wirtschaftlichen und sozialen Veränderungen, die eine Gesellschaft heimsuchen, erhellt denn auch die Zusammenhänge und Absichten der Geschehnisse – wenn sie es auch erschwert, die Welt in Schuldige und Unschuldige, in Opfer und Täter aufzuteilen. Die astrologische Betrachtung der Geschehnisse auf der Welt ist ganzheitlich und zeigt Verbindungen zwischen Ländern, Personen und Ereignissen auf, welche die von Menschen gezogenen Grenzen ignorieren oder gar auflösen – und somit auf eine Ebene hinweisen, in der sie nicht existent sind.

Ich will hier keine politische, wirtschaftliche oder soziale Analyse folgen lassen, das überlasse ich lieber den Mundanastrologen, die das besser können als ich. Mich interessiert eher, wie wir konkret mit Situationen umgehen können, in denen Uranus, Neptun oder Pluto vor unserer eigenen Tür stehen. Wir stehen als einzelne Menschen mit unserem persönlichen Leben in der Regel in der Position des «Opfers» dieser Kräfte, das heißt, wir erleben die *Auswirkungen* globaler oder gesellschaftlicher Veränderungen am eigenen Leib und müssen sie in unserem Alltag bewältigen. Die Kernerfahrung aller Prozesse auf dem Arbeitsmarkt, die uns ängstigen, ist jene, daß uns etwas *genommen* wird. Wir verlieren unseren Arbeitsplatz, wir verlieren unsere Zukunftsperspektive, wir verlieren unseren materiellen status quo, möglicherweise unser Zuhause, die Form unseres bisherigen Privatlebens und unsere Zufriedenheit. Wir verlieren vor allem die Wirksamkeit unserer Bewältigungsstrategien, sehen uns mit Veränderungen und Ereignissen konfrontiert, die uns oft genug unsere Hilflosigkeit und unser Ausgeliefertsein vor Augen führen.

a. Die Falle der Erfahrung

Die Berufstätigkeit ist der Ort in unserem Leben, an dem wir ganz konkret mit dem Ganzen verbunden sind (Achse 6/12, Alltag/Ganzheit oder Arbeit/Schicksal, s. Kapitel I). Wir bewältigen den persönlichen Teil der Berufstätigkeit durch den Einsatz unserer persönlichen Kräfte, die in der Astrologie durch die Symbole Sonne, Mond, Merkur, Venus und Mars dargestellt sind. Wir bestehen Konflikte und Wachstumsprozesse im Rahmen der Gesellschaft bzw. Institution, in der wir leben und arbeiten, durch den Einsatz jener Kräfte, die durch Jupiter und Saturn symbolisiert werden. Bis hierhin können wir alles noch recht gut «im Griff» haben, die Ereignisse unseres Berufslebens bleiben für uns relativ überschaubar und in einem Rahmen, der uns nicht wirklich in unserer Existenz herausfordert. Wirklich beängstigend wird es für uns erst, wenn wir das Wirken kollektiver Kräfte erfahren, denn wenn diese Kräfte in unseren beruflichen Alltag einbrechen, zeigen sich auch Autoritäten, also Manager, Vorgesetzte, Politiker, Spezialisten und dergleichen ähnlich hilflos und machtlos wie wir selbst. Wir verlieren hier in einem größeren Ausmaß als bisher unseren Glauben an äußere Autoritäten und an die führenden Köpfe und können mit der Kompetenz über unser persönliches Leben (Saturn) in diesem globalen Umfang auch nicht viel ausrichten. Wir können uns nur selbst irgendwie retten, wohlwissend, daß nicht wir selbst «den Karren in den Sand gefahren haben».

Unser Alltag ist Teil des Ganzen, und das Ganze wirkt auf unser persönliches Leben auch mit kollektiven Kräften ein. Wir erleben im beruflichen Alltag die Kräfte von Uranus, Neptun und Pluto hautnah. Entweder sind wir direkt von Umbrüchen, neuen Erfindungen, politischen Veränderungen,

Firmenzusammenbrüchen, dem Verlust von Arbeitsplätzen, Naturkatastrophen, Ressourcenerschöpfung, notwendigen Umschulungen, Berufs- oder Wohnortswechsel und ähnlichem betroffen, *oder wir leben und arbeiten in der steten Angst davor*. Sowohl die konkrete Betroffenheit als auch die Angst vor unangenehmen Überraschungen wirken sich auf unsere Entwicklung aus. Hierbei ist die direkte Betroffenheit unter Umständen sogar hilfreicher, denn sie zwingt uns dazu, uns zu entwickeln und zu verändern – die Angst kann uns jedoch lähmen oder zu panikgesteuertem und unwesentlichem Verhalten treiben.

Die Energie Saturns wirkt bei kollektiven Ereignissen lediglich wie der Gerichtsvollzieher oder eine Prüfungskommission – sie präsentiert uns in unserem irdischen Leben Rechnungen, die sie nicht selbst geschrieben hat, über deren Begleichung sie aber zu wachen hat. Mit anderen Worten: Wir sind diejenigen, die im Sand sitzen, obwohl andere am Steuer saßen. Sind wir mit uranischen, neptunischen oder plutonischen Ereignissen konfrontiert, benötigen wir unsere eigene Saturnkraft, um diese «unverschuldeten» Ereignisse hier auf dieser Erde zu ertragen und zu bewältigen. Jedoch ist, wie ich früher schon einmal bemerkt habe, Saturn niemals der Weisheit letzter Schluß – und somit geht es bei derartigen Situationen auch nicht um die Suche nach Schuldigen oder um Ursachenforschung, sondern um den Sprung darüber hinaus.

Die kollektiven Ereignisse, deren Auswirkungen wir im Berufsleben zu spüren bekommen, fordern uns auf, über die saturnische Haltung der Folgerichtigkeit und zeitlichen Linearität hinauszugehen. Jede transpersonale Energie tut das auf ihre ganz eigene Weise. Es fällt uns meist schwer, uns diesen Energien zu beugen, obwohl wir gar keine andere Wahl haben. Wir arbeiten schließlich stets mit Mühe und Ausdauer daran, unser Leben auf die eigenen Füße zu stellen, es unseren Wünschen und Bedürfnissen entsprechend zu formen. Das kostet uns eine Menge Arbeit, und wir müssen auf oft schmerzliche Weise viel lernen. Wir finden mehr und mehr heraus, was sich bewährt, und müssen einsichtig von dem ablassen, was sich nicht bewährt. Unsere saturnische Kraft befähigt uns dazu, daß wir uns auf das Bewährte konzentrieren. Sie verleiht uns dadurch Sicherheit, Struktur und konkrete Ergebnisse. Wir lernen durch sie, die Komponenten unserer Seele auf eine bestimmte Weise einzusetzen und zu gewichten, so daß unser inneres Gefüge allmählich einer klaren Ordnung gleicht. Das alles ist an sich sehr schön, birgt jedoch in bezug auf die transpersonalen Kräfte auch Fallen.

Wir erwerben uns über unser eigenes Leben Kompetenz, indem wir Lebenserfahrung ansammeln. Solange keine irrationalen und transpersonalen Energien in unser Leben einbrechen, genügt die Autorität aus Erfahrung, um mit den Prüfungen des Lebens auf irgendeine Weise fertig zu werden. Die ersten Prüfungen sind stets die schwersten, denn bei weiteren, ähnlichen Situationen helfen uns die Erinnerung und die bereits erworbene Erfahrung. Die Ereignisse, die uns im Berufsleben durch Uranus, Neptun und Pluto beschert werden, können wir nur schwer mit uns persönlich in Beziehung bringen – um so schwerer, je mehr wir dem Leistungsideal der Gesellschaft folgen. Wir haben doch alles getan – warum trifft es uns nun derart hart, überraschend, hinterhältig, ungerecht und dergleichen?

Solche Fragen können uns die letzte Energie rauben, auf konstruktive und kreative Weise mit Veränderungen im Berufsleben umzugehen, die einen kollektiven Ursprung haben. Hier kann uns Saturns Fähigkeit zur Demut helfen, auch jenes Schicksal zu tragen, das uns als ein Teil der Gesellschaft bzw. des Kollektivs, in dem wir leben, zugemutet wird. Trifft uns das kollektive Schicksal in unserem persönlichen Leben, ist dies auch eine persönliche Herausforderung, uns den transpersonalen Kräften zu stellen – also unsere begrenzte Vorstellung von unserem Leben und seiner Dynamik zu überschreiten. Mit unserer persönlichen Erfahrung kommen wir hier nicht viel weiter, außer, wenn wir es als eine zusätzliche

Erfahrung ansehen können, mit den bisherigen Erfahrungen nicht weiterzukommen...

b. Botschaften aus der Anderwelt

Viele Hoffnungen knüpfen sich an das begonnene Wassermann-Zeitalter, und der Planet Uranus als Repräsentant des Zeichens Wassermann scheint für viele die Lösung aller Probleme zu sein. Mit Verlaub – wir befinden uns am schüchternen (wenn auch lauten und grellen) Beginn einer neuen Zeit, deren Geist und Qualität sich im Laufe der nächsten zweitausend Jahre entwickeln wird. Was wissen wir also heute davon...? In unserer heutigen Übergangszeit mischen sich die Erlösungshoffungen des vergangenen Fischezeitalters mit der kommenden Wassermannqualität, entsprechend wird die Energie des Uranus häufig in neptunischer Schwärmerei idealisiert. Seine Auswirkungen im Berufsleben erleben wir momentan jedoch noch allzuoft durch das Raster einer alten und sterbenden Sicht der Welt.

Uranus ist der Planet der Einzigartigkeit. Jedes Lebewesen ist einzigartig, und deshalb ist auch kein Mensch etwas Besonderes. Die uranische Idee der Gleichberechtigung fußt auf der Abwesenheit von Hierarchie. Die uranische Kraft ist bezüglich der hierarchischen Strukturen Saturns entsprechend explosiv, sie sprengt sie um jeden Preis hinweg, *kümmert sich jedoch nicht um die Aufräumarbeiten*. Diese Kraft gleicht einem Abbruchunternehmen, und wer Phantasie hat, kann versuchen, sich auszumalen, wie unser Planet aussieht, wenn die Idee der Einzigartigkeit und Gleichheit aller Lebewesen wahrhaft Fuß gefaßt hat – und was auf dem Weg dorthin noch alles zu Bruch gehen wird... Aus der Sicht des Vergehenden (die wir Heutigen haben) ist diese Energie explosiv, sie ist es jedoch weniger aus sich selbst heraus, sondern hat diese Wirkung auf jene, welche sich ihr widersetzen wollen.

Es ist eine bewährte Strategie jener, die Neuerungen fürchten, solche Kräfte, die das Bestehende gefährden, zur Mode zu machen[10]. Sobald etwas zur Mode wird, ist es jedoch nicht mehr in der Welt des Wassermanns, sondern gehört in die Bilanz Saturns. Trendhopping ist ein Versuch, Uranus zu zügeln, ihm innerhalb einer alten Struktur einen Raum zu geben in der Hoffnung, daß er sie dann bestehen läßt. Die uranischen Botschaften, die uns heute im Berufsleben und auf dem Arbeitsmarkt treffen, sind daher überwiegend von dem Versuch bestimmt, das Kommende, Neue zu kanalisieren und – wie im Mythos – zu kastrieren. Wir erleben Uranus häufiger in seiner behinderten und daher destruktiven Seite und werden dadurch derart in Atem gehalten, daß wir seiner konstruktiven Seite kaum Raum geben können. In der Ruhe vor dem Sturm wäre der Raum für uranische Einfälle, für das schnelle Aufblitzen seiner anderen Welt, wir sind jedoch – «busy», wie wir sind – von diversen Stürmen überrascht worden und versuchen nun zu retten, was noch zu retten ist.

Wenn wir im Berufsleben von plötzlichen Ereignissen getroffen werden, welche die Sicherheit des Bisherigen in Frage stellen oder aushebeln, klopft Uranus massiv an unsere Tür. «Lebe mich!» gebietet er und ist sich da mit Saturn ziemlich einig, denn nur wenn es für uns an der Zeit ist, uranische Qualitäten persönlich zu entwickeln, gibt sich Saturn auch für die Präsentation der Rechnung her. Wie haben wir die urani-

10 Man könnte das auch als den Raub von Symbolen bezeichnen. Symbole spielen für rebellierende Gruppen eine wichtige Rolle, da sie ihr Anderssein und ihren Protest demonstrieren und eine Menge Kraft in sich bündeln. Sobald ein Symbol vermarktet wird, ist es jedoch autorisiertes Massengut – und sein gefährliches Potential (nämlich das Bestehende zu verändern), ist verschwunden. In den sechziger Jahren geschah dies mit dem Symbol der Frauenbewegung («verbrenn deinen BH…»). Es wurde modern, keinen BH zu tragen, den rebellierenden Frauen wurde ein Symbol genommen und dem Symbol wurde seine Wirksamkeit genommen. Heute ist es quasi die Pflicht der Modischen, auffällig und ausgefallen zu sein, womit der Äußerung eigener Originalität oft die Spitze abgebrochen wird.

sche Kraft bisher gelebt? Durch modischen Schnickschnack? Durch Bungeespringen? Durch gruppendynamische Experimente? Durch provokante Reden? Durch coole Distanz? Oder sind wir einfach nur schrecklich nervös (aber das waren wir ja immer schon...)? Wir sollten das Rauchen aufgeben oder zu einer Abenteuermarke wechseln (die mit dem Individualisten-Image), aber nein, das haben wir ja schon vor ein paar Jahren gemacht... Dann sollten wir einen Computerkurs machen oder besser einen Kurs in Steptanzen oder lieber Trommeln?

Wenn Uranus an unsere Tür klopft, können wir ihn mit nichts beruhigen, was sich bewährt hat oder was in unserem Selbstverständnis bereits besteht. Er kommt aus einer anderen Welt, er will uns etwas Neues abverlangen. Er will uns vereinzeln, individualisieren, zu einem unverwechselbaren Original machen. Für andere werden wir dadurch möglicherweise zu einem verrückten Außenseiter, einem bunten Vogel – aber das liegt nur daran, daß es in unseren Breiten keinen Regenwald gibt (in dem sind alle Vögel bunt). Wenn die Mode gebietet, grell und auffällig zu sein, ist das zwar auch die Signatur Uranus, wir folgen hierdurch jedoch den Einfällen eines anderen und geben unsere eigene Individualität dafür her. Dem zu folgen, was der Markt uns als Zeitgeist vorstellt, ist kein Garant dafür, uranischer Sprengkraft entgehen zu können. Wir können beruflich der absolute Computerfreak sein, die schrillsten Klamotten tragen, vom Workshop über hochfrequentes Trommeln zur Selbsterfahrungsgruppe «akute Krisenbewältigung» hasten – solange wir nicht aus unserem inneren Zentrum heraus neue und *für uns persönlich* überraschende Handlungen vornehmen, wird Uranus uns weiterhin unangenehm aufschrecken und furchtbar nervös machen.

Die Kaltschnäuzigkeit, mit der Unternehmenszusammenbrüche abgewickelt werden, mit der Neuerungen vorangetrieben werden, mit der um einer Idee willen Familien plötzlich zersprengt werden, mit der politische Ideen zu sozialer Kälte führen, mit der Außenseiter gemacht und in ihrer Isolation vergessen werden, mit der Langsame verspottet werden, mit der im Namen der Zukunft und des Fortschritts Gleichmacherei betrieben wird, ist auch eine Entsprechung des Wassermann-Zeitalters. Wir alle üben noch, mit den neuen Schwingungen umzugehen, und zu einer der ersten Übungen scheint zu gehören, daß das Ernste nicht mehr ernst genommen wird. Manches Verhalten der Menschen gleicht dem Untergang der Titanic – man spielt, singt und lacht, während das Schiff zu sinken droht. Unsere alte, materialistische und unspirituelle Weltsicht läßt der spirituellen Komponente des Wassermanns noch wenig Zugang zum öffentlichen Geschehen. So stehen wir am Beginn dieses Zeitalters oft mit Erschrecken vor dem, was da auf uns zuzukommen scheint, erleben Zusammenbrüche, über die man lacht, schockierende Ereignisse, die jeden kaltlassen, und Gleichmacherei, welche Individualität brüskiert. Die Welt scheint uns verrückt.

Wenn wir uns beruflich durch erschreckende Ereignisse in unserem status quo bedroht und gefährdet sehen – und dabei ist es unerheblich, ob die erschreckenden Ereignisse von außen auf uns zukommen oder sich in unserem Innenleben abspielen – sind wir im Grunde zur Freiheit von bisherigen Ordnungen aufgerufen, nicht zu mehr und nicht zu weniger. Die Ideen unserer Jugend und der Geist unserer Generation können uns ein Stück weiterhelfen bei der Suche nach unserer persönlichen und individuellen Anderwelt. Der Eintritt in die uranische Welt hat die Kehrseite, daß wir die Kindrolle verlassen müssen – ja, mehr noch: Wir werden aus einer Welt herauskatapultiert, in der Stärkere für Schwächere sorgen und Schwächere bei Stärkeren Zuflucht finden. Wenn uns Uranus im Leben begegnet, befreit er uns aus der hierarchischen Einteilung der Welt mit dem Ergebnis, daß wir erst einmal ganz allein sind. Wir haben nichts im Gepäck als unsere Ideen und die Kraft zu handeln. Uranus irritiert uns in unserem gewohnheitsmäßigen Umgang mit unserer Lebenszeit und unserem Lebensraum. Er nimmt stets Manifestes von uns weg und gibt uns oft nichts weiter als eine Chance, für welche die Zeit nun die rechte Qualität hat. Sein Wirken steht jenseits von Moral, so daß wir mit Urteilen nicht weiterkommen und hier nur Energie verschwenden, die wir für den Sprung benötigen.

Sie mögen sich nun vielleicht über den zeitweilig hier angetroffenen Spott empören und anmerken, daß ein plötzlicher Arbeitsplatzverlust alles andere als lustig ist. Sie haben recht. Die uranische Welt interessiert sich jedoch nicht für unsere gültigen Vorstellungen von lustig, und sie interessiert sich auch nicht dafür, ob unser Leben aus den Fugen gerät, ob uns der Boden unter den Füßen weggezogen wird oder ob irgend jemand materiellen Mangel erleiden muß. Die Idee «Individuum» hat Vorrang, und alles, was die Verwirklichung dieser Idee, *die Verwirklichung des Geistes* behindert, wird weggesprengt. In ihrer Erscheinungsweise ist die uranische Kraft frostig und klar wie eine Winterlandschaft an einem sonnigen Morgen im Februar. Alles wird unter ihrer weißen und glitzernden Decke begraben, gleichgemacht und in eine unschuldige und unberührte Märchenlandschaft verzaubert. Wenn wir ihr begegnen, haben wir auch gleichzeitig die Chance, in die unberührte Landschaft, die sie uns zeigt, unseren einmaligen Fußabdruck zu setzen, unsere Spur zu ziehen, einen neuen Weg zu gehen – auch, wenn wir zunächst kalte Füße haben.

c. Traumland

So wie das Zeichen des Steinbocks konsequenterweise zum Wassermann führt, so führt Wassermann überraschenderweise zu den Fischen. Nach dem Schreck kommt oft das Nichts, nach der Überraschung, daß es beispielsweise unserem Arbeitgeber nicht so gut geht wie angenommen, kommt der Schock der Entlassung und das Nichts der Arbeitslosigkeit.

Wenn wir im Berufsleben mit neptunischen Ereignissen konfrontiert werden, haben wir oftmals vorher unter Illusionen gelitten, haben unsere Ahnungen oder Wünsche verdrängt und haben nun in irgendeiner Art einen Verlust zu erleiden. Möglicherweise verlieren wir tatsächlich unseren Arbeitsplatz, oder wir verlieren plötzlich und unerwartet die Lust an unserer Arbeit einschließlich des Pflichtbewußtseins, sie trotz mangelnder Lust zu tun. Vielleicht verlieren wir auch unsere Gesundheit, unsere/n PartnerIn, unseren Schlaf, unser Mißtrauen, unser Vertrauen oder sonstwas. Irgend etwas fehlt plötzlich, auf den kurzen Schock folgt die Leere.

Wie wir Neptuns Wirken beruflich erleben, hängt wesentlich davon ab, wie wir uranisch geprägten Situationen begegnet sind. Mobilisieren wir nach einer überraschenden Situation alle nur möglichen Kräfte, um das Vergangene wiederherzustellen, um zu erreichen, daß es wieder so wird wie früher, dürfen wir uns nicht wundern, wenn Betrug, Täuschung, Enttäuschung, Schwäche und Wirkungslosigkeit unsere Bemühungen begleiten. Wenn Uranus uns in unserem Leben persönlich trifft, gibt er uns die Chance, uns selbst in einem größeren Zusammenhang zu begreifen. In diesem größeren Verständnis sind wir geistige Wesen, die dem Universum angehören und von einer Beschaffenheit sind, der menschliche Urteile, Katalogisierungen, Meinungen, Absichten und Wünsche nicht gerecht werden. Was wir wirklich sind, kann unser Verstand nie ganz erfassen, aber unsere Träume und Ahnungen berichten uns unser ganzes Leben lang darüber. Verstandeshörig wie wir sind, haben wir uns in eine taugliche (zu verstehende) und untaugliche (unbegreifliche) Seite gespalten und die «untaugliche» aus unserem Berufsleben verbannt (denn hier geht es schließlich um ernste Dinge!).

Auch Neptun interessiert sich nicht für so merkwürdige Einrichtungen wie «Berufsleben». Die Kraft Neptuns will nichts anderes, als daß wir zu ganzen, vollständigen (nicht vollkommenen – unsere Vorstellung von Vollkommenheit ist pure Illusion!) Wesen werden, die wir ohnehin schon sind, deren größten Teil wir aber aus unserem bewußten Leben ausgrenzen. Wir haben unser Leben mit allerlei Dingen und Beschäftigungen angefüllt – zu denen unser Beruf oft im Übermaß gehört –, so daß Neptuns leise Stimme der Intuition kaum noch zu uns vordringt. Ist es an der Zeit, ihr nun endlich einmal zuzuhören, beauftragt Neptun seinen Freund Saturn, uns zu nehmen, was immer nötig ist, damit wir einmal still werden. Saturn ist auch hier nur Exekutive. Hat uns Uranus mit seinem klirrenden Temperament und mit seinen Botschaften aus einem anderen Land hinreichend irritiert, so spricht die leise Stimme Neptuns zu uns aus dem Reich unserer Träume, Sehnsüchte und Ängste, aus dem Land, in dem unsere ganzen «Eigentlichs» abgelegt wurden. Was der Beugung durch die Sachzwänge zum Opfer fiel und das Sieb der Vernunft nicht passieren konnte, all das liegt am Boden des neptunischen Meeres und wartet darauf, in unser Bewußtsein aufsteigen zu dürfen.

In beruflicher Hinsicht tritt Neptun in das Leben der meisten Menschen durch Arbeitslosigkeit oder Krankheit. Während eine Erkrankung mittlerweile auf viele Menschen eine transformierende Wirkung hat, weil sie sich mehr und mehr der Tatsache öffnen, daß ihr Körper ihnen etwas sagen will, «transformiert» Arbeitslosigkeit in den meisten Fällen jedoch leider nach unten. Hier ist die Suche nach Schuldigen einfacher (wirtschaftliches oder politisches Mißmanagement, schlechte Berufsberatung, unfähige Vorgesetzte usw.), die Empörung scheint berechtigter (schließlich haben wir geleistet und gezahlt für unser Arbeitslosengeld), und die Rache genußvoller (wenn die da oben unfähig sind, was kann ich dafür...?). Ich will hier nicht die demütigende Situation der Arbeitslosigkeit schmälern und auch nicht ins gleiche Horn mit jenen stoßen, die den Arbeitslosen und jenen, die durch die gesellschaftliche Struktur auf der Strecke bleiben, stets Faulheit und letztendlich eigene Schuld an ihrer Situation unterschieben. Ich will auch nicht jene an Machtpositionen entlasten, deren Unfähigkeit vielen zum Unglück wird. Mit einer solchen Argumentation bleiben wir jedoch in der Weltsicht des alten Saturn, in einer Spaltung der Welt in zwei voneinander getrennte Seiten. Wir reden hier jedoch über Neptun.

Neptun ist zwar der Planet des Mitgefühls, in seinem Wirken erscheint er uns jedoch oft absolut gefühllos und kalt wie ein Fisch. Die scheinbare Kälte entstammt seiner überpersönlichen Qualität, er kennt kein Ego, keinen menschlichen Stolz, keine menschliche Angst, die aus einer begrenzten Sicht des Seins entsteht, er kennt auch keine Manager, keine Angestellten und keine Arbeitslosen. Sind wir von Neptuns Energie irgendwie persönlich betroffen, sagt er uns nur: «Dir fehlt etwas, du lebst nicht das, was du als Teil des Universums bist – und ich sorge für die Umstände, in denen es dir bewußt werden kann.» Die Art und Weise, auf denen er für die Umstände sorgt, sind bereits ergänzend. Die Situation nach dem Verlust von X macht uns vollständiger, als wir es vorher waren, wenn wir das Gewonnene auch zunächst nur als Angst erfahren. Der fehlende Teil wird uns durch das Schicksal aufgezwungen, und so erleben wir die Bereicherung um einen Traum oftmals eher als den Eintritt in einen Albtraum.

Stehen wir im Berufsleben vor von Verlust, Angst und Auflösung geprägten Situationen, schwappt Neptuns Flut an unseren persönlichen Strand. Kollektives Schicksal trifft uns persönlich mitten in unserem Leben, denn wir sind Teil des Ganzen. Wir kommen bei der Bewältigung unserer Situation mit logischen und vernunftorientierten Argumenten nicht besonders viel weiter, denn Neptun ist – wie Uranus – auch nicht durch praktische Maßnahmen zu befriedigen. Er will, daß wir uns dessen bewußt werden, daß wir unbeurteilbare Wesen sind, daß wir von dem Sein, in dem wir existieren und das durch uns existiert, eine umfassendere Ahnung erhalten. In diesem Sein sind die Grenzen, die wir kennen, nicht existent, es gibt keine Trennung zwischen oben und unten, zwischen Leben und Tod, zwischen dir und mir – ja, diese polaren Formen existieren noch nicht einmal wirklich, sondern sind lediglich ein Wahrnehmungsvehikel in unserer irdischen Dimension des Seins. Erkennen wir Geistigkeit als Realität an, heben wir auch unter Neptuns Einwirkungen nicht ab, sondern entwickeln als individuelle Wesen, als eine Perle im Netz des Universums Mitgefühl für all jene, die noch im strengen saturnischen Gewebe zwischen Kette und Schuß eingeklemmt sind, einschließlich für uns selbst.

Viele, die Neptuns Energie im Berufsleben trifft, spüren angesichts ihrer bisherigen Arbeit plötzlich Erschöpfung, Lustlosigkeit und das Gefühl, irgendwie «im falschen Film» zu sein. In ihrem Inneren löst Neptun unbemerkt Grenzen auf, und zwar sowohl die Grenzen, die sie sich selbst zwischen Vernunft und Wahrheit aufgebaut haben, als auch die Grenzen zwischen den Menschen schlechthin. Dies führt oft zu massiven Wellen des Mitgefühls, zu einer inneren Weichheit und zum Mit-Leid an den Leiden der Welt. Die saturnische Autobahn – der Berufszweig für alle mitfühlenden Wesen – ist der gesamte Bereich des Helfens. Viele, die unter Neptuns Einfluß ihren eigenen Weg gehen und sich beruflich verändern wollen, werden zum Helfer. Es gibt Menschen, die tatsächlich zu medizinischen, sozialen, karitativen oder ähnlichen Tätigkeiten bestimmt sind – aber es sind weniger, als wir glauben. Das Helfen kann eine neptunische Illusion sein, denn unter Neptuns Einfluß fühlen wir uns auch unglaublich schwach und hilflos. Dieses Gefühl ist unter Umständen nur in der Gegenwart solcher Lebewesen zu ertragen, die noch schlechter dran sind als wir selbst.

Das Bedürfnis, anderen zu helfen, ist menschlich und durchaus legitim, jedoch helfen wir der lebendigen Ganzheit wahrhaftig, wenn wir das leben, was wir wahrhaftig sind. Ein Arzt kann unter Neptuns Einfluß plötzlich feststellen, daß es mehr seiner inneren Wahrheit entspricht, ein Handwerk auszuüben, oder eine Kauffrau kann feststellen, daß sie eine Begabung für den Umgang mit Pflanzen hat. Die Ganzheit, zu der Neptun uns führen will, entspricht unserem *persönlichen* Defizit. Es ist der Bereich, der in unserem persönlichen Kontext immer als merkwürdig oder illusorisch gegolten hat, und es ist der Bereich, in dem wir einen inneren Geist in uns wirken spüren. Das Mitgefühl, das wir möglicherweise für andere verspüren, ist jedoch vor allem *die Projektion des Mitgefühls universeller Kräfte mit uns*. Unter Neptuns Einfluß machen wir Verlust- und Isolationserfahrungen – in irgendeiner Weise will «man» uns nicht. Diesen Erfahrungen gegenüber steht ein zunächst nicht zuzuordnendes Gefühl – und es resultiert aus unserem halbbewußten Anschluß an das Universum, an das Wirken des lebendigen, belebenden und belebten Ganzen, das sich voller Liebe nach unserem echten Wesen sehnt.

Es ist hilfreicher, das zu bejahen, was Neptun uns bringt (oder nimmt), als den Verlust zu bejammern und zu versuchen, ihn ungeschehen zu machen. Wenn wir mit seinen Auswirkungen fließen und uns dem Fluß des Lebens und dem Fluß unserer inneren Energien erwartungslos anvertrauen, können wir lernen, uns über uns selbst zu wundern. Hier wirkt Schicksal auf unsere Ganzheit hin, und wir können und sollten auch trauern um das, was uns genommen wurde. In jeder Leere und jedem Nichts ist jedoch der Keim des Neuen enthalten, hier ist das Klima für Träume, Phantasien und alles Un-Mögliche (sagte einst Saturn).

Unsere Angst kann uns ein weiser Führer sein auf dem Weg durch Neptuns Nebel und das Chaos, das er in unserem Leben anrichtet. Um mit neptunischen Ereignissen konstruktiv umzugehen, hilft eigentlich nur der Weg mitten durch die Angst. Bei jeder Form von Verlust, der unser Leben so plötzlich aus dem Lot bringt, schlummern in uns Alternativen, die uns retten könnten. Genau vor diesen Alternativen haben wir häufig eine Riesenangst, weil sie so anders sind als das, was wir bisher gewollt haben. Irgendwann wird ein Bild jedoch so stark sein, eine Intuition so deutlich und unser Vertrauen so gewachsen (wenn vielleicht auch dadurch, daß wir nichts mehr zu verlieren haben), daß sich in uns Kräfte sammeln, die unserem Leben zu einer neuen Aufgabe verhelfen, einer Aufgabe, welche uns runder, ganzer und wahrhaft menschlicher macht.

Möglicherweise müssen wir eine Zeitlang improvisieren, um im saturnischen Kontext (der für die anderen, nicht direkt von Neptun Betroffenen, ja das einzig Mögliche zu sein scheint) zu überleben. Lassen wir Neptuns Kraft in unserem Leben zu, nimmt er uns auch ein Stück Ego (und wir können nicht mehr so schnell in unserem Stolz verletzt werden) und ein Stück Herrschaft (und wir werden eher ein Flußbett als ein Staudamm). Wenn Uranus das Bisherige zersprengt, macht Neptun die Aufräumarbeiten, indem er uns in seinen Fluten schwimmen läßt. Er hinterläßt in unserem Leben eine unbestellte, aber fruchtbare Landschaft. Neptun bringt uns mittels der manifestierenden Kraft Saturns mit den Gezeiten des Lebens in Verbindung. Seine Kraft kann sanft und beharrlich wie das Wasser, aber auch ebenso wild und furchteinflößend wie das Meer bei Sturm sein. Wie das Meer nimmt er vieles von uns fort und versenkt es in der Tiefe, spült aber auch vieles, was nur scheinbar wertlos ist, an Land. Er nimmt uns jedoch auch die Illusion der Macht.

d. Machtspiele

Persönliche Macht ist ein Thema, das gerade im Berufsleben stets aktuell ist. Der Mensch, der uns zu etwas zwingen kann, hat Macht über uns. Nichts ertragen wir so wenig wie die Tatsache, daß andere Menschen uns zwingen können, sei es aufgrund ihres persönlichen Charismas oder aufgrund unserer persönlichen Notsituation. Mit Macht einhergeht die Abhängigkeit, denn wenn wir von dem, was uns der/die Mächtige nehmen könnte, nicht abhängig wären, hätte er/sie keine Macht über uns. Ebenso geht das Phänomen der Masse mit

Macht einher, denn ein Mensch wird dadurch mächtig, daß viele andere einen Teil ihrer Energie auf ihn übertragen und sich die Gruppenenergie in ihm ballt oder personifiziert. Die berufliche Konfrontation mit Macht und deren Auswirkungen bringt uns in Kontakt mit einem magischen Winkel unserer Seele: Pluto.

Die Entdeckung Plutos im Jahre 1930 ist aus astrologischem Gesichtspunkt noch recht jung. Wir befinden uns bezüglich Pluto am Beginn des Verstehens, und was bisher deutlich wurde, ist seine unglaubliche Kraft, die durch die Verschmelzung seelischer Energien entsteht. Zu Pluto gehören unter anderem die Sexualität, die Ehe, Massenphänomene, natürlich Plutonium, therapeutische Prozesse, Blutsverwandtschaft und Sippendenken, Programme, Dominanz und Einflußnahme. Pluto repräsentiert nach bisherigen Erkenntnissen eine Kraft, die so ungeheuer ist, daß sie zwingt. Charakteristisch für diese Kraft ist ihre Gnadenlosigkeit, ihr extremes Vorgehen wider alle Vernunft und alle guten Ratschläge. Plutos Energie scheut nicht den Tod, nein, sie ist (auch) der Tod. Bringt Neptun uns mit den Themen unseres Schattenlandes, dem Unterbewußtsein in Verbindung und pocht auf Ganzheit und Hebung der hier versenkten Schätze, so tötet Pluto den Menschen, der wir vor der Begegnung mit Neptun gewesen sind. Niemand kann einen Teil seines Schattens integrieren, ohne in seiner alten Form zu sterben.

Pluto zwingt uns, unser menschliches Programm zu leben. Er ist die Kraft in uns, die bedingungslos Muster ausführt, welche auf einer tiefen Ebene unserer Seele bestehen. Sein Automatismus ist dabei genauso «unmoralisch», wie es alle Transsaturnier sind. Ob unser inneres Muster schadet oder nicht, ist Pluto gleichgültig. Es wird mit aller quälenden Zwanghaftigkeit immer wieder ausgeführt, bis wir bewußter werden und beginnen, unsere Programmierung zu durchschauen. Für viele ist es jedoch schon unannehmbar, daß sie programmierbar bzw. programmiert *sind*. Sie glauben an persönliche

Macht und weigern sich zu erkennen, daß *jede* Macht über andere aus deren Abgabe von Macht entsteht – und daß unsere Macht über uns selbst in kosmischer Hinsicht doch recht zweifelhaft ist. Ich plädiere hier nicht für Fatalismus und den deterministischen Glauben, daß alles vorherbestimmt ist. Meine Erfahrung ist nur, daß Menschen den Glauben an ihre absolute Macht ebensowenig ertragen wie den Glauben an ihre absolute Ohnmacht – und irgendwo dazwischen oder darüber wird sich vielleicht eine relative und flüchtige Wahrheit befinden.

Historisch stellte sich uns Pluto vor allem mit dem Aufkommen des Nationalsozialismus vor, und ebenso unfaßbar wie dieser ist sein Wirken in unserer eigenen Seele. Wir mußten lernen zu erkennen, daß in uns magische Kräfte am Werk sind, die aus einzelnen Individuen eine machtvolle Masse machen können – einschließlich des destruktiven Potentials, das darin enthalten ist. Eine Idee (hier fungiert Uranus im Verein mit seinem «fixen» Kollegen Pluto) kann als Aufhänger völlig ausreichen – wenn sie genügend Menschen in ihrer Seele erreicht, vereinigen sie sich zu einem symbiotischen Gefüge unter dem Dach einer Ideologie. Die Transsaturnier bringen uns allesamt mit Qualitäten in Berührung, die das menschliche «Machertum» in Frage stellen. Pluto ist unter ihnen der extremste Vertreter, denn er ignoriert auch unseren Schrecken vor dem Tod, aus dem heraus so viele Taten getan und vermieden werden.

Plutos Wirken können wir in unserer Arbeit nicht ignorieren, denn es quält uns. Wir alle beginnen mit der Erfahrung absoluter Ohnmacht unser Leben, und somit ist Plutos Energie in uns allen zunächst auf ihrem Negativpol. Wir erfahren Macht als außen und Ohnmacht als innen. Die Unerträglichkeit dieser Situation ist Teil unseres menschlichen Programms, das uns zu Entwicklung und Wachstum antreibt. Wir sind jedoch nicht allmächtig. Intellektuell mögen wir das wissen, wenn wir jedoch in beruflichen Situationen stecken, die uns damit hautnah konfrontieren, bäumt sich im Grunde das ohnmächtige Kind in uns auf. Wir ertragen es nicht, wenn Menschen über uns Macht ausüben, und wenn wir uns ihrer Macht fügen, übertragen wir die aktive Pluto-Kraft an diesen anderen Menschen. Pluto ist jedoch un-menschlich und un-individuell. Die Macht dieses anderen Menschen – und unsere eigene – speist sich aus zahllosen Quellen, sie ist ein kollektives Phänomen, das sich *durch* eine Person ausdrückt.

Solange wir das nicht erkennen, reagieren wir im Beruf bei allen plutonischen Situationen extrem. Wir sind extrem emotional, extrem trotzig, extrem entschlossen oder extrem unbeteiligt. Unser damit einhergehendes Gefühl hat etwas von Gewalt an sich, denn wir wollen uns aus Prinzip nicht unterkriegen lassen, und sei es auch zu unserem Schaden. Diese Gefühle nehmen deshalb so extremen Charakter an, weil wir in der neptunischen Ecke unserer Seele die Gewißheit haben, daß die Macht des anderen Illusion ist – und einer Illusion wollen wir uns nicht beugen. Tritt Pluto als eine andere Person an uns heran, tun wir gut daran, für uns selbst zu klären, woher diese Person ihre scheinbare Macht bezieht. Welche Energien von uns selbst übertragen wir unbewußt an sie? Wenn wir bereit sind, diese Energie zu erforschen und als erkannte Projektion zurückzunehmen, stirbt jedoch unser Bild von uns selbst. Wir re-integrieren plutonische Kraft, nehmen diesem Menschen die Macht über uns und erlangen sie somit über uns selbst zurück. Im persönlichen Machtspiel ist Pluto die Kraft, die uns unseren eigenen Weg gehen läßt. Viele bleiben jedoch lieber in ihren Machtverstrickungen, ohne sich verwandeln zu wollen. Sie leiden lieber unter despotischen Kollegen, als daß sie ihr Selbstbild opfern würden.

Plutos Kraft ist jedoch ein kollektives Phänomen, das sich lediglich durch bestimmte Menschen zum Ausdruck bringt. Der konstruktive Umgang mit Pluto erfordert den Tod des Ego, das glaubt, das es das alles selbst vollbringt, wahnsinnig toll ist und unglaublich mächtig. Gesellschaftliche Ereignisse, die Plutos Handschrift tragen, sind Kriege, Diktaturen, Untergänge und Wandlungsprozesse, die den einzelnen ignorieren und stets Gewalt – ob nun körperliche, soziale oder geistige – im Gepäck haben. Der Firmenboß, der Ölmagnat, der Medienmogul, der Diktator – sie alle sind zum Teil Personifizierungen Plutos – aber nicht Pluto selbst! Viele ganz normal arbeitende Menschen befinden sich angesichts des auch wirtschaftlich spürbaren Überganges in eine neue Zeit und angesichts der Mächtigen in einer Art Trotzhaltung, sehen sich plutonischen Wandlungsprozessen in ihrer Firma ausgeliefert oder fallen ihnen gar zum Opfer. Sie sehen den mühsamen Strukturwandel des Unternehmens oder der Gesellschaft unbewußt als eine willkommene Gelegenheit, sich endlich einmal an «denen da oben» zu rächen. Ihre Rache heißt Verweigerung und Passivität – und zwar selbst dann, wenn absehbar ist, daß sie dadurch selbst im Wandel der Zeiten auf der Strecke bleiben. Pluto läßt grüßen...

Wir müssen gerade im Berufsleben lernen, Macht als ein unpersönliches Phänomen zu sehen, das durch Übertragung[11] entsteht. Wir alle sind mit der Entdeckung Plutos aufgefordert, der im Universum vorhandenen Macht ins Auge zu schauen und uns den Teil der Energie von anderen zurückzuholen, den wir ihnen überlassen haben. Plutos Kraft erhalten wir jedoch nur (zurück), wenn wir auch den grausamen, gewalttätigen und gnadenlosen Aspekten der Schöpfung = unserer selbst (!) in der Vorstellung von uns einen Platz gewähren. Die Kraft, die wir benötigen, um unseren eigenen Weg zu gehen, ist nicht zu unterschätzen, jedoch sollten wir ebensowenig die Macht unterschätzen, die wir damit ausüben. Ein Mensch, der seine Wahrheit lebt, hat massiven Einfluß auf andere – durch Charisma, Faszination, Vorbildfunktion und geistiges Wirken. Es ist das *Prinzip* der Macht, das

11 Ich meine hier weniger die Übertragung im bekannten psychologischen Sinne, sondern den konkreten Transfer seelischer Energie, ein mehr magisches Unterfangen aus der Welt Plutos.

durch uns wirkt, und wir beginnen sein Wirken gerade erst zu entdecken und zu erforschen.

Wenn wir Pluto konstruktiv leben wollen, muß unser Bild von uns selbst als einem von anderen getrennten, nur guten und eigenmächtigen Menschen in Schutt und Asche fallen. Erst dann können wir in Krisensituationen auch von unseren Rachegelüsten Abstand nehmen, selbst wenn unser Chef tatsächlich immer ein Schwein war, selbst wenn die Politiker immer gelogen haben, selbst wenn die Welt ungerecht ist. Oft genug nehmen wir extrem intensive und bedrohliche berufliche Situationen zum Anlaß, um uns insgeheim an einem Elternteil zu rächen. Wir verweigern uns damit jedoch dem gegenwärtig Notwendigen und versagen aus Trotz[12], eine letzte plutonisch-destruktive Chance, ihnen ihre vergangenen Gemeinheiten heimzuzahlen.

Wenn Pluto in beruflichen Situationen mit im Spiel ist – und das ist er meist! –, reagieren wir irrational und emotional, fixiert auf ein altes Gefühl und auf eine alte Rechnung, auf deren Möglichkeit zur Begleichung wir schon lange gewartet haben. Wir nehmen uns hierdurch jedoch die Chance, durch persönliche Transformation an einem menschlichen oder gar irdischen Prozeß teilzunehmen, der von ganz anderen Kräften gesteuert wird und in die Ordnung und Lebendigkeit des Universums eingeschlossen ist. So hart uns plutonische Prozesse im Berufsleben auch treffen können, wenn wir die «komplette Runderneuerung», zu der sie uns zwingen, bejahen, erhalten wir auch die Kraft dazu. Pluto ist der äußerste Planet unseres Sonnensystems (jedenfalls nach dem bisherigen Stand der Forschung). Er könnte somit die Nahtstelle zu etwas sein, das bisher jenseits unserer Vorstellung ist. Individuell wie kollektiv.

12 Hier sei auf das Buch von Donna Cunningham: «Erkennen und Heilen von Pluto-Problemen» (Urania Verlag) hingewiesen, dem ich die Formulierung und Erkenntnis des Versagens aus Trotz entnommen habe.

Ausblick

«Wenn Sie noch keine Schöpfungszulassung haben, empfehlen wir Ihnen, sofort eine zu beantragen. Wir versichern Ihnen, daß sie Ihnen bei der Durchführung Ihres Einsatzes sehr gute Dienste leisten wird. (...) Für das Erlangen der Zulassung müssen Sie zwar keine schriftliche Prüfung ablegen, aber ein Test Ihrer Herz/Bewußtseinskoordination ist unerläßlich.»

(Mission Control und Zoev Jho, E.T. 101)

Ich begrüße Sie recht herzlich am Ende dieses Buches, und wenn Sie sich wirklich von vorn bis hinten durchgelesen haben, wissen Sie (in Zeiten der audiovisuellen Animation) auch recht gut, was Arbeit ist – und außerdem scheuen Sie wohl keine Mühe, wenn Sie etwas wissen wollen. Ich will zum Schluß der vielen Worte keinen Ausblick in die Zukunft machen, der sich von astrologischen Interpretationen der Transsaturnier ableitet – obwohl diese Kräfte uns stets darauf hinweisen, wohin die Reise geht. Wir können jedoch einerseits nur aus unserer heutigen Begrenztheit in die Zukunft interpretieren und andererseits auch nur durch unsere persönliche Brille. Spekulationen über die Zukunft können uns jedoch vor allem von dem abhalten, was in jedem von uns dringlichst auf Aufmerksamkeit wartet: wir selbst in unserer jetzigen Situation.

Dieser Ausblick soll mehr ein kurzer Hinblick sein, ein Schauen auf das, was im gesellschaftlichen Bereich «Arbeit» gerade vor sich geht. Gerade die Diskussion in Deutschland um den Abbau von Sozialleistungen, um die Gefährdung des Wirtschaftsstandpunktes, um die seit Jahrzehnten währende hohe Arbeitslosigkeit und um die Forderung von Politikern an das Volk, den Gürtel enger zu schnallen, komprimiert viele Themen, die in diesem Buch zur Sprache gekommen sind. Natürlich ist das, was seit Jahren (oder immer schon?) auf dem

Arbeitsmarkt und in der Wirtschaft vor sich geht, ungerecht, bizarr und jeder Satire spottend – wir sollten jedoch nicht weiter hinsehen und uns verärgern und mit Versprechungen hinhalten lassen, wenn wir unsere Kräfte wirklich für unser eigenes, einmaliges und wunderbares Leben einsetzen wollen.

Was «am Markt» geschieht, sind Auswirkungen der transformierenden Kräfte von Uranus, Neptun und Pluto. Eine alte Weltordnung zerfällt, und in diese Weltordnung ist auch die Ordnung des Arbeitslebens eingeschlossen. Das Wassermann-Zeitalter drängt auf Individualisierung, Gleichberechtigung und Freundschaftlichkeit, somit werden früher oder später Strukturen untergehen, die von Ungleichgewicht und Gefälle geprägt sind. Das hat heute logischerweise zur Folge, daß wir zwar zunehmend für uns selbst sorgen müssen – jedoch (noch) in gesellschaftlichen Umständen, die uns einen kreativen Umgang mit unserer Situation aufgrund des Festhaltens an Hierarchien erschweren. Hier hilft nur eines: durchhalten und erfinderisch sein! Wir alle gehören zu den Pionieren dieser neuen Zeit, und wir können auf einer ganz neuen inneren Ebene erleben, wie großartig das sein kann – wenn wir mutig und lebenslustig genug sind, uns darauf einzulassen.

Die umwälzenden Veränderungen werden nicht anders zu bewältigen sein, als daß jedem Mann und jeder Frau die Freiheit gegeben wird, die sie zur Gestaltung ihres eigenen Lebens brauchen. In der gegenwärtigen Situation werden viele «zwangsbefreit» und sind von Groll, Enttäuschung und Angst vor der Zukunft geschwächt. Wir alle sind stark von dem Glauben geprägt, daß die Natur es so vorgesehen hat, daß der Stärkere gewinnt – das Überleben des Tüchtigeren oder so... Neuere Untersuchungen systemisch denkender und forschender Wissenschaftler lassen diesen Glauben jedoch zunehmend ins Wanken geraten und sprechen von einer Koordination der Kräfte innerhalb eines ökologischen

Systems. Es sind stets Systeme, die überleben; Evolution und Entwicklung ist niemals eine Einzelaktion. Ein System, das auf dem Glauben an das Überleben des Stärkeren beruht, ist letztendlich kein lebendiges System und muß, da es eigentlich immer schon tot war, sterben. Unsere Freiheit, und sei sie uns noch so schmerzhaft und verlustreich aufgezwungen, kann uns die Chance geben, unser persönliches Anderland zu betreten – ungeachtet dessen, was gewesen ist. Wir könnten damit Grundsteine legen für ein gesellschaftliches System, das diesen Namen auch verdient. Für uns selbst bedeuten diese Forschungserkenntnisse vor allem, daß wir lernen, die Welt, in der wir leben, als einen dynamischen Tanz verschiedener – bekannter und unbekannter – Faktoren oder Energien zu betrachten, die gemeinsam mit und auf dem lebenden System Erde einem Ziel entgegenstreben.

Ein solches Denken kann uns im Berufsleben von dem ständigen inneren und/oder äußeren Konflikt mit menschengemachten Regeln befreien. Hierzu müssen wir selbst jedoch vor allem von einem Denken Abschied nehmen, das gegenüber anderen Menschen von einer Versorgungshaltung geprägt ist. Das Fatale daran ist, daß genau das von offizieller Seite nur zu oft lauthals verlangt wird. Es ist so, als wenn uns unsere Eltern mit Gewalt zu dem zwingen wollen, was wir ohnehin selbst wollen – und dann wollen wir verständlicherweise plötzlich nicht mehr. Wir sollten uns nicht in diese Zwickmühle bringen lassen, auch wenn das einen hohen Grad an innerer Disziplin und die Fähigkeit zur Abstraktion erfordert.

Offizielle oder Autorität beanspruchende Stellen, ob Unternehmen, Politiker, Gewerkschaften oder sonstwas, sind nichts anderes als Formen, durch die das Universum wirkt. Persönliche und emotionale Ressentiments gegenüber bestimmten Menschen und/oder Institutionen helfen uns selbst nicht weiter – und um uns selbst geht es. Noch schwerer als *gegen* den Willen anderer bei uns selbst zu bleiben ist es oftmals, das zu tun, was wir selbst wollen, *trotzdem* es andere von uns wollen. In all den Veränderungen, die wir lokal, national und global, innen und außen beobachten, wirkt das Ganze, eine geistige Kraft, die nicht urteilt und trennt, sondern liebt und eint. Und diese Kraft sagt: «Du bist gemeint. Werde, was du schon immer gewesen bist.» Viel Glück!

«Dieser Absatz dient nicht Ihrer Unterstützung, sondern unserer. Einige unserer Techniker haben sich beschwert und verlangt, daß wir folgenden Hinweis in dieses Handbuch aufnehmen: Wie bereits erwähnt, werden die Aktivitäten aller Einsatzteilnehmer ständig von unserem Überwachungspersonal verfolgt. In vielen Fällen ist dies ziemlich langweilig geworden, und ein Teil unseres Personals hat Mühe, dabei nicht über den Monitoren einzuschlafen. Diese Überwachungstechniker fragen sich, ob Sie eigentlich vergessen haben, warum Sie auf diesem Planeten sind, und würden etwas mehr Aktivität im Hinblick auf die Einsatzziele sehr begrüßen. Würden Sie also bitte im Interesse der Kontrollmannschaft sowie zum Besten des Planeten ein bißchen Gas geben? Die interdimensionalen Überwachungstechniker sehen es nicht als ihre Aufgabe an, eine ganze Schwadron zu überwachen, die am Lenkrad eingeschlafen ist.»

(Mission Control und Zoev Jho, E.T. 101)

Anhang

Zuordnungen		
Tierkreiszeichen	**Planet**	**Haus**
Widder	Mars	1
Stier	Venus	2
Zwillinge	Merkur	3
Krebs	Mond	4
Löwe	Sonne	5
Jungfrau	Merkur	6
Waage	Venus	7
Skorpion	Pluto (früher Mars)	8
Schütze	Jupiter	9
Steinbock	Saturn	10
Wassermann	Uranus (früher Saturn)	11
Fische	Neptun (früher Jupiter)	12

Einiges über das Herrschersystem

In der Astrologie wird entsprechend obiger Tabelle jedem Tierkreiszeichen ein Planet zugeordnet, der dann als dessen Herrscher bezeichnet wird. Diese Zuordnungen sind nicht bindend, werden jedoch von den meisten Astrologen benutzt, die mit dem Herrschersystem arbeiten. Einige verwenden andere Zuordnungen, manche verzichten ganz auf sie. Die obige Tabelle entspricht jedoch dem üblichen Standard.

Ein Herrscher ist der aktive Aspekt eines Zeichens. Ist ein Tierkreiszeichen eine abstrakte Qualität, so ist sein Herrscher die Kraft, die der Abstraktion in die Realisation verhilft – der handelnde, wollende und spürbare Impuls in uns. Wir können die Planeten auch als Abgesandte eines bestimmten Landes sehen. Wo immer sich beispielsweise Jupiter aufhalten wird, stets wird er die Eigenarten seines Landes (Schütze) vertreten und zum Ausdruck bringen wollen.

Der Tierkreis ist das Drehbuch des kosmischen Theaterstückes, die Planeten sind seine Schauspieler und die Häuser seine Bühnen. Nicht immer hat ein Planet ein «Heimspiel», indem er in seinem eigenen Zeichen und/oder Haus steht; meist ist er in einem fremden Land, ausgewandert in ein anderes Haus und/oder Zeichen. Diese Auswanderung verbindet jedoch das Haus seines Zeichens mit dem Haus seines Standpunktes. Herrscht beispielsweise der Mond über das zwölfte Haus (weil die Spitze des zwölften Hauses in das Zeichen Krebs fällt), steht aber selbst im sechsten Haus im Zeichen Steinbock, so sind die Themen dieser beiden Häuser energetisch miteinander verbunden. In unserer Seele besteht dadurch zum Beispiel ein «systemischer» Zusammenhang zwischen unseren Ängsten und Träumen und unserem Alltag und unserer Arbeit. Wollen wir uns nun unserer eigenen Identität bewußter werden, indem wir uns selbst analysieren (Steinbock-Mond in Haus 6), so wirkt sich das direkt auf unsere Ängste und Sehnsüchte aus und auf unsere seelische Verbindung mit dem Ganzen (Haus 12).

Die durch das Herrschersystem erkennbare Verbindung zwischen verschiedenen Häusern läßt uns den Zusammenhang bestimmter Themenbereiche in unserem eigenen Leben erkennen. Wenn wir in dem einen Bereich Probleme oder Erfolge haben, wirkt sich das direkt auf den anderen aus. Letztendlich sind auf diese Weise sehr viele Energien miteinander verbunden, denn auch – um im obigen Beispiel zu bleiben – über den Mond im sechsten Haus herrscht wiederum Saturn, der möglicherweise im fünften Haus in Schütze steht. Und über Saturn herrscht wiederum Jupiter, der wiederum woanders steht.

Durch das Herrschersystem können Schleifen entstehen (Herrscher von 1 in 6, Herrscher von 6 in 2, Herrscher von 2 in 1, Herrscher von 1 in 6...), die wir dann oft als «Teufelskreis» oder «Glücksspirale» erfahren. Manche Lebensgebiete können uns wie vom Ganzen abgekoppelt erscheinen, wenn zum Beispiel der Herrscher eines Hauses im gleichen Haus steht und auch nicht besonders stark oder gar nicht aspektiert ist. Die Astrologie ist jedoch eine Sprache der Symbole, und Symbole sind letztendlich am besten geeignet, die Vielfalt des Lebens irgendwie zu erfassen. Bestimmte Techniken – wie das Herrschersystem – versuchen, ein wenig Übersicht in diese Vielfalt zu bringen. Aufgrund des komplexen inneren Zusammenhangs aller astrologischen Symbole sind letztendlich alle Facetten eines Horoskops miteinander verbunden, ob sie nun berechnet und dargestellt werden können oder nicht. Im Leben ist nichts von einander getrennt, Trennungen werden stets von der Theorie um des besseren Verständnisses vorgenommen, entsprechen aber nicht der Wirklichkeit.

Die Arbeit mit dem Herrschersystem hängt stark von der Berechnung der Häuser ab – und somit sind wir schon wieder bei einem Pferdefuß. Es gibt viele verschiedene Berechnungsmethoden der Häuser, die populärsten sind die Methode nach Placidus und die nach Koch. Ich bevorzuge in der beratenden und therapeutischen Arbeit die Koch-Häuser, es bleibt jedoch jedem persönlich überlassen, das Häusersystem zu wählen, mit dem er/sie die besten Erfahrungen macht. Liegt durch die Korrektur der Geburtszeit plötzlich eine andere Häuserverteilung vor, ändern sich mitunter auch Herrscherposition und -verhältnisse. Unser Horoskop steht dann plötzlich in einem anderen Licht – obwohl uns das vorherige Licht auch ganz gut zu passen schien. Das gleiche kann uns bei der Berechnung der Häuser nach einem anderen Berechnungsmodus geschehen.

Damit müssen wir leben. Astrologie ist trotz allem Reichtum und aller Weisheit eine theoretische Lehre, die niemals die Praxis ersetzt oder ihr vorgeordnet ist. Die Praxis ist das Leben selbst.

Über die Autorin

Ursula Strauß wurde 1958 geboren und ist ausgebildete Bankkauffrau. Im Alter von 28 Jahren entschied sie sich für einen neuen beruflichen Weg und wandte sich nach einer Heilpraktiker-Ausbildung der Astrologie zu. Heute arbeitet sie als beratende Astrologin in Gelsenkirchen.

Titel aus der «Blauen Reihe» im Urania Verlag

Alsterdorf, Gele
Lernplan Leben
160 Seiten, ISBN 3-908644-02-X

Cunningham, Donna
Erkennen und Heilen von Pluto-Problemen
176 Seiten, ISBN 3-908644-19-4

Fassbender, Ursula
Intuitive Astrologie
159 Seiten, ISBN 3-908644-16-X

Künkel, Ernst
Die Sonnenbahn
165 Seiten, ISBN 3-908644-07-0

Künkel, Ernst
Das große Jahr
235 Seiten, ISBN 3-908644-06-2

Lundsted, Betty
Transite
184 Seiten, ISBN 3-908644-18-6

Paris, Ernst Günter
Der Schlüssel zur esoterischen Astrologie
253 Seiten, ISBN 3-908644-15-1

Paris, Ernst Günter
Der Schlüssel zur Partnerschaftsastrologie
254 Seiten, ISBN 3-908644-12-7

Schulmann, Martin
Der Aszendent
128 Seiten, ISBN 3-908644-76-3

Schulmann, Martin
Karmische Astrologie 1
277 Seiten, ISBN 3-908644-08-9

Schulmann, Martin
Karmische Astrologie 2
200 Seiten, ISBN 3-908644-09-7

Schulmann, Martin
Karmische Astrologie 3
166 Seiten, ISBN 3-908644-10-0

Schulmann, Martin
Karmische Astrologie 4
144 Seiten, ISBN 3-908644-11-9

Schulmann, Martin
Karmische Beziehungen 1
277 Seiten, ISBN 3-908644-13-5

Schulmann, Martin
Karmische Beziehungen 2
200 Seiten, ISBN 3-908644-14-3